Lothar Schilling

Das Jahrhundert Ludwigs XIV.

Geschichte kompakt

Herausgegeben von
Kai Brodersen, Martin Kintzinger, Uwe Puschner, Volker Reinhardt

Herausgeber für den Bereich *Frühe Neuzeit*:
Volker Reinhardt

Berater für den Bereich *Frühe Neuzeit*:
Sigrid Jahns

Lothar Schilling

Das Jahrhundert Ludwigs XIV.

Frankreich im *Grand Siècle* 1598–1715

Die Deutsche Nationalbibliothek verzeichnet diese Publikation
in der Deutschen Nationalbibliografie;
detaillierte bibliografische Daten sind im Internet über
http://dnb.d-nb.de abrufbar.

Die Herausgabe des Werkes wurde durch
die Vereinsmitglieder der WBG ermöglicht.
Gedruckt auf säurefreiem und alterungsbeständigem Papier
Redaktion: Christina Kruschwitz, Berlin
Einbandgestaltung: schreiberVIS, Seeheim
Satz: Lichtsatz Michael Glaese GmbH, Hemsbach
Printed in Germany

Besuchen Sie uns im Internet: www.wbg-wissenverbindet.de

ISBN 978-3-534-17428-7

Inhaltsverzeichnis

Geschichte kompakt

In der Geschichte, wie auch sonst, dürfen Ursachen nicht postuliert werden, man muss sie suchen. (Marc Bloch)

Das Interesse an Geschichte wächst in der Gesellschaft unserer Zeit. Historische Themen in Literatur, Ausstellungen und Filmen finden breiten Zuspruch. Immer mehr junge Menschen entschließen sich zu einem Studium der Geschichte, und auch für Erfahrene bietet die Begegnung mit der Geschichte stets vielfältige, neue Anreize. Die Fülle dessen, was wir über die Vergangenheit wissen, wächst allerdings ebenfalls: Neue Entdeckungen kommen hinzu, veränderte Fragestellungen führen zu neuen Interpretationen bereits bekannter Sachverhalte. Geschichte wird heute nicht mehr nur als Ereignisfolge verstanden, Herrschaft und Politik stehen nicht mehr allein im Mittelpunkt, und die Konzentration auf eine Nationalgeschichte ist zugunsten offenerer, vergleichender Perspektiven überwunden.
Interessierte, Lehrende und Lernende fragen deshalb nach verlässlicher Information, die komplexe und komplizierte Inhalte konzentriert, übersichtlich konzipiert und gut lesbar darstellt. Die Bände der Reihe „Geschichte kompakt" bieten solche Information. Sie stellen Ereignisse und Zusammenhänge der historischen Epochen der Antike, des Mittelalters, der Neuzeit und der Globalgeschichte verständlich und auf dem Kenntnisstand der heutigen Forschung vor. Hauptthemen des universitären Studiums wie der schulischen Oberstufen und zentrale Themenfelder der Wissenschaft zur deutschen, europäischen und globalen Geschichte werden in Einzelbänden erschlossen. Beigefügte Erläuterungen, Register sowie Literatur- und Quellenangaben zum Weiterlesen ergänzen den Text. Die Lektüre eines Bandes erlaubt, sich mit dem behandelten Gegenstand umfassend vertraut zu machen. „Geschichte kompakt" ist daher ebenso für eine erste Begegnung mit dem Thema wie für eine Prüfungsvorbereitung geeignet, als Arbeitsgrundlage für Lehrende und Studierende ebenso wie als anregende Lektüre für historisch Interessierte.
Die Autorinnen und Autoren sind in Forschung und Lehre erfahrene Wissenschaftlerinnen und Wissenschaftler. Jeder Band ist, trotz der allen gemeinsamen Absicht, ein abgeschlossenes, eigenständiges Werk. Die Reihe „Geschichte kompakt" soll durch ihre Einzelbände insgesamt den heutigen Wissensstand zur deutschen und europäischen Geschichte repräsentieren. Sie ist in der thematischen Akzentuierung wie in der Anzahl der Bände nicht festgelegt und wird künftig um weitere Themen der aktuellen historischen Arbeit erweitert werden.

Kai Brodersen
Martin Kintzinger
Uwe Puschner
Volker Reinhardt

I. Die Grundlagen

1. Frankreich 1598–1715: Gegenstand und Epoche

Wer eine Überblicksdarstellung über Frankreich im 17. Jahrhundert vorlegt, kann schwerlich Anspruch auf Originalität erheben. Publikationen, die sich mit der Geschichte einer Nation oder eines Landes befassen, sind verbreitet und gut eingeführt. Doch die Selbstverständlichkeit, mit der Historiker über die „Geschichte Frankreichs im 17. Jahrhundert", die „Deutsche Geschichte im Zeitalter der Reformation" oder die „Britische Geschichte im 18. Jahrhundert" sprechen, sollte nicht darüber hinwegtäuschen, dass der Gegenstand der Geschichtswissenschaft nie selbstverständlich, sondern stets Ergebnis einer Konstruktion ist, die auch dann der Reflexion und Begründung bedarf, wenn sie sich allgemeiner Verbreitung erfreut.

Nationalgeschichte

Dies gilt zumal für jede Form der Nationalgeschichte. Die Entstehung dieser Gattung ist verknüpft mit der Etablierung der Geschichte als Wissenschaft im 19. Jahrhundert, einer Epoche, in der vielerorts der Nationalstaat zur politischen Leitidee erhoben wurde. Der Erfolg der Geschichtswissenschaft in dieser Zeit hing maßgeblich damit zusammen, dass die Auseinandersetzung mit der Geschichte als Chance begriffen wurde, nach dem durch die Französische Revolution bedingten Zerfall der überkommenen Ordnung neue Ordnungsvorstellungen herzuleiten. Unter den Ordnungsvorstellungen, die man mit Hilfe der Geschichtswissenschaft zu untermauern suchte, spielte das Konzept der durch gemeinsame Geschichte und Kultur konstituierten, in einem gemeinsamen Staat vergesellschafteten Nation eine entscheidende Rolle. Die im 19. Jahrhundert etablierte Gattung der Nationalgeschichte war also der Versuch einer Antwort auf die Legitimations-, Herleitungs- und Identitätsstiftungsbedürfnisse der zeitgenössischen Nationalstaaten bzw. der einen Nationalstaat anstrebenden Gruppen.

Die Beschäftigung mit der Geschichte einer Nation ist deshalb nicht obsolet. Die heutige politische Ordnung Europas ist noch immer in erheblichem Maße von nationalstaatlichen Strukturen geprägt, deren Überwindung nicht einfach ist. Dass die nationalstaatlich geprägte politische Ordnung Europas unsere Fragen an die Geschichte prägt, ist selbstverständlich. Mit Blick auf die europäische Integration ist neben dem Versuch, transnationale historische Perspektiven aufzuzeigen, die Auseinandersetzung mit den nationalen Geschichten unserer europäischen Nachbarn auch deshalb unverzichtbar, weil deren Selbstverständnis in starkem Maße historisch fundiert ist. Dies gilt besonders für Frankreich, dessen politische Kultur und dessen öffentliches Leben durch die Präsenz der (anders als in Deutschland auch die Vormoderne einbeziehenden) nationalen Geschichte bestimmt sind.

Die Auseinandersetzung mit der Geschichte einer Nation darf allerdings nicht in teleologischer Perspektive erfolgen. Viele Historiker des 19. Jahrhunderts erblickten im Hervortreten von Nationen einen historisch notwendigen Prozess und in der Bildung von Nationalstaaten den Fluchtpunkt der Geschichte. Sie versuchten, die Wurzeln dieses Prozesses möglichst weit in die Vergangenheit zurückzuverfolgen. Heute gehen wir von der Historizität und Relativität von Nation und Nationalstaat aus und sind bestrebt, ihre Entwicklung distanziert zu analysieren und dabei die Problematik, die Nachteile und die Kosten dieser Entwicklung nicht auszublenden. Dabei ist es notwendig, nichts an der Herausbildung von Nationalstaaten a priori als selbstverständlich zu beurteilen, sondern sich einen fremden Blick zu bewahren – auch dies übrigens ein Argument für die Auseinandersetzung mit der Geschichte anderer Nationen.

Die Geschichte einer Nation ist stets das Ergebnis einer Konstruktion, die auf dem Herauspräparieren einzelner Facetten vergangener Wirklichkeit und dem Ausblenden beinahe unendlich vieler anderer Facetten beruht. Dies bedeutet, dass die Geschichte einer Nation nur einer unter vielen möglichen Zugängen zur Vergangenheit sein kann und dass auch für die Untersuchung des Zusammenlebens in größeren räumlichen Zusammenhängen andere Konzepte angemessener sein können. Über lange Zeitspannen war die Nation womöglich nicht der Selbstverständnis und Lebensbedingungen der Menschen entscheidend prägende Faktor; es ist überhaupt zu prüfen, ob (und wenn ja für welche Gruppen) von einem Nationalbewusstsein ausgegangen werden kann.

Auch die Begriffe, die wir zur Bezeichnung der Gegenstände der Geschichte verwenden, stellen Konstruktionen dar, die eine vergangene Wirklichkeit nicht einfach abbilden, sondern sie ordnen und perspektivieren. Dies gilt nicht nur für die Begriffe und Konzepte, die Historiker seit der Etablierung der Geschichtswissenschaft entwickelt haben, sondern ebenso für jene, die wir in den Quellen finden. Hier handelt es sich meist nicht um unschuldige, quasi objektive Beschreibungen, sondern um Konzeptualisierungen, die aufs Engste mit Überzeugungen, Werten und Idealen verknüpft sind. Selbst wenn in der Vergangenheit verwendete Begriffe uns heute noch geläufig sind, bedeutet dies nicht, dass wir ihnen denselben Sinn zuschreiben wie jene, die sie zu früheren Zeiten verwendet haben. Umso wichtiger ist es, die zeitgenössische Bedeutung der verwendeten Begriffe zu klären und ihre Implikationen zu bedenken, ehe man sich ihrer bedient. Dies gilt auch für geographische Begriffe – mögen sie noch so selbstverständlich erscheinen wie „Frankreich".

a) Wahrnehmung und „Erfahrbarkeit" Frankreichs im 17. Jahrhundert – Raum, Territorium, Staat

Was ist im 17. Jahrhundert Frankreich? Zunächst, und dies ist keineswegs selbstverständlich: Für die meisten Zeitgenossen des 17. Jahrhunderts gab es Frankreich, sie verknüpften Vorstellungen mit diesem Begriff, die zudem bereits recht klar umrissen waren – klarer etwa als jene von bzw. über Deutschland. Frankreich ist also nicht nur eine Rückprojektion der Historiker, sondern Bestandteil der Vorstellungswelt der Zeit. Versucht man, die zeitgenössischen Vorstellungen von Frankreich zu ordnen, kann man vereinfachend drei Ebenen der Repräsentation unterscheiden. Sie betreffen erstens Landschaft, Geographie und Grenzen; sie betreffen zweitens einen sozialen Körper (I.3) und schließlich eine Macht, eine *puissance* unter anderen europäischen Mächten (II).

Geographisch-räumliche Repräsentationen

Was die räumlichen Repräsentationen anbelangt, verfügten die Gebildeten bereits über ein recht genaues Bild der Geographie Frankreichs. Nachdem der Verlauf der französischen Küsten bereits auf Seekarten des Spätmittelalters verzeichnet war, entwickelten italienische und bald auch französische Mathematiker und Kartographen seit dem Übergang zum 16. Jahrhundert zunehmend genaue Karten, die zunächst freilich noch – im Geist der Renaissance – das antike Gallien darstellten. Sehr rasch wurde dann der Druck von Frankreichkarten, seit 1594 ergänzt durch ein von Maurice Bouguereau publiziertes gesamtfranzösisches Kartenwerk (*Théâtre françoys*), zu einem verbreiteten, ungemein wirkungsvollen Medium der Vermittlung dessen, was man unter Frankreich verstand. Das so vermittelte Frankreichbild war bereits in der zweiten Hälfte des 16. Jahrhunderts recht differenziert.

Der Präzision der geographisch-räumlichen Repräsentationen war zuträglich, dass sich in Frankreich bereits im Spätmittelalter die Vorstellung eines von einer linearen Grenze eingefassten Herrschaftsgebietes auszuprägen begann. So sind seit König Philipp dem Schönen (gest. 1314) Versuche feststellbar, an den Außengrenzen des Königreichs Zollstationen und Kontrollposten einzurichten, die als Punkte einer Linie vorgestellt wurden. Wichtiger noch war eine militärische Entwicklung seit dem Hundertjährigen Krieg, im Zuge derer die befestigten Orte im Innern des Königreichs an Bedeutung verloren. Im Laufe des 17. Jahrhunderts wurden schließlich die meisten Festungen im Landesinnern geschleift, während andererseits die Grenzen des Territoriums – zumal nach Osten und Norden hin – durch einen Festungsgürtel gesichert und zugleich deutlich sichtbar gemacht wurden.

Neben der Kartographie konnten gebildete Europäer des 17. Jahrhunderts auch aus der Fülle landeskundlicher Literatur eine detaillierte Vorstellung von Frankreich gewinnen, denn seit dem Übergang zur Neuzeit erlebten Landesbeschreibungen eine Blüte. In Reiseberichten, gelehrten Abhandlungen und diplomatischen Korrespondenzen wurden zunehmend differenzierte Informationen über die Geographie und Landesbeschaffenheit der europäischen Länder publiziert. In diesen Beschreibungen bildeten sich bereits im 16. Jahrhundert festgefügte Stereotype und Topoi aus, die europaweit bis ins 18. Jahrhundert (und z. T. darüber hinaus) zum Grundbestand des gebildeten Diskurses über Frankreich wurden.

Zeitgenössische Topoi

Zu den wichtigsten Topoi der Landesbeschreibungen gehörten durchweg bewundernde Aussagen zur Ausdehnung des Landes. Tatsächlich herrschten die französischen Könige über ein Gebiet, das zu Beginn des 17. Jahrhunderts ca. 460.000 km², um 1715 ca. 500.000 km² groß war (zum Vergleich: das heutige französische Staatsgebiet in Europa umfasst ca. 550.000 km², das der Bundesrepublik Deutschland seit 1990 kaum 360.000 km²). Damit war Frankreich (abgesehen vom Heiligen Römischen Reich) das bei weitem größte Gemeinwesen in Europa.

Mit der Größe Frankreichs verknüpft wurden in der Regel Fruchtbarkeit und Reichtum des Landes, das oft als lieblich (*la douce France*) bezeichnet wurde. Dies war ein Topos, der in erster Linie für Jahre mit guten Ernten zutraf. Denn die Fruchtbarkeit des Landes verhinderte nicht, dass es während des 17. Jahrhunderts mehrfach zu schweren Versorgungskrisen kam (I.2), die umso gravierender waren, als Frankreich mit zeitweise mehr als 20 Millionen Einwohnern nicht nur das bevölkerungsreichste Land Europas war, sondern mit über 40 Einwohnern pro km² für frühneuzeitliche Verhältnisse auch sehr dicht besiedelt.

Natürliche Grenzen?

Einem weiteren, bereits in den Landesbeschreibungen des 16. Jahrhunderts begegnenden Topos zufolge verfügte Frankreich über gesicherte natürliche Grenzen – eine Vorstellung, die oft mit der Überzeugung einherging, Frankreich sei ein von der Natur bzw. von Gott in dieser Weise „gewolltes" Gemeinwesen. Dem stand in den meisten Texten der Zeit der Hinweis auf die enorme Vielfalt des Landes gegenüber. Beide Vorstellungen sind bis heute wirksam, für das 17. Jahrhundert trifft die erstere allerdings nicht uneingeschränkt zu. Gewiss – auch die Vorstellung der natürlichen Grenzen drängt sich auf. Die Außengrenzen des von den französischen Königen um 1600 regierten Herrschaftsgebiets wurden zu mehr als der Hälfte vom Meer gebildet. Auch mit Blick auf die Pyrenäengrenze zu Spanien erscheint die Vorstellung der natürlichen Grenze plausibel, wenn auch mehrere Grafschaften nördlich des Pyrenäenhauptkamms erst im 17. Jahrhundert definitiv an Frankreich kamen. Das kleine Königreich Navarra, bis 1589 ein souveräner Staat, wurde erst mit dem Regierungsantritt Heinrichs von Navarra als französischer König in Personalunion mit dem Königreich Frankreich verbunden, ehe diese Verbindung 1620 in eine Realunion überführt wurde.

Auch hinsichtlich der Alpengrenze sind Abstriche zu machen. Zwar hatte Frankreich die Grafschaft Provence und die an der Isère gelegene Dauphiné bereits im Spätmittelalter erworben (1246/1481 bzw. 1349), die Gebiete östlich der Rhône gehörten aber im Prinzip weiterhin zum Heiligen Römischen Reich. Zudem wurde Savoyen bis ins 19. Jahrhundert von einer **Dynastie** beherrscht, die auch in der Grafschaft Nizza und in Piemont regierte und schließlich die Könige des geeinten Italien stellte. Die „natürliche" Alpengrenze hinderte die französische Politik im Übrigen nicht an dem Versuch, während des 17. Jahrhunderts (wie schon in den „Italienischen Kriegen" zwischen 1494 und 1559) über den Alpenhauptkamm nach Piemont auszugreifen.

E

Als **Dynastie** wird ein Herrschergeschlecht bezeichnet, das eine Machtposition aufgrund erblicher Besitzansprüche über längere Zeit innehat. Die Bezeichnung einer Dynastie leitet sich von ihrem Begründer (z. B. „Karolinger"), vom Stammsitz des Geschlechts (z. B. „Bourbonen") oder von dessen Familiennamen (z. B. „Wasa") ab.

Auch mit Blick auf den Nordosten Frankreichs ist die These von den natürlichen Grenzen problematisch. Sicher – die bereits im 16. Jahrhundert in Landesbeschreibungen genannten Flüsse Saône, Maas und Somme beschreiben die Grenzen bis zur Mitte des 17. Jahrhunderts näherungsweise, doch eine leicht zu verteidigende Linie bildeten sie keineswegs, wie zahllose Grenzverschiebungen und Besitzwechsel seit dem Mittelalter zeigen. Vergleicht man die Situation des Jahres 1400 mit jener des Jahres 1600, hat Frankreich in Flandern erhebliche, wirtschaftlich bedeutende Gebiete verloren, dafür aber 1552 die drei Bistümer Metz, Toul und Verdun, 1559 das zwischenzeitlich an England verlorene Calais und 1601 das Gebiet zwischen Genfer See und Saône hinzugewonnen. Ansonsten war die Lage in diesem Grenzgebiet unübersichtlich. So leistete der Herzog von Lothringen dem König von Frankreich seit dem 14. Jahrhundert für den westlichen Teil des Herzogtums Bar, das *Barrois mouvant*, den Lehnseid. Ähnliche lehnsrechtliche Verbindungen bestanden auch für andere Herrschaften. Die sich überlagernden Herrschaftsbeziehungen nutzte das französische Königtum im 17. Jahrhundert, um im Norden und Nordosten zu expandieren – wobei es nun auf das Ideal der „natürlichen Grenze" rekurrierte, die im Rhein gesehen wurde (II.3.d).

Ungeachtet der skizzierten Einschränkungen ist der Topos von den sicheren Grenzen Frankreichs bereits im 16. und erst recht im 17. Jahrhundert nicht unbegründet, zumal, wenn man den zeitgenössischen Vergleichshorizont berücksichtigt. Denn in dieser Zeit verfügten nur der englische und der spanische König über Herrschaftsbereiche, die in ihrer Geschlossenheit mit Frankreich vergleichbar, aber auch deutlich kleiner waren.

Regionale und kulturelle Vielfalt

Was das in den Landesbeschreibungen begegnende Stereotyp von der Vielfalt Frankreichs angeht, so war es in der Frühneuzeit mindestens so zutreffend wie heute. Frankreich war (und ist) ein Land großer landschaftlicher und klimatischer Gegensätze – mit entsprechenden Konsequenzen für Fruchtbarkeit und landwirtschaftliche Nutzung. Es umfasste (und umfasst) nicht nur ausgedehnte, ihrerseits ganz unterschiedliche Küstenlandschaften, weite, fruchtbare Ebenen und Flussniederungen, Mittelgebirge und Hochgebirge, sondern auch ganz unterschiedliche Klimazonen (I.4.b).

Doch auch in kultureller Hinsicht wies Frankreich große Unterschiede auf, die in der Frühneuzeit ausgeprägter waren als heute. So sprachen nicht alle Untertanen des französischen Königs dieselbe Sprache. Neben dem aus der *langue d'oïl* hervorgegangenen Französischen sprach man (in weiten Teilen des südlichen Frankreich) die *langue d'oc*, eine dem heutigen Katalanisch nicht unähnliche Sprache, daneben das Bretonische, das Baskische, ganz im Süden um Perpignan das Katalanische und in den nördlichen Grenzregionen teilweise das Flämische. Andererseits setzte bereits im 16. Jahrhundert eine gezielte Förderung des Französischen durch das Königtum ein. Seit 1539 Gerichtssprache (*ordonnance de Villers-Cotterêts*), wurde es im 17. Jahrhundert, vereinheitlicht und fortentwickelt unter der Ägide der neu gegründeten *Académie française*, gezielt als Instrument der kulturellen Integration eingesetzt und zur einzig zulässigen Amtssprache erklärt.

Die markanten kulturellen Unterschiede im Frankreich des 17. Jahrhunderts waren der Niederschlag einer wechselvollen Geschichte, in der dieses Gebiet entgegen dem zeitgenössischen Mythos nicht immer politisch geeint war. So gehörte der Südosten (die *Gallia Narbonensis*) bereits früher (seit ca. 120 v. Chr.) zum Römischen Reich als der unter Caesar 58–51 v. Chr. eroberte Rest Galliens. In der Völkerwanderungszeit wurden auf dem Boden der gallischen Provinzen verschiedene Reiche gegründet, ehe die Franken vom 6. Jahrhundert an ihre Herrschaft über das heutige Frankreich und große Teile des heutigen Deutschland ausdehnten. Aus den Teilungen des Karolingerreiches im 9. Jahrhundert ging westlich von Rhône, Saône und Maas ein Königreich hervor, in dem der König bis ins 12. Jahrhundert gegenüber den großen Herren nur über begrenzte Macht verfügte. Der mächtigste dieser großen Herren war von der Mitte des 12. Jahrhunderts an nicht nur Herzog der Normandie, der Bretagne, von Aquitanien und der Gascogne, Graf von Anjou, Poitou, der Marche und dem Périgord, sondern auch König von England. Erst im Laufe der folgenden drei Jahrhunderte gelang es den französischen Königen, u.a. im Hundertjährigen Krieg mit England (1337–1453), die großen Herren weitgehend zu entmachten und ihren eigenen Einfluss nach und nach auszubauen.

Frankreich als „Produkt" der Kapetinger

Frankreich war also kein naturgegebenes politisches Gebilde, sondern das Ergebnis der über Jahrhunderte erfolgten Konzentration, Ausweitung und Durchsetzung von Herrschaftsansprüchen und -rechten eines Herrscherhauses, der Kapetinger. Das Frankreich des 17. Jahrhunderts ist das Produkt dieser Dynastie und der mit ihr verbundenen Eliten (I.6.a). Ihnen ist es gelungen, historisch, kulturell, geographisch und ethnisch unterschiedliche Gebiete unter einer Herrschaft zusammenzufassen. Dieser Prozess war zu einem erheblichen Teil das Ergebnis dynastischer Zufälle, die etwa im 16. Jahrhundert den Heimfall aller großen Kronlehen mit Ausnahme des Herzogtums Nevers mit sich brachten. Er war z.T. aber auch das Ergebnis gezielter Politik, wie im Falle der bis ins 15. Jahrhundert unabhängigen Bretagne, deren Erbin Anne (1477–1514) nacheinander von zwei französischen Königen, Karl VIII. (1470–1498) und Ludwig XII. (1462–1515), geehelicht wurde, um die Bretagne dem Krongut einzuverleiben – ein Schritt, dessen Tragweite deutlich wird, wenn man bedenkt, dass Anne 1490 bereits eine rasch wieder annullierte Ehe mit Kaiser Maximilian geschlossen hatte.

Doch der von den Kapetingern vorangetriebene Einigungsprozess hatte bis ins 17. Jahrhundert kein politisch einheitliches Territorium geschaffen, und dieser Heterogenität entsprachen regional unterschiedliche Erfahrungen der Bevölkerung mit dem „Staat" Frankreich. So gab es nicht nur Unterschiede im Zoll- und Steuerwesen (I.6), das Land verfügte auch über keine einheitliche Rechtsordnung – zumal in jenem Bereich, den man heute als Privatrecht bezeichnet. Hier galten im Norden des Landes unterschiedliche Gewohnheitsrechte (*coutumes*), die vor 1789 nur teilweise vereinheitlicht wurden. Im Süden Frankreichs wurden zivilrechtliche Fälle nach dem *droit écrit* entschieden, einem im Mittelalter schriftlich fixierten Recht, das auf das römische Recht zurückging. Was das Gerichtswesen angeht, galt der König zwar als oberster Gerichtsherr (*suprême justicier*), von dem alle Gerichtsbarkeit herrührte, doch verfügten die Feudalherren (*seigneurs*) für ihre Domänen meist über eigene Gerichtsrechte, die auch die hohe Gerichtsbarkeit einschließen konnten. Ebenso verfügte die Kirche über eine eigene Gerichtsbarkeit, die sich auch – wenige schwere Straftaten ausgenommen – mit allen Strafverfahren gegen Geistliche befasste.

Vormoderne Staatlichkeit und Staatsbildung

Diese Beispiele verdeutlichen, dass sich das Frankreich des 17. Jahrhunderts in mancher Hinsicht von einem Staat nach heutigem Verständnis unterschied. Nach diesem Verständnis, das erst im 19. Jahrhundert eine exakte juristische Definition erfahren hat, verfügt ein Staat über (a) ein einheitliches Staatsgebiet mit klar definierten Grenzen, (b) ein einheitliches (und rechtlich gleichgestelltes) Staatsvolk und (c) eine einheitliche Staatsgewalt, die nach innen über ein Gewaltmonopol und nach außen über Souveränität verfügt. Was das Staatsgebiet angeht, bestanden im Frankreich des 17. Jahrhunderts nach innen hin verschiedene Grenzen fort; die Grenzen nach außen zeichneten sich zwar zunehmend deutlich ab, doch blieben wegen bestehender lehnsrechtlicher Bindungen Unklarheiten. Von einer Einheitlichkeit der durch den König verkörperten Staatsgewalt nach innen hin kann – wie am

Beispiel der Gerichtsrechte von adligen *seigneurs* und Kirche verdeutlicht – nur mit Einschränkungen die Rede sein. Was das einheitliche Staatsvolk angeht, stand dem die Ständeordnung des **Ancien Régime** entgegen.

E

> Der Begriff **„Ancien Régime"** wurde zuerst im Zuge der Französischen Revolution für die Zeit der monarchischen Herrschaft der Bourbonen vor der Revolution gebraucht, später wurde seine Bedeutung auch über Frankreich hinaus auf andere Länder ausgeweitet. Dabei liegt der Akzent auf den vor 1789 vorherrschenden politischen und sozialen Strukturen.

So wichtig es ist, diese Unterschiede, die im Übrigen mit Abstufungen für alle frühneuzeitlichen Gemeinwesen gelten, zu bedenken, so unangemessen wäre es, die Staatlichkeit dieser Gemeinwesen als defizitär zu beschreiben. Stattdessen versucht die historische Forschung mit Hilfe des Konzepts der „Staatsbildung" die sich seit dem Spätmittelalter herausbildenden staatlichen Strukturen zu identifizieren, nach den Instanzen zu fragen, die sie hervorbrachten, und den durch sie angestoßenen Prozess systematisch zu untersuchen. Auch dieser Ansatz birgt die bereits angesprochene Gefahr einer teleologischen Perspektivierung, die den Staat des 19. und 20. Jahrhunderts implizit zum Zielpunkt einer sinnhaften historischen Entwicklung erklärt. Dies kann man vermeiden, wenn man den souveränen Staat des 19. und 20. Jahrhunderts nicht als normative Kategorie versteht, sondern als Typus eines Gemeinwesens, der seinerseits mit zahlreichen Hypotheken belastet und heute auf vielen Feldern überfordert ist, weshalb wir ihn historisieren und relativieren sollten, unter dieser Voraussetzung aber durchaus als empirische Kategorie verwenden können.

b) Darstellungsebenen und zeitlicher Rahmen

Versteht man Frankreich nicht als naturgegebene politische Einheit, sondern als Produkt von Herrschaft und Politik, kommt man kaum umhin, jenen Faktoren besonderes Augenmerk zu schenken, die diese Entwicklung vorangetrieben haben. Eine Geschichte Frankreichs in der Frühneuzeit kann zumal die königliche Politik schwerlich aussparen. Nun bedeutet politische Geschichte weder die ausschließliche Konzentration auf die Hauptakteure noch die Beschränkung auf die Oberfläche der Ereignisse. Daher sollen im ersten Teil zunächst Grundlagen der politischen, sozialen und institutionellen Ordnung Frankreichs vorgestellt und dabei auch Faktoren der ***longue durée*** einbezogen werden, ehe im zweiten und dritten Teil die Rolle Frankreichs im sich formierenden europäischen Staatensystem und die Hauptphasen der inneren Entwicklung behandelt werden.

E

> Der Begriff der ***longue durée*** wurde von den Historikern der französischen *Annales*-Schule eingeführt. Er bezeichnet langfristig wirksame strukturelle Gegebenheiten, deren Bedeutung gegenüber den mittelfristig wirksamen Konjunkturen und den punktuellen Ereignissen betont werden soll.

Das „lange" 17. Jahrhundert

Den zeitlichen Rahmen der Darstellung bildet das „lange" 17. Jahrhundert. Es beginnt 1598, als mit dem Edikt von Nantes nach fast vier Jahrzehnten des religiösen Bürgerkriegs Frankreich im Innern vorläufig befriedet wurde. Das Edikt von Nantes war zugleich Ausdruck der Konsolidierung der Herrschaft Heinrichs IV., eines Königs, der als ehemaliger Führer der protestantischen Partei erst 1593, vier Jahre nach seinem Regierungsantritt, zum katholischen Glauben übergetreten war. Mit Heinrich IV. gelangten die Bourbonen auf den französischen Königsthron, jene Linie der Kapetinger, die Frankreich bis zum Ende der Monarchie 1792 regierte. Die Konsolidierung der Regierung Heinrichs IV. markiert zudem den Beginn einer zwar mehrfach durch Krisen unterbrochenen, aber doch langfristig wirksamen Stärkung der monarchischen Autorität, die schließlich in den ersten Jahren der persönlichen Regierung Ludwigs XIV. ihren Höhepunkt erreichte. Der Tod dieses Königs im Jahre 1715 stellt einen Einschnitt dar, in dessen Gefolge die politische Ordnung der französischen Monarchie erheblichen Veränderungen unterworfen war – u.a. deshalb, weil sie sich nun bald einer aufgeklärtkritischen Öffentlichkeit gegenübersah.

„Zeitalter des Absolutismus"?

Für viele geschichtsbewusste Franzosen ist die hier behandelte Zeit bis heute das *Grand Siècle*, das große Zeitalter, in dem Frankreich zur führenden Macht Europas aufstieg, in dem ein bis heute als „klassisch" bezeichneter Kunststil entwickelt und zahllose Repräsentationsbauten errichtet wurden, die den Glanz dieses Zeitalters sinnfällig zu machen scheinen. Diese Deutung geht im Übrigen bereits auf das Zeitalter der Aufklärung zurück, auf Voltaires 1751 zuerst in Berlin veröffentlichtes Werk „Das Jahrhundert Ludwigs XIV." (*Le siècle de Louis XIV*), das bis heute als Gesamtdarstellung dieser Zeit unverzichtbar ist – der Titel des vorliegenden Buches versteht sich als Reverenz gegenüber diesem großen Werk. Freilich bleibt zu fragen, auf welchen ökonomischen, sozialen und politischen Voraussetzungen dieser Erfolg beruhte und wie teuer er erkauft war. Ähnlich verhält es sich mit einem weiteren prägenden Kennzeichen der hier behandelten Epoche, ohne das die Vorstellung des *Grand siècle* kaum denkbar ist: dem zwar an ältere Traditionen anknüpfenden, aber doch neu akzentuierten Anspruch des französischen Königs, als absoluter Monarch nicht nur von der Zustimmung ständischer Repräsentativorgane, sondern auch von den Gesetzen entbunden zu sein. Die historische Forschung hat aus diesem Befund lange gefolgert, die genannte Zeit könne gerade mit Blick auf Frankreich als „Zeitalter des **Absolutismus**" gedeutet werden. In jüngerer Zeit haben Historiker gegen diesen Ansatz massive Einwände erhoben. Die folgende Darstellung verzichtet bewusst darauf, die Epoche a priori im Zeichen des Absolutismus zu behandeln; stattdessen soll am Ende die Frage nach der absolutistischen Signatur dieses Zeitalters bilanziert werden.

E

Als **Absolutismus** bezeichnet man in der Geschichtswissenschaft eine Regierungsform, in der ein Herrscher dem Anspruch nach über unumschränkte Gewalt verfügt. Der Begriff im engeren Sinne ist an die monarchische Staatsform gebunden und bezeichnet v.a. eine auf Zentralisierung und Intensivierung der Herrschaft angelegte Ausprägung des frühneuzeitlichen europäischen Fürstenstaates sowie die durch sie geprägte Epoche des 17. und 18. Jahrhunderts. In jüngerer Zeit wurde auf die unklare zeitliche Abgrenzung und die Unschärfe des Begriffs sowie auf die begrenzte Wirksamkeit des Absolutismus jenseits der Zentralsphäre hingewiesen. Kritisiert wird ferner die Unterschätzung der Handlungsautonomie von Untertanen und Eliten wie auch der Abhängigkeit frühmoderner Herrschaft von Konsens und Kooperation. Dennoch besteht weitgehend Einigkeit, dass vom Spätmittelalter bis zum 18. Jahrhundert in Europa in großer Breite Diskurse und Performanzen zu beobachten sind, die auf die Überhöhung des Monarchen abzielten und dessen Ungebundenheit in den Vordergrund rückten; vgl. IV.

2. Die Bevölkerung Frankreichs im 17. Jahrhundert

Fast alle Autoren des 17. Jahrhunderts, die sich zu den Grundlagen der Macht eines Gemeinwesens äußerten, erachteten eine zahlreiche Bevölkerung als Voraussetzung wirtschaftlicher Prosperität; ihre Vergrößerung galt als wichtiges Ziel der Politik. Den Hintergrund dieser Bestrebungen bildete die Tatsache, dass angesichts einer vorwiegend agrarischen Wirtschaftsstruktur und einer geringen Mechanisierung bzw. Technisierung der Arbeit die wirtschaftliche Leistungskraft in hohem Maße mit der Zahl der verfügbaren Arbeitskräfte korrelierte. Andererseits waren immer wieder erhebliche Teile der Bevölkerung durch Hunger, Krieg und Seuchen bedroht; die Möglichkeiten der Politik, ein langfristiges Wachstum der Bevölkerung zu erreichen, waren hier begrenzt. Gleichwohl ist zu beobachten, dass das Bewusstsein für die Bedeutung der Bevölkerung und die Bestrebungen, sie zu mehren, im politischen Kalkül der Zeit immer wieder in den Hintergrund traten – zumal dann, wenn über Kriegführung entschieden wurde. Bei diesen Entscheidungen spielte in der Regel die Frage nach den Konsequenzen für die Bevölkerung nur eine nachgeordnete Rolle.

Demographisches Wissen der Zeitgenossen

Was wussten die Zeitgenossen über die Bevölkerung des Königreichs Frankreich? Diese Frage mag überraschen, waren doch in den frühen Hochkulturen und in der griechisch-römischen Antike Volkszählungen durchaus üblich. Im Mittelalter beobachtet man indes neben praktischen Problemen eine eigentümliche Scheu vor Volkszählungen. Sie lässt sich erklären durch die lange Zeit vorherrschende Lesart einer Passage des Alten Testaments (2. Samuel, 24, 1–15), in der berichtet wird, König David habe mit einer Zählung der wehrfähigen Männer Israels den Zorn Gottes erregt, der Israel daraufhin eine schwere Plage auferlegt habe.

In Frankreich verblasste dieses Tabu freilich seit dem Spätmittelalter; bereits 1328 wurde ein erster „Zustandsbericht über die Pfarreien und Herdfeuerstellen" (*état des paroisses et des feux*) erstellt. Im 17. Jahrhundert unternahm die Krone aus fiskalpolitischen Gründen große Anstrengungen, sich ein Bild von der eigenen Bevölkerung zu verschaffen. 1630 etwa ließ der Leiter der königlichen Finanzverwaltung, Marquis d'Effiat, eine umfassende Erhebung durchführen, die alle Pfarreien und deren Bewohner sowie weitere wirtschaftliche und finanzpolitische Daten erfasste. Unter Ludwig XIV., der die Ressourcen Frankreichs in einem bis dahin nicht gekannten Maße in den Dienst seiner expansiven Außenpolitik stellte, wuchs das Interesse an demographischen Daten weiter. 1664 ließ ein Nachfolger d'Effiats, Jean-Baptiste Colbert, einen Atlas über die Salzsteuer (*atlas des gabelles*) anfertigen, in dem auch umfassende Daten über die Bevölkerung zusammengetragen waren. 1693 veranlasste dessen Nachfolger, Louis Phélypeaux de Pontchartrain, in einigen Regionen erneut eine Volkszählung. Diese und einige weitere Erhebungen lieferten jedoch in der Regel nur ungenaue Zahlen, denn es wurden Haushalte, also Herdfeuerstellen (*feux*), nicht aber die Anzahl der in einem Haushalt lebenden Personen erfasst, oder es dienten Steuerlisten als Grundlage, in denen Mittellose nicht auftauchten. Verlässliche Volkszählungen, die alle Einwohner zu einem gegebenen Zeitpunkt erfassten, hat es dann tatsächlich erst im revolutionären Frankreich gegeben.

Angesichts der Schwierigkeiten, sich ein Bild von der Bevölkerung zu machen, hatte die Krone bereits 1539 in der *ordonnance de Villers-Cotterêts* den Pfarrern der Kirchengemeinden die jährliche Ablieferung von Zivilstandsregistern auferlegt. Dies lag insofern nahe, als die Kirche bereits im Spätmittelalter begonnen hatte, Taufregister zu erstellen, die seit dem Beginn der Neuzeit um Heirats- und Sterberegister ergänzt wurden – auf dem Konzil von Trient (I.5.a) wurden 1563 schließlich genaue Vorschriften für die Führung dieser Register erlassen, um eine exakte Erfassung und Kontrolle der Gläubigen zu ermöglichen. Es dauerte, bis diese Regelungen übernommen wurden und die Führung der Register einigermaßen funktionierte. Auch verzeichneten diese Register lediglich Taufen, Heiraten und Sterbefälle und nicht etwa die Anzahl und Zusammensetzung der Bevölkerung. Gleichwohl ist mit Blick auf die Erfahrungswelt der Menschen interessant, dass existentielle Wendepunkte des Lebens zuerst im Rahmen der Kirche vollzogen, erfasst und registriert wurden. Ganz buchstäblich gehörten die Menschen zuerst einer Kirchengemeinde an, ehe sie als Untertanen des französischen Königs fassbar wurden. Andererseits ist bemerkenswert, dass der sich herausbildende französische Staat kirchliche Strukturen nutzte, um Informationen über die Bevölkerung zu gewinnen. Die enge Verbindung zwischen Staat und Kirche im Frankreich des Ancien Régime hat dies erheblich erleichtert.

Nur wenige hohe Angehörige der staatlichen Verwaltung hatten Zugang zu den als Geheimwissen eingestuften bevölkerungsstatistischen Daten. Immer ging es bei diesen Erhebungen vorrangig um fiskalische Fragen – um den wachsenden Geldbedarf des im Ausbau befindlichen Staates und um die Frage, wie diese Last am besten zu verteilen war. Die Bevölkerung geriet also v. a. als Abschöpfungsobjekt in den Blick.

Ergebnisse der demographischen Forschung

Die demographische Forschung geht für den Beginn des 17. Jahrhunderts (bezogen auf das französische Territorium des Jahres 1700) von einer Gesamtbevölkerung von 18 bis 21 Mio. Personen aus. Die Zahlen der Historiker differieren, was angesichts der Ungenauigkeit der Quellen nicht überrascht; in jüngerer Zeit sind sie eher nach oben korrigiert worden. Bis etwa 1640 dürfte die Bevölkerung noch etwas gewachsen sein, auf ca. 19 bis 22 Mio. In den folgenden Jahrzehnten bis 1715 sind starke Schwankungen festzustellen, wobei eine Obergrenze, die bei 20 bis 24 Mio. liegt, nicht überschritten, wohl aber kurzfristig deutlich unterschritten wurde. Erst nach dem Tod Ludwigs XIV. setzte dann ein relativ kontinuierlicher Bevölkerungsanstieg ein, im Rahmen dessen die bis dahin nie überschrittene Grenze der 20 bis maximal 24 Mio. deutlich überschritten wurde.

Mit seiner Bevölkerung übertraf Frankreich die meisten anderen zeitgenössischen Gemeinwesen. Einzig das Heilige Römische Reich hatte um 1700 mit 19 bis 22 Mio. eine vergleichbare Bevölkerung; ganz Europa zählte ca. 120 Mio., Spanien etwa 7,5 Mio., England mit Schottland und Irland ca. 9,5 Mio. Die 18 bis 24 Mio. Einwohner Frankreichs entsprachen bei einem Territorium von 500.000 km^2 einer Bevölkerungsdichte von etwa 40 Einwohnern/km^2. Dies war unter den ökonomischen, sozialen und politischen Bedingungen der Frühneuzeit ein sehr hoher Wert. Die Bevölkerung war freilich unterschiedlich verteilt. Während die Bevölkerungsdichte in stärker urbanisierten Regionen wie der *Ile de France*, der Normandie und im Norden 50 Einwohner/km^2 z.T. deutlich überstieg, waren die Champagne, das Zentrum und die südlich an die Loire angrenzenden Gebiete relativ dünn besiedelt.

Der Großteil der französischen Bevölkerung, etwa 85 %, lebte im 17. Jahrhundert auf dem Lande, nur knapp 15 % in Städten, mit im Laufe des Jahrhunderts leicht steigender Tendenz. Damit war Frankreich im Vergleich zu den Niederlanden und England ein relativ wenig urbanisiertes Land. Allerdings sind solche Zahlen nicht unproblematisch, da das Stadtrecht nichts über die Anzahl der Bewohner und die Art ihres Zusammenlebens aussagt. Unter den Städten des Königreichs kam Paris eine Ausnahmestellung zu. Um 1700 zählte es bereits ca. 530.000 Einwohner, gefolgt von Lyon mit 97.000, Marseille mit 75.000, Rouen mit 60.000 und Lille mit 55.000 Einwohnern (zum Vergleich: Wien hatte damals etwa 115.000 Einwohner, Hamburg 70.000, Köln kaum 40.000). Es folgten mit über 40.000 Einwohnern Bordeaux, Nantes, Orléans und Toulouse sowie mit über 30.000 Einwohnern Caen, Amiens, Angers, Dijon, Tours und Metz. Bemerkenswert ist dabei die Kontinuität zum heutigen Frankreich. Alle genannten Städte gehören heute zu den französischen Großstädten mit mehr als 100.000 Einwohnern – und es sind kaum neue Städte hinzugekommen.

Determinanten der demographischen Entwicklung

Betrachtet man einige Determinanten der demographischen Entwicklung, frappiert zunächst die hohe Sterblichkeit, insbesondere unter Kindern und jungen Menschen. Von 1.000 Neugeborenen erlebten zwischen 250 und 300 nicht ihren ersten Geburtstag, weitere 180 starben vor dem fünften Geburtstag und weniger als die Hälfte erreichte das übliche Heiratsalter (ca. 25 Jahre). Angesichts dieser Zahlen überrascht nicht, dass die durchschnittliche Lebenserwartung auch gegen Ende des Jahrhunderts noch unter 30 Jahren lag. Wer die Kindheit überlebte, hatte allerdings insbesondere im privilegierten sozialen Umfeld vergleichsweise große Chancen, relativ alt zu werden.

Der hohen Sterblichkeit stand eine hohe Geburtenrate gegenüber, die in der Regel die Sterberate deutlich übertraf und zwischen 30 und 40 Geburten jährlich pro 1.000 Einwohnern lag – im heutigen Frankreich (2006) liegt der Wert bei 12,7, in Deutschland bei 8,5. Dieser hohe Wert war durch die begrenzten Möglichkeiten der Empfängnisverhütung bedingt. Dass die Geburtenrate nicht noch höher lag, hat mit dem vergleichsweise hohen Heiratsalter zu tun; es betrug ca. 25 Jahre bei Frauen und ca. 29 Jahre bei Männern (gegenüber 22 bzw. 25 Jahren ein Jahrhundert zuvor). Meist sorgte das soziale Umfeld dafür, dass nur heiraten konnte, wer in der Lage war, einen Hausstand einzurichten und eine Familie zu ernähren. Dies war eine Form der Geburtenkontrolle, die man im 17. Jahrhundert vielerorts beobachten kann. Im Nordwesten Frankreichs und im städtischen Bürgertum scheinen einzelne Paare aber auch andere Formen der Familienplanung versucht zu haben – darauf weist jedenfalls hin, dass die Kirche hier die „unheilvollen Geheimnisse" (*funestes secrets*) einzelner Ehepaare anprangerte. Andererseits legt die geringe Zahl der unehelichen Geburten (ca. 1 %) die Vermutung nahe, dass die Institution der Ehe in einem Maße respektiert wurde wie nie zuvor und nie danach in der französischen Geschichte – ein Indikator für die Erfolge der katholischen Reform (I.5.a).

Demographische Krisen

Die genannten Faktoren vermögen freilich allein nicht zu erklären, weshalb die französische Bevölkerung während des 17. Jahrhunderts nicht stärker wuchs. Charakteristisch für die Epoche ist in den meisten Jahren ein erhebliches Wachstum der Bevölkerungszahlen, dem während begrenzter Zeiträume massive Bevölkerungsverluste gegenüberstehen. Diese mit einer gewissen Regelmäßigkeit wiederkehrenden demographischen Krisen haben die Forschung eingehend beschäftigt. Zunächst spielten Subsistenzkrisen in Folge schlechter Ernten eine erhebliche Rolle; gravierend waren zumal Ernteausfälle beim Getreide, das häufig die Hauptnahrungsgrundlage darstellte. Da Nahrungsmittel auf lokalen Märkten gehandelt wurden und Lieferungen über große Distanzen wegen der schlechten Verkehrswege kaum möglich waren, führten bereits relativ geringe Ausfälle zu massiven Preissteigerungen. Nicht zufällig waren wenig erschlossene Regionen weit öfter von Hungerkrisen betroffen. Diese trafen zumal die arme Bevölkerung auf dem Land und in den Städten.

Bei Preissteigerungen waren v. a. Arme nicht in der Lage, mehr Geld für Brot auszugeben; andere, auch nur annähernd gleichwertige Nahrungsmittel standen oft nicht in ausreichendem Maße zur Verfügung. Fleisch wurde von den armen Bevölkerungsschichten nur in geringem Maße konsumiert, was u. a. daran lag, dass der Viehzucht im Frankreich des 17. Jahrhunderts gegenüber dem Ackerbau nur geringes Gewicht zukam. Hinzu kam in vielen Regionen der verkehrsbedingte Mangel an Salz zur Konservierung von Fleisch. Auch Obst war eher auf dem Speiseplan wohlhabender Stadtbürger zu finden. Die Einseitigkeit der Ernährung bildete neben der Unterernährung eine der Ursachen für die Anfälligkeit der armen Bevölkerung für Epidemien. Und andererseits machte die Konzentration der Landwirtschaft auf wenige Produkte für Fehlernten anfällig. Die königliche Verwaltung versuchte zwar bereits in der zweiten Hälfte des 17. Jahrhunderts, die Versorgung mit Getreide zu verbessern, doch beschränkte sie sich im Wesentlichen auf restriktive Maßnahmen in Krisensituationen.

Ernteausfälle häuften sich im 17. Jahrhundert auch deshalb, weil das Klima von den Auswirkungen der (bis heute letzten) kleinen Eiszeit geprägt war, was u. a. zur Folge hatte, dass in Südfrankreich jahrhundertealte Olivenbaumhaine erfroren und in Höhenlagen ganze Dörfer aufgegeben wurden. Hinzu kamen um 1700 mehrfach extrem kalte und lange Winter, die das im Herbst ausgesäte Getreide zerstörten. Die durch Unterversorgung geschwächten Menschen waren häufig Opfer von Krankheiten und Seuchen. Zwischen 1600 und 1670 gab es in Frankreich mindestens vier große Pestwellen, ehe die Seuche für 50 Jahre verschwand – wohl wegen des kalten Wetters, das die Ausbreitung der die Krankheit übertragenden Flöhe behinderte.

Eine weitere Ursache demographischer Krisen bildeten die zahlreichen Kriege der Zeit – nicht nur wegen der unmittelbar durch Kriegshandlungen getöteten Personen, sondern mehr noch durch Plünderungen, Zerstörungen, Krankheiten und Seuchen, die durchweg mit Kriegen einhergingen. Meist waren die Ursachen einer demographischen Krise vielfältig: Die mittelbaren Bevölkerungsverluste durch Seuchen und Kriegseinwirkungen bedingten einen kurzfristigen Rückgang der agrarischen Produktion, der wiederum Hungerkrisen nach sich ziehen konnte. Oft begannen unterversorgte Bevölkerungsgruppen zu wandern und trugen so zur Ausbreitung von Epidemien bei. Nur selten war der Hunger allein für massive Sterblichkeit verantwortlich.

Hohe Sterblichkeit ging stets auch mit einem überproportionalen Rückgang der Eheschließungen, Geburten und Taufen einher. Gewiss lässt sich Letzteres z. T. durch unmittelbare Verluste wie den Tod eines Ehepartners, Fehlgeburten oder Ähnliches erklären. Hinzu kommt, dass Unterversorgung oft zu vorübergehender Sterilität führen kann. Doch zeigt der Rückgang der Heiraten, dass es offensichtlich auch bewusste soziale Reaktionen angesichts einer unsicheren Zukunft gab. Nach dem Ende solcher Krisen stieg die Zahl der Heiraten meist sprunghaft an, in der Folge auch die Zahl der Geburten.

Das Zusammentreffen mehrerer Krisenfaktoren lässt sich an den gravierendsten demographischen Krisen des 17. Jahrhunderts studieren: so in den 1630er Jahren im Osten des Landes an den Auswirkungen einer Pestepidemie und den Folgen des Dreißigjährigen Kriegs, um 1650 an den Konsequenzen der *Fronde* (III.2.b) oder an der *crise de l'avènement* zur Zeit des Regierungsantritts Ludwigs XIV. (1661). Die größte Krise des „langen" 17. Jahrhunderts kostete 1693/94 etwa 2 bis 2,5 Mio. Menschen, ca. 10% der Bevölkerung, das Leben. Kaum weniger gravierend war der „große Winter" *(grand hiver)* von 1709/10, der zum Tod von ca. 1,5 Mio. Menschen führte. Durch die Kälte wurde das Wintergetreide zerstört; getroffen wurde eine Bevölkerung, die durch die Auswirkungen des Spanischen Erbfolgekriegs (II.3.d) und die extreme Steuerlast zu dessen Finanzierung geschwächt war.

Der *grand hiver* war freilich die letzte große Hungerkrise des Ancien Régime. Derart gravierende Verluste sind danach nicht mehr zu beobachten. Die großen demographischen Krisen sind also eine spezifische Signatur der Epoche, die zum absoluten Herrschaftsanspruch des Monarchen und zum Glanz des Zeitalters in einem eigentümlichen Kontrast steht.

3. Frankreich als politischer Körper – Gesellschaft und ständische Ordnung

Die historische Demographie bietet nur *einen* Zugang zur sozialen Welt vergangener Zeiten. Dieser Zugang war dem 17. Jahrhundert nicht fremd, doch diente er nicht zufällig v. a. dazu, die fiskalische und militärische Leistungskraft zu erfassen. Will man die Lebensbedingungen der Zeit angemessen beschreiben, ist es darüber hinaus notwendig, Faktoren sozialer und rechtlicher Ungleichheit in den Blick zu nehmen und nach Voraussetzungen zu fragen, die ungeachtet der Ungleichheit zum Zusammenhalt der Gesellschaft beitrugen. Was Letztere angeht, ist Vorsicht geboten. Denn auch Zwang und das Fehlen alternativer Lebensmöglichkeiten können in erheblichem Maße zur Existenz von Gesellschaften beitragen. Im Frankreich des 17. Jahrhunderts verfügte die überwältigende Mehrheit der Bevölkerung kaum über die Chance, sich über die soziale Ordnung und über ihre Position in dieser Ordnung zu artikulieren, geschweige denn, daran etwas zu ändern.

Gleichwohl gab es auch Faktoren, die Zusammenhalt stifteten. Zu denken ist etwa an die soziale Integration in Dorf- oder Stadtgemeinde, die Zugehörigkeit zu Klientelstrukturen, die Religionszugehörigkeit, womöglich aber auch die Zugehörigkeit zum politischen Körper „Frankreich".

Unhintergehbarkeit der ständischen Ordnung

Charles Loyseau, einer der renommiertesten französischen Juristen seiner Zeit, eröffnete 1610 seinen *Traité des ordres et simples dignités* („Traktat über die Stände und einfachen Würden") mit der Überlegung, in einer geordneten Gesellschaft könnten die Menschen nicht als Gleiche leben. Anders als für unsere heutigen westlichen Gesellschaften, in denen die rechtliche Gleichheit der Bürger zum unantastbaren Kernbestand der Rechtsordnung gehört, war für Loyseau rechtliche Ungleichheit kein Makel. Für den Juristen wie für die meisten seiner sich zu politischen Fragen äußernden Zeitgenossen bildete Ungleichheit vielmehr die Grundlage jeder legitimen Ordnung und ermöglichte überhaupt erst den Zusammenhalt der Gesellschaft.

Q

Der Jurist Charles Loyseau rechtfertigt die ständische Ordnung.
Charles Loyseau: Traité des ordres et simples dignités. 3. Aufl., Paris 1620, S. 5f. (Übersetzung L. S.)

In allen Dingen muss es um der Schicklichkeit und der Lenkung willen eine Ordnung geben […]. Was die Menschen angeht, die von Gott eingesetzt sind, um über die übrige belebte und unbelebte Schöpfung zu herrschen, ist ihre Ordnung zwar veränderlich und Wechselfällen unterworfen, da Gott ihnen ja die Freiheit gegeben hat, Gutes und Böses zu tun; aber dennoch können sie nicht ohne Ordnung überleben. Denn wir könnten nicht alle als Gleiche leben; vielmehr ist es notwendig, dass die einen herrschen und die anderen gehorchen.

Dies war keine von den sozialen Verhältnissen abgelöste Vorstellung. Nicht die Tatsache, dass es soziale Ungleichheit gab, unterscheidet die französische Gesellschaft des 17. Jahrhunderts von heutigen westlichen Gesellschaften. Entscheidend ist vielmehr, dass soziale Ungleichheit zum erheblichen Teil rechtlich bedingt war – durch die Zugehörigkeit zu verschiedenen Ständen, die in der Regel durch Geburt vorgegeben war, aber auch durch die in der Rechtsordnung vorgesehene und reichlich genutzte Möglichkeit, einzelnen Personen oder Gruppen spezifische Vorrechte zuzuweisen. Damit aber hatte soziale Ungleichheit eine andere Grundlage und es kam ihr eine andere Bedeutung zu als heute. Dies wird etwa daran deutlich, dass Adlige, die sich im Frankreich des 17. Jahrhunderts mit der Bitte um eine Pension an den König wandten, nicht selten argumentierten, ihre Vermögensverhältnisse erlaubten es ihnen nicht, standesgemäß zu leben – auch wenn ihre jährlichen Einkünfte unter Umständen das Hundertfache des durchschnittlichen Jahreseinkommens betrugen. Solche Pensionen wurden nicht selten gewährt, denn es galt als Zeichen gesellschaftlicher Unordnung, wenn etwa Angehörige des Hohen Adels in zu kleinen oder zu schlichten Häusern wohnen mussten.

Umgekehrt gab es noch immer Kleiderordnungen, die festlegten, wer welchen Aufwand treiben durfte. Die Kleidung, der Schmuck und die Zahl der Gäste bei Festlichkeiten sollten nicht allein von den finanziellen Möglichkeiten abhängen. Vielmehr wurden je nach Standeszugehörigkeit Grenzen festgelegt, die sicherstellen sollten, dass die gesellschaftliche Ordnung auch am äußeren Aufwand sichtbar wurde. Auch in der juristischen Lehrmeinung fand die Vorstellung einer auf rechtlicher Ungleichheit beruhenden Gesellschaftsordnung ihren Niederschlag. In Anlehnung an entsprechende Formeln des römischen Rechts betonten französische Juristen des 17. Jahrhunderts, Gerechtigkeit bedeute das permanente Bestreben, einem jeden das Seine zukommen zu lassen – dieses „Seine" war nicht für alle dasselbe, sondern es war abhängig von Standeszugehörigkeit und Rechtsstatus.

a) Der Klerus

Fast alle zeitgenössischen Darstellungen der französischen Gesellschaft des 17. Jahrhunderts folgten einem Gliederungsschema, das drei Stände vorsah. An erster Stelle wurde dabei meist der Klerus genannt, dem etwa 150.000 Menschen, 0,75 % der Gesamtbevölkerung, angehörten. Der Klerus unterschied sich von den beiden anderen Ständen nicht zuletzt dadurch, dass man in ihn nicht hineingeboren wurde, da seine Mitglieder nach Kirchenrecht ehelos leben sollten. Kleriker wurde man idealerweise aufgrund innerer Berufung, zumindest aufgrund einer Entscheidung, die im 17. Jahrhundert freilich oft nicht vom künftigen Geistlichen, sondern von seiner Familie getroffen wurde.

Kleriker konnte im Prinzip jeder werden, vorausgesetzt, er konnte lesen und schreiben – was in der Praxis angesichts der begrenzten Alphabetisierung der Bevölkerung (I.5.b) den Kreis jener, die zum Klerus Zugang hatten, einschränkte. Kleriker entstammten mehrheitlich den wohlhabenderen Teilen des Dritten Standes oder dem Adel, doch gab es nicht wenige, die sich aus unterbürgerlichen oder bäuerlichen Milieus rekrutierten. Im Laufe des 17. Jahrhunderts wurde im Zuge der katholischen Reform die Ausbildung der Geistlichen erheblich verbessert (I.5.a). Um 1700 hatten fast alle Pfarrer in Frankreich ein Priesterseminar besucht und ein Examen abgelegt.

In den zeitgenössischen Darstellungen erschien der Klerus stets als der Stand mit dem höchsten Prestige. Den Geistlichen wurde nach den Vorstellungen der Zeit durch die vier niederen und die drei höheren Weihen ein spezifisches Charisma übertragen, der Zölibat galt als besondere Gnadengabe. Auch äußerlich hoben sich die Angehörigen des Klerus durch ihre Tonsur und ihre Gewänder von Laien ab. Ihre aus der Weihe und ihrer Lebensführung erwachsende Würde galt als Begründung für ihre Überordnung über die beiden anderen Stände.

Vorrechte des Klerus

Der Klerus verfügte über zahlreiche Standesrechte. So konnten Geistliche, von wenigen schweren, der königlichen Justiz vorbehaltenen strafrechtlichen Fällen (*cas privilégiés*) abgesehen, nur von Geistlichen verurteilt werden. Sie wurden nicht zur Miliz herangezogen und waren von kommunalen Abgaben und den meisten Steuern befreit. Andererseits gewährte der Klerus dem König regelmäßig freiwillige Abgaben (*dons gratuits*). Im Gegenzug verfügte er von 1625 an als einziger Stand über regelmäßig alle fünf Jahre zusammentretende, alle Geistlichen repräsentierende Versammlungen (*assemblées du clergé*), die dem König ihre Anliegen vortrugen und mit ihm über die Höhe des *don gratuit* verhandelten. Aufgebracht wurde diese Abgabe über die kircheneigene Verwaltung. Zudem verfügte der Klerus als einziger Stand mit der *agence générale du clergé* über eine Art Generalsekretariat, das auch als Interessenvertretung fungierte.

Auch was seine Einnahmen angeht, war der Klerus weitgehend unabhängig vom Königtum. Eine der beiden wichtigsten Einnahmequellen bildete die *dîme* (von lat. *decima* – ein Zehntel), eine eigentlich der Finanzierung des Kultus dienende, fast immer in Naturalien entrichtete Abgabe, die im Prinzip auf alle Einkünfte, faktisch nur auf landwirtschaftliche Erträge zu zahlen war. Der Kirchenzehnt, zu dessen Begründung sich die Kirchenrechtler auf das Alte Testament (Genesis 14,20) beriefen, ist bereits unter den Karolingern nachweisbar. Ob nur ertragreiche Anbauformen wie Getreide und Wein oder auch weniger ertragreiche wie der Gemüseanbau herangezogen wurden, variierte ebenso von Gegend zu Gegend wie die exakte Höhe der Abgabe. Die Bauern mussten die *dîme* meist unmittelbar nach der Ernte abliefern, wobei es zumal in Südfrankreich nicht selten zu Verweigerungen und Revolten kam.

Die zweite Haupteinnahmequelle des Klerus bildeten die Erträge jener Güter, die mit den jeweiligen kirchlichen Ämtern verknüpft waren (Benefizien). Die Kirche verfügte über große Ländereien, die zwischen 3,5% (Auvergne) und 20% (Picardie), im Landesdurchschnitt etwa 10% des Grundbesitzes ausmachten; zu jeder Kathedrale, jedem Kloster und jeder Pfarrstelle gehörten Besitztümer, deren Einnahmen den jeweiligen Amtsinhabern einen angemessenen Lebensunterhalt sichern sollten.

Soziale Heterogenität

Ungeachtet der Privilegien, die im Prinzip allen Geistlichen zustanden, war der französische Klerus des 17. Jahrhunderts sozial heterogen. Er war hierarchisch gegliedert, und damit gingen massive ökonomische Unterschiede einher. Eine klare Grenze verlief zwischen dem hohen Klerus, dem neben den Erzbischöfen, Bischöfen und den Kanonikern an Stiften und Domkirchen auch die Äbte und Äbtissinnen der großen Klöster angehörten, und dem niederen Klerus, den Pfarrern und Pfarrvikaren. Erstere verfügten in der Regel über sehr hohe Einnahmen, die nicht selten 100.000 ***livres*** im Jahr überstiegen. Der für die seelsorgerische Betreuung der Gläubigen zuständige Pfarrklerus hingegen war nicht selten arm, da die Einnahmen oft nicht jenen zukamen, die tatsächlich die geistlichen Ämter ausübten. Häufig sicherte sich der Bischof große Teile der in einer Gemeinde erhobenen *dîme*. Auch der Ertrag der kirchlichen Benefizien wurde umverteilt. Ebenso war es üblich, dass Personen Benefizien innehatten, die das betreffende Amt nicht ausübten, sondern dafür einen Vertreter bestellten, dem sie nur einen kleinen Teil der Einnahmen bezahlten. Um eine Mindestversorgung des Pfarrklerus sicherzustellen, wurde 1571 durch ein königliches Gesetz ein Mindestbetrag, die sogenannte *portion congrue*, festgelegt, die einem Pfarrstelleninhaber bezahlt werden musste; sie wurde 1629 angesichts der Geldentwertung von 120 auf 300 *livres* erhöht.

E

Die ***livre*** (das Pfund, von lat. *libra* – die Waage) war eine Rechenmünze auf Silberbasis; sie wurde in der Regel nicht geprägt. 1 *livre* entsprach 20 *sous* bzw. 240 *deniers*. Im Hochmittelalter verbreitete sich die *livre parisis* in Nordfrankreich, die ursprünglich den Wert eines Pfundes (409 g) Reinsilber repräsentierte. Im 15. Jahrhundert setzte sich die um ein Viertel leichtere *livre tournois* in allen Landesteilen durch. Zwar sank ihr Wert in den folgenden Jahrhunderten, doch blieb sie bis Ende des 18. Jhs. die wichtigste Rechengröße.

Nimmt man die Herkunft der Geistlichen in den Blick, verstärkt sich das Bild einer Zweiteilung des Klerus. Die Bischöfe waren wie auch die Äbte und Äbtissinnen der großen Klöster fast ausschließlich Adlige. Nur zu Beginn des 17. Jahrhunderts kann man (wegen der verschärften Anforderungen an die Qualifikation der Kandidaten) eine größere Zahl nichtadliger Ernennungen beobachten – meist aus Familien, die als *officiers* Zugang zu Bildung und Wohlstand hatten. Doch aufs Ganze gesehen dominierten zu ca. 90% Adlige. Für viele adlige Familien bildete die Besetzung hoher Kirchenämter ein wichtiges Element ihrer Familienpolitik, das ein standesgemäßes Leben ermöglichte und politischen Einfluss sicherte. Die Angehörigen der Dom- und Stiftskapitel entstammten meist wohlhabenden bürgerlichen Familien oder waren Kinder königlicher Amtsträger. Sie übernahmen oft kirchenpolitische oder administrative Aufgaben, wenn sie ihre Stelle nicht als Sinekure nutzten, als Amt also, das ihnen Einkünfte einbrachte, ohne dass sie dafür kirchliche Aufgaben wahrnahmen.

Herkunft der Kleriker

Im Pfarrklerus hingegen gab es im 17. Jahrhundert in Frankreich wegen der schlechten Dotierung der Stellen praktisch keine Adligen und nur wenige Angehörige der *noblesse de robe*; häufiger waren (zumal in den Städten) Söhne von Kaufleuten und örtlichen Magistraten. Auch die Landpfarrer stammten z. T. aus den Städten. Im Beauvaisis nördlich von Paris stellten sie 40% der *curés,* etwa 23% entstammten der ländlichen Oberschicht und immerhin 37% waren Söhne einfacher Bauern. Auch wenn sich diese Zahlen nicht verallgemeinern lassen, wird hier deutlich, dass die Kirche in der ständischen Gesellschaft Möglichkeiten sozialen Aufstiegs eröffnete.

b) Der Adel

Wie der Klerus schloss auch der Adel eine Vielfalt unterschiedlicher Lebensformen ein. Die Zeitgenossen waren sich nicht immer einig, wer als adlig zu gelten hatte, und so überrascht nicht, dass auch die Zahl der Adligen nicht genau bestimmt werden kann. Marschall Vauban schätzte den französischen Adel 1707 auf etwa 260.000 Personen. Für das 16. und 17. Jahrhundert fehlen belastbare Angaben, doch kann als sicher gelten, dass die Zahl der Adligen zu Beginn des Jahrhunderts höher lag als an dessen Ende. Denn in den Kriegen Ludwigs XIV. kamen relativ viele Adlige zu Tode; zeitgleich wurde zudem mit großer Härte eine Adelsreformation durchgeführt, bei der Adlige, die keinen formellen Adelsnachweis erbringen konnten, ihren Adelsrang verloren. Damit wurde der bis dahin verbreiteten Praxis ein Riegel vorgeschoben, Personen, die seit längerer Zeit einen adligen Lebenswandel führten und womöglich Heiratsverbindungen mit Adligen eingingen, in den Adel aufzunehmen – einer Praxis, die zeigt, dass die Adelsqualität lange Zeit nicht eindeutig definiert war.

Adlige „Ehre"

Nach der überlieferten Dreiständelehre zeichneten den Adel spezifische Tugenden und Verhaltensmuster aus, er war Träger einer spezifischen „Ehre" (*honneur*), die noch der aufgeklärte Philosoph Montesquieu als wichtigste Triebfeder (*ressort*) monarchischer Verfassungen bezeichnete. Im Mittelpunkt des adligen Ehrbegriffs stand die Befähigung zum Dienst für König und Vaterland – im Extremfall unter Einsatz von Leben und Eigentum. Als

Dienst in diesem Sinne wurde seit dem Mittelalter der Dienst mit der Waffe verstanden; er bildete den Kern des Selbstverständnisses des alten Schwertadels (*noblesse d'épée*). Mit diesem Dienst verknüpft war ein weiteres Kennzeichen des Adels: seine Verfügung über Lehen. Für den Schwertadel waren Adelszugehörigkeit und Lehnsinhaberschaft tendenziell deckungsgleich. Die Bedeutung des Lehnsystems als Bindeglied zwischen dem Monarchen und den Eliten des Königreichs weit über das Mittelalter hinaus kann kaum überschätzt werden, obwohl der Besitz eines Lehens während der Frühneuzeit kein exklusives Adelskennzeichen blieb.

Im Rahmen des Lehnsystems standen die Adligen als Vasallen in einem besonderen Treueverhältnis zum König als ihrem obersten Lehnsherrn. Diese Treue äußerte sich in – meist militärischer – Hilfeleistung (lat. *auxilium*), traditionell in Form der Teilnahme am allgemeinen Lehnsaufgebot, dessen militärische Bedeutung freilich seit dem späteren Mittelalter zurückging. Im 16. und frühen 17. Jahrhundert kommandierten höhere Adlige oft Söldnerheere, die sie auf eigene Kosten anwarben, um sie dem König zur Verfügung zu stellen, nicht selten aber auch, um damit eigene politische Ziele zu verfolgen. Unter Ludwig XIV. gelang es der Krone, die politisch-militärische Eigenständigkeit adliger Heeresführer, die gelegentlich auch vor Rebellionen nicht zurückschreckten, zurückzudrängen und die Armee in stärkerem Maße zu „verstaatlichen". Die Bereitschaft zum Waffendienst für König und Vaterland äußerte sich nun v.a. in der Bereitschaft zum Kriegsdienst als Berufsoffizier.

Nach traditionellem Verständnis gehörte zu den Pflichten des Lehnsmanns auch die Bereitschaft, dem Lehnsherren mit Rat zur Seite zu stehen (lat. *consilium*), eine Vorstellung, aus der große Adlige lange die Verpflichtung des Königs ableiteten, sie an der Regierung des Königreichs zu beteiligen – die definitive Beseitigung dieser Mitsprache des Hochadels nach der *Fronde* gehört zu den wichtigen verfassungspolitischen Weichenstellungen des 17. Jahrhunderts.

Privilegien des Adels

Der besondere Dienst des Adels für König und Vaterland begründete zahlreiche Privilegien. So waren Adlige wie Geistliche von der Einquartierungspflicht ausgenommen. Von großer materieller Bedeutung war zudem die weitgehende Befreiung von der im Norden Frankreichs üblichen *taille personnelle*, also von der auf Haushaltsvorständen lastenden direkten Steuer. In Südfrankreich, wo die direkte Steuer als Grundsteuer (*taille réelle*) erhoben wurde, waren nur die von alters her als adlig qualifizierten Liegenschaften befreit. Als 1695 angesichts des Finanzbedarfs der Monarchie eine Kopfsteuer, die *capitation*, eingeführt wurde, galt sie auch für Adlige.

Adlige hatten zudem ausschließlichen Zugang zu herausgehobenen Hofämtern und den königlichen Militärschulen und wurden bei der Rekrutierung der königlichen Garde bevorzugt. Angehörige von Familien, die einen Adelsnachweis bis mindestens 1400 führen konnten, hatten zudem freien Zugang zum königlichen Hof – ob sie es sich leisten konnten, längere Zeit dort präsent zu sein, steht auf einem anderen Blatt. Bei Ständeversammlungen war der Adel als Stand bevorrechtigt vertreten – ein Sachverhalt, an dem sich bekanntlich 1789 die Kritik des Dritten Standes entzündete. Weiterhin galten für Adlige verkürzte Studienzeiten und erleichterte Prüfungsbedingungen an der Universität.

Von erheblichem Gewicht waren schließlich die Gerichtsprivilegien. Adlige mussten Zivilsachen nicht vor den niederen Gerichtsinstanzen ausfechten, sondern konnten sich sofort an das Gericht des *bailliage* bzw. der *sénéchaussée* (I.6.c) wenden, was nicht nur eine gewisse Sicherheit vor unfundierten Urteilen bot, sondern v.a. dann zum Nachteil der Prozessgegner gereichte, wenn diese nicht die Mittel hatten, sich juristisch vertreten zu lassen. In Strafsachen konnten Adlige verlangen, nur von einem der königlichen Obergerichte vorgeladen zu werden. Gerichtsstand für die hochadligen *pairs* war die um Standesgenossen erweiterte große Kammer des *parlement de Paris.* Andererseits verfügten viele Adlige über eine eigene seigneuriale Gerichtsbarkeit.

Da Adlige jederzeit zum Dienst für König und Vaterland bereit sein sollten, mussten sie abkömmlich sein. Ihnen war deshalb jede auf Lebensunterhalt gerichtete berufliche und zumal manuelle Tätigkeit untersagt. Zulässig war die Bewirtschaftung des eigenen Gutes und die Vermarktung der dort produzierten Erzeugnisse. Allerdings unterlag diese Tätigkeit klaren Regeln; so galt es als nicht standesgemäß, den Pflug zu führen oder Güter zu pachten. Auch Handel sowie die meisten handwerklichen Arbeiten waren unzulässig. Die Tätigkeit als Arzt fiel nicht unter das adlige Berufsverbot, die des Anwalts war umstritten. Insgesamt bedeutete das Erwerbsverbot eine klare Einschränkung der wirtschaftlichen Entfaltungsmöglichkeiten des Adels.

Selbstverständnis des Adels

Was machte einen Adligen aus? Die Definition des Adels war im Rahmen eines historischen Prozesses erfolgt, an dem v.a. der um soziale Abgrenzung ringende Adel selbst und das um seine Loyalität ringende Königtum beteiligt waren. Nach der Selbstdefinition des Adels spielte zunächst das Alter der jeweiligen Familien eine maßgebliche Rolle. Dies wird deutlich im Umgang mit geadelten Personen bzw. Familien. Nach adligem Verständnis bedeutete die Nichtadligkeit (*roture*) nicht nur einen inferioren Rechtsstatus, sondern einen Makel, der nicht einfach durch die Nobilitierung getilgt werden konnte. Mit diesem Selbstverständnis verknüpft war die Überzeugung, Adlige verfügten über Eigenschaften, die nicht erlernt, gekauft oder verliehen werden könnten, sondern vererbt und durch standesgemäße Erziehung zur Entfaltung gebracht werden müssten. Blut und Abstammung bildeten zentrale Bestimmungselemente des adligen Selbstverständnisses. Sie sind mit den Rassenideologien des späten 19. und 20. Jahrhunderts nicht gleichzusetzen, u.a., weil *race* keine Volksrasse, sondern die Abstammung einer kleinen Elite bezeichnete, weisen aber in einigen Punkten auf sie voraus. Die *noblesse de race,* wie sie sich nannte, verwies stolz auf die Reinheit ihres Blutes, auch wenn im Frankreich der Frühneuzeit die Kriterien für adlige Abstammung lockerer waren als im Reich.

Auch die adlige Ehrvorstellung war eng mit dem Konzept der *race* verknüpft, wurde als erblich verstanden und haftete nicht nur der Person, sondern auch der Familie an. Der Adlige war verpflichtet, sich seinem ererbten Rang entsprechend zu verhalten und die ererbte Ehre zu verteidigen. So erklärt sich, dass es bei Fragen der Sitzordnung und anderen Präzedenzfällen häufig zum Konflikt kam, dass das Duellwesen trotz ausdrücklicher Verbote bis zur Revolution kaum eingedämmt werden konnte und Adlige nicht selten den Tod einer Verletzung ihrer Ehre vorzogen.

Leitbild des *honnête homme*

Neben diesem traditionellen standesspezifischen Verhaltensmodell, zu dessen Kern der heroische Gewalthabitus zählte, entwickelte sich seit dem Beginn des 17. Jahrhunderts in der Pariser Aristokratie ein alternatives Handlungsmuster, dessen institutionellen Rahmen die zumeist von Frauen geleiteten Geselligkeitszirkel (*salons*) bildeten, angefangen mit der *chambre bleue* der Marquise de Rambouillet (ab 1618). In den Pariser Salons galt der Verhaltenskodex der mondänen Höflichkeit (*politesse mondaine*), der gewaltsamen Konfliktaustrag ausschloss und alle Teilnehmer zu wechselseitiger Anerkennung als ebenbürtige Angehörige der „guten Gesellschaft" (*bonne compagnie*) verpflichtete, wodurch die zwischen ihnen bestehenden Rangunterschiede zeitweilig außer Kraft gesetzt waren. Die Reputation eines *homme* bzw. einer *femme du monde* ergab sich nicht aus adliger Herkunft, sondern wurde daran gemessen, wie überzeugend er bzw. sie soziale Tugenden wie *esprit* (Geist), *gaieté* (Frohsinn) und *amabilité* (Liebenswürdigkeit) vorlebte – Tugenden, die in ihrer Gesamtheit das Ideal des ***honnête homme*** konstituierten. Die mondäne Soziabilität stellte somit eine neue Option für die aristokratische Selbstinszenierung jenseits des Dienstes „für König und Vaterland" dar und behielt diese Funktion – trotz des zeitweiligen Niedergangs der Pariser Salons zu Zeiten der kulturellen Hegemonie des ludovizianischen Hofes (III.3.c) – bis zur Französischen Revolution. Andererseits bildete das „über-ständische" Leitbild des *honnête homme* eine latente Herausforderung für die kollektive Selbstlegitimation des Adels als Gemeinschaft der Edelgeborenen.

E

Das Konzept des ***honnête homme***, das durch die Aneignung des Hofmann-Ideals der italienischen Renaissance in Frankreich eingeführt wurde, löste sich im Verlauf des 17. Jahrhunderts aus seinem höfischen Kontext und wandelte sich zum Idealbild eines Virtuosen der gewaltfreien, egalitären und selbstzweckhaften Geselligkeit. Damit konnte die Figur des *honnête homme* als Leitbild der Pariser Salonkultur und Gegensatz zur Welt des Versailler Hofes dienen. Zugleich ermöglichte die prinzipielle Universalität dieses Rollenmodells die Integration von Gelehrten und Literaten nicht-adeliger Herkunft. Für die französischen Aufklärer der ersten Generation bildete dieses Rollenmodell die entscheidende Orientierungshilfe bei ihrer Suche nach Autonomie und half ihnen, die Pariser Salons und damit die Meinungsführerschaft innerhalb der französischen Eliten zu erobern.

Aufstieg in den Adel und Nobilitierung

In Frage gestellt wurde das auf Abstammung beruhende Selbstverständnis des französischen Adels auch durch die Tatsache, dass es immer wieder gelang, in diesen Stand aufzusteigen. Dies konnte stillschweigend erfolgen, wenn Familien über Generationen adelsmäßig lebten und von ihrer Umgebung als adlig anerkannt wurden. Oft genügten dafür drei Generationen. Die Grundlage bildete meist der Erwerb eines „adligen" Landguts und ein entsprechender, von Zeugen bestätigter Lebensstil, so dass womöglich sogar ein ausdrücklicher Adelsbrief (*lettre de noblesse*) beim König erwirkt werden konnte. Im 15. und frühen 16. Jahrhundert gelang relativ vielen Familien auf diesem Wege der Aufstieg, die Forschung spricht von der *noblesse facile*, einem leicht zu erwerbenden Adel. Im 17. Jahrhundert indes war dieser Weg kaum mehr gangbar, da das Königtum aus fiskalischen Gründen den Aufstieg kontrollierte und jede Usurpation des Adelstitels unter Strafe stellte. Auf der anderen Seite sorgte auch das Königtum dafür, dass Personen bzw.

Familien in den Adel aufstiegen. Adelserhebungen waren Ausdruck des spezifischen Adelsverständnisses der Krone, das gegenüber dem auf Abstammung gründenden Selbstverständnis des Adels die Verdienste um die Monarchie in den Mittelpunkt rückte. Häufig geadelt wurden etwa Finanzmakler, denen eine wichtige Funktion bei der Aufbringung des ständigen Geldbedarfs der Krone zukam.

Ämterkauf und Amtsadel

Neben dem stillschweigenden Aufstieg und der Adelserhebung durch den König bildete die Nobilitierung durch die Übernahme bestimmter Ämter einen weiteren Zugang zum Adel. Auf diesem Wege entstand spätestens im 16. Jahrhundert ein eigener, vom alten Adel lange bekämpfter Adelszweig, der als *noblesse de robe* (Dienstadel) bezeichnet wurde. Zu den Ämtern, die entweder sofort oder nach Ausübung über drei Generationen hinweg den Adelstitel einbrachten, zählten die großen Ämter in der unmittelbaren Umgebung des Königs (I.6.c). Hinzu kamen die wichtigeren Ämter in der königlichen Justiz und in der Finanz- und Steuerverwaltung, ferner kommunale Ämter in den großen Städten des Königreichs (I.6.d). Diese Ämter waren größtenteils käuflich, denn im 15. Jahrhundert hatte die Krone aus fiskalischen Gründen die Ämterkäuflichkeit eingeführt. Die Zahl der *officiers* stieg im Laufe der Frühneuzeit ständig an – von ca. 4.000 im Jahre 1515 auf 46.000 um die Mitte des 17. Jahrhunderts – mit weiter steigender Tendenz. Immer neue Ämter wurden geschaffen, um die wachsenden Aufgaben des sich bildenden Staates zu bewältigen, aber auch, um Finanzengpässen begegnen zu können. Trotz heftiger Kritik der Generalstände und mehrerer Versuche der königlichen Politik, den einmal eingeschlagenen Weg zu verlassen, erwies sich diese Entwicklung als unumkehrbar. Heinrich IV. führte 1604 sogar offiziell die Erblichkeit der gekauften Ämter ein, die gegen die jährliche Zahlung einer Gebühr (der sog. *paulette*) garantiert wurde, sofern der als Erbe vorgesehene Amtsnachfolger die notwendige Qualifikation (etwa ein juristisches Studium) vorweisen konnte.

Für jene Ämter, die Zugang zum Adel verschafften, bedeutete die Einführung der Erblichkeit, dass sich deren Inhaber ähnlich wie die *noblesse d'épée* als erblicher Stand formieren konnten, dessen Mitglieder in der Regel untereinander heirateten. Wie der Schwertadel beanspruchte auch der Amtsadel, einen besonderen Dienst für König und Vaterland zu leisten, der eine besondere Ehre und eine gesellschaftliche Sonderstellung begründete – mit dem Unterschied, dass dieser Dienst einer akademischen Qualifikation bedurfte. Die Angehörigen der *robe* vertraten demnach ein Qualifikation und Verdienst in den Mittelpunkt rückendes Adelsideal. Hier liegt eine der Ursachen für zahlreiche, im 16. und zu Beginn des 17. Jahrhunderts ausgetragene Konflikte zwischen Amts- und Schwertadel. Im weiteren Verlauf des Jahrhunderts entspannte sich freilich das Verhältnis; parallel dazu erfolgte eine Feudalisierung des Amtsadels, dessen Mitglieder sich nicht selten erfolgreich um Lehen bemühten.

Binnengliederung und Lebensformen des Adels

Über die genannten Unterschiede des Ursprungs und der Aufgaben hinaus umfasste der Adel eine große Vielfalt unterschiedlicher sozialer und ökonomischer Lebensformen. Zumal der Schwertadel war in sich hierarchisch gegliedert. Vereinfachend kann man drei Hauptgruppen unterscheiden:

Die Spitze der Adelshierarchie bildeten die *ducs et pairs*, die sich aus den Angehörigen weniger großer Geschlechter und den Prinzen von Geblüt (*princes du sang*) rekrutierten und traditionell den Anspruch erhoben, vom König bei der Führung der Geschäfte regelmäßig konsultiert zu werden – ein Anspruch, der nach der *Fronde* kaum noch erfüllt wurde. Prinzen von Geblüt waren alle männlichen Abkömmlinge des Stammvaters des Königsgeschlechts, Hugues Capet, die einer legitimen Ehe entstammten und somit theoretisch befähigt waren, den Thron zu erben. Den *ducs et pairs* zugerechnet wurden auch die Angehörigen einiger ausländischer fürstlicher Häuser, die als Franzosen anerkannt worden waren – so die Fürsten von Guise, die einer jüngeren Linie des Hauses Lothringen entstammten, ferner die Fürsten von Kleve, die durch Erbgang Fürsten von Nevers geworden waren, sowie die aus Mantua stammenden Gonzaga. Nicht wenige *ducs et pairs* waren ranghohe Geistliche, so dass dieser Kreis, der um 1600 etwa 20 Personen umfasste, etwa zur Hälfte aus Kardinälen, Bischöfen oder Äbten bestand. Dessen weltliche Angehörige hatten nicht nur einen Großteil der höchsten Ämter bei Hofe und im Militär inne, aus ihrer Mitte rekrutierte sich auch ein Teil der *gouverneurs* (I.6.d). Dank ihrer bedeutenden Einkünfte, die sie aus ihren Lehen, aus ihren Ämtern, aber auch aus königlichen Pensionen bezogen, vermochten sie große Klientelnetzwerke zu unterhalten, die ihnen erheblichen Einfluss verschafften. Während aus dem Kreis der *ducs et pairs* bis zur *Fronde* immer wieder Führer adliger Revolten gegen die Krone hervorgingen, stellten sie unter Ludwig XIV. keine akute Gefährdung der königlichen Macht mehr dar.

Unterhalb der *ducs et pairs* gab es eine breite, regional unterschiedlich zahlreiche, auch ökonomisch nicht homogene *seconde noblesse*, deren wichtigstes gemeinsames Kennzeichen darin lag, dass ihr Einfluss regional begrenzt war. Soweit Provinzialstände bestanden, waren diese Adligen hier vertreten; auch einzelne Obergerichte wie etwa jenes der Bretagne wurden von Angehörigen dieser Gruppe dominiert, der eine wichtige Rolle als Vermittler zwischen der königlichen Gewalt und örtlichen Eliten zukam. Die königliche Politik konnte auf die Kooperation des Provinzadels bei der Steuerbewilligung und -aufbringung nicht verzichten. Auf gesamtstaatlicher Ebene indes stellte die *seconde noblesse* – anders als die *ducs et pairs* – von vornherein keinen Gegenpart der Krone dar.

Die meisten Adligen gehörten freilich keiner der beiden Gruppen an, sondern waren einfache Landadlige. Diese *hobereaux* lebten meist allein vom Ertrag der von ihnen selbst bewirtschafteten Güter, wenn es ihnen nicht gelang, mittlere Offiziersränge im königlichen Heer zu bekleiden. Ihre ökonomische Lage war bereits zu Beginn des 17. Jahrhunderts oft prekär und verschlechterte sich weiter; gegen Ende lebten nicht wenige *hobereaux* mit ihrer Familie von einem jährlichen Einkommen, das dem eines Dorfpfarrers vergleichbar war. Damit war ein adelsgemäßes Leben kaum möglich, so dass nicht wenige ihren Adelsrang verloren – ein weiterer Grund für den Rückgang der Zahl der Adligen. Angesichts des Missverhältnisses zwischen Adelsprätention und materiellen Möglichkeiten, aber auch wegen ihrer Provinzialität wurden diese Adligen zum Gespött des Hofadels, der die unmittelbare Umgebung des Königs und seiner Familie bildete.

Hofadel

Dieser Hofadel, der parallel zur örtlichen Fixierung des Königshofs (I.6.b) als Empfänger und Vermittler königlicher Gunsterweise zu Einfluss gelangte, passt insofern nicht in die skizzierte Adelshierarchie, als ihm Personen unterschiedlicher Herkunft angehörten: *Ducs et pairs* standen Personen gegenüber, die dem Provinzadel oder (selten) dem lokalen Adel entstammten, aber auch Angehörige der *noblesse de robe*, die ihren Rang einem Amt in der Zentralverwaltung verdankten. Selbst wenn sie dem Schwertadel entstammten, beruhte die herausgehobene soziale Stellung der Hofadligen nicht auf ihrer Abstammung, sondern auf ihrer Nähe zum König, weshalb sie nicht selten ihrerseits von Angehörigen des Schwertadels, die bei Hofe keine herausragende Stellung hatten erlangen können, mit Verachtung gestraft wurden. Das berühmteste Beispiel dafür ist der Herzog von Saint-Simon, der unter Ludwig XIV. in Ungnade gefallen war. Seine Memoiren, die das Leben in Versailles mit großer Gehässigkeit analysieren und kommentieren, werden bis heute von Historikern, die sich mit dem königlichen Hof befassen, als zentrale Quelle genutzt.

Fasst man zusammen, ist hervorzuheben, dass der Adel Personen mit unterschiedlichem juristischem Status und erst recht mit unterschiedlichen materiellen Möglichkeiten umfasste und keineswegs unberührt blieb von gewissen Formen sozialer Mobilität. Auffällig für das 17. Jahrhundert ist ferner, dass dem Königtum bei der Kontrolle und Zuweisung des Adelsrangs wie auch bei der Rangabstufung innerhalb des Adels eine deutlich größere Bedeutung zukam als zuvor. Damit einher ging ein Bedeutungszuwachs des königlichen Hofes, der in einem vorher nicht gekannten Maße als Zugangstor zu finanziellen und politischen Ressourcen fungierte. Dies wiederum veranlasste nicht wenige wohlhabende Adlige, Wohnsitze in Paris oder Versailles zu nehmen, um gegebenenfalls über die Angehörigen des Hofes Zugang zum König zu erlangen. So entstand neben der traditionellen Adelshierarchie eine weitere, unsichtbare Hierarchie zwischen jenen Adligen, die nah am politischen Geschehen waren und Zutritt zum Hof hatten, und jenen, von denen es am Hofe Ludwigs XIV. hieß, man sehe sie nie (*ceux qu'on ne voit jamais*).

c) Der Dritte Stand

So komplex die sozialen Verhältnisse in den ersten beiden Ständen gewesen sein mögen, im Vergleich zum Dritten Stand waren sie einfach. Denn die Zugehörigkeit zu diesem Stand war nach der traditionellen Dreiständelehre lediglich negativ definiert; ihm gehörten all jene an, die keinem der beiden anderen Stände zuzurechnen waren und damit auch keine Standesprivilegien genossen. Er war, wie es der französische Historiker Pierre Goubert formuliert, „eine Art Mülleimer". Im Folgenden können lediglich wichtige Grenzlinien im Innern dieses Standes nachgezeichnet und die Grenzen des Dreiständemodells, die beim Dritten Stand besonders deutlich zutage treten, verdeutlicht werden.

Stadt und Land

Die wichtigste Grenzlinie innerhalb dessen, was die Zeitgenossen als Dritten Stand bezeichneten, verlief zwischen Städtern und Landbewohnern, war doch der Rechtsstatus einer Gemeinde von großer Bedeutung für den Ort ihrer Bewohner in der französischen Gesellschaft. Denn aus dem Stadtrecht ergab sich für die Bewohner der Städte und zumal für jene, die über Bürgerrecht verfügten, ein spezifischer Rechtsstatus – und dies war in einer

Gesellschaft, deren innere Ordnung auf rechtlicher Ungleichheit beruhte, von entscheidender Bedeutung. Ein weiterer Unterschied zwischen Stadt- und Landbevölkerung lag darin, dass Erstere meist um ein Vielfaches komplexer war als Letztere, dass sie soziale Gruppen einschloss, die ihrerseits als **Korporationen** rechtlich verfasst waren (Gilden, Bruderschaften, Universitäten usw.), so dass die soziale Ordnung hier sehr vielgestaltig war. Deshalb ist stärker auf den städtischen als auf den ländlichen Dritten Stand einzugehen, obwohl über 80% der französischen Bevölkerung des 17. Jahrhunderts der letzteren Kategorie zuzurechnen sind.

E

Als **Korporation** bezeichnet man eine Personengesamtheit (etwa eine Stadtgemeinde, ein Kloster o. Ä.), die zu einer handlungsfähigen Einheit zusammengeschlossen ist, meist um gemeinsame Rechte und Privilegien auszuüben. Sie besteht über das Leben ihrer Mitglieder hinaus fort. Juristisch gilt eine Korporation als künstlicher Körper (*corpus*) oder als fiktive Person (*persona ficta*), die einen einheitlichen Willen hat und handlungsfähig ist wie eine natürliche Person, aber im Gegensatz zu dieser niemals stirbt. Zur Herstellung des einheitlichen Willens bedarf es förmlicher Verfahren, die dafür sorgen, dass das Handeln Einzelner der ganzen Korporation zugerechnet werden kann.

Vorrechte der Städte

Städte waren Gemeinden, die über Vorrechte verfügten. Dazu gehörte meist die Befreiung der Einwohner von Einquartierungen, ferner das Recht, eine Stadtmauer sowie eine eigene Miliz zu unterhalten und sich in bestimmten Grenzen selbst zu verwalten. Der Grad der städtischen Autonomie war von Fall zu Fall unterschiedlich, insgesamt aber geringer als etwa bei den Reichsstädten des Heiligen Römischen Reiches oder den italienischen Städten, die sich zu eigenständigen Republiken entwickelten. In Frankreich erfolgte die Stadtentwicklung seit dem Mittelalter in enger Anbindung an das Königtum; die Mehrzahl der größeren Städte verstand sich als *bonnes villes*, als gute Städte des Königs. Im 17. Jahrhundert wurden die Freiheiten der Städte durch die Krone weiter eingeschränkt. Symbolträchtig war ein Edikt Ludwigs XIV. von 1692, das in fast allen Städten die Ämter der bis dahin meist vom Rat gewählten Bürgermeister zu Kaufämtern erklärte und weitere städtische Verwaltungsämter schuf, die ebenfalls verkauft werden sollten. Dennoch blieben auch den Städten des 17. Jahrhunderts noch Freiräume bei der Selbstverwaltung.

Die steuerlichen Vorrechte der Städte waren auch noch im 17. Jahrhundert von Gewicht. So wurde hier nur sehr selten die *taille* erhoben, womit die bis 1695 einzige und auf jeden Fall wichtigste direkte Steuer entfiel. In der Praxis zahlten Städte stattdessen regelmäßig oder zu bestimmten Anlässen pauschale Abgaben, deren Höhe pro Einwohner im Vergleich zur direkten Steuerbelastung der Landbevölkerung gering war. Generell war die steuerliche Belastung der Stadtbewohner bescheiden, während die Landbevölkerung seit den 1630er Jahren immer massiver abgeschöpft wurde.

Bürgerrecht

Die Städte waren rechtlich und sozial alles andere als homogen. Die wichtigste Grenzlinie verlief zwischen jenen, die über das Bürgerrecht verfügten, und jenen, die lediglich in der Stadt lebten. Viele Rechte und Vorteile galten im Prinzip nur für die Bürger, die zudem (zumindest theoretisch) das Recht hatten, am politischen Leben der Städte teilzuhaben. Das Bürgerrecht bildete ferner fast überall die Voraussetzung für die Mitgliedschaft in einer Zunft oder Gilde und damit für die Ausübung eines Handwerks. Die übrigen Bewohner profitierten zwar von einzelnen Privilegien der Städte (wie der Befreiung von der *taille*), konnten aber ausgewiesen werden, waren von vornherein von jeglicher politischen Partizipation ausgeschlossen und konnten kein Handwerk ausüben. Um das Bürgerrecht zu erlangen, musste man eine Zeit lang (ein bis fünf Jahre) in der betreffenden Stadt wohnen und über Grundeigentum verfügen; gelegentlich wurde auch ein bestimmtes Vermögen oder ein ausreichendes Einkommen gefordert. Witwen konnten zwar manchmal in Rechte ihrer verstorbenen Ehemänner eintreten; ansonsten waren Frauen aber vom Bürgerrecht ausgeschlossen. Im Laufe der Frühneuzeit kam es vielerorts zu einer Abschließung der Bürgerschaft. Die Bedingungen für den Erwerb des Bürgerrechts wurden erschwert – auch, um in den Zünften die Zahl der Konkurrenten zu begrenzen.

Ein Blick auf die gesellschaftliche Pyramide in den Städten zeigt allerdings, dass nicht allein das Bürgerrecht maßgeblich war für wirtschaftlichen Erfolg, Ansehen und Einfluss. Tatsächlich wohnte in den meisten Städten eine beträchliche Anzahl wohlhabender Personen, die z. T. über erheblichen Einfluss verfügten, ohne Bürger zu sein. Zu nennen sind hier adlige *seigneurs*, die oft während vieler Monate in Städten residierten, ferner ausländische Kaufleute und Studenten, aber auch Angehörige des Klerus. Gerade der höhere Klerus in Bischofsstädten verfügte über bedeutende Einnahmen und übte großen informellen Einfluss aus, auch wenn die rechtliche Stellung von Klerikern in den Städten umstritten und das Verhältnis zu den Stadtobrigkeiten oft von Konflikten belastet war.

Amtsträger (*officiers*)

Nicht durchweg Bürger waren auch die Angehörigen einer weiteren Gruppe, die zumal in den größeren Städten und den Hauptorten der Provinzen über das höchste Ansehen und den größten Einfluss verfügten: die höheren Amtsträger (*officiers*). Dieser Gruppe gehörten Angehörige königlicher Gerichte, der königlichen Steuer- und Finanzverwaltung und der provinzständischen Verwaltung an, aber auch Militärbefehlshaber und – selbstverständlich – Bürgermeister oder andere Inhaber kommunaler Ämter. Sie verfügten oft nicht nur in der Stadt, sondern auch im Umland über Liegenschaften, aus denen sie beträchtliche Renteneinkommen erzielten. Dies ermöglichte ihnen jene Abkömmlichkeit, die in der Regel die Voraussetzung für die Ausübung hoher öffentlicher Ämter bildete. Was ihre Standeszugehörigkeit angeht, entstammten zwar viele Amtsträger Familien, die früher dem Dritten Stand angehört hatten, doch waren sie kraft ihrer Ämter in die *noblesse de robe* oder in die *noblesse de cloche*, den mit kommunalen Ämtern verbundenen Amtsadel, aufgestiegen. Hier zeigt sich einmal mehr, wie wenig das Dreiständemodell der sozialen Komplexität insbesondere des städtischen Lebens gerecht zu werden vermochte.

Den Amts- und Funktionsträgern stand in vielen Städten eine zweite einflussreiche Gruppe gegenüber, die sich aus reichen Kaufleuten, Verlegern, Bankiers, zunehmend auch Inhabern von Manufakturbetrieben etc. zusammensetzte. Ihr Einkommen übertraf nicht selten jenes der höheren Amtsträger, doch blieb ihr sozialer Rang oft geringer. Die Mehrheit der Bürger indes waren in Zünften und Gilden organisierte Handwerker, kleinere Kaufleute und Ladenbesitzer. Ungeachtet ihres Bürgerrechts verfügten sie meist über keine direkte politische Mitsprache, sondern konnten bestenfalls versuchen, über ihre Zünfte und Gilden Einfluss auf das politische Geschehen der Stadt zu nehmen.

Die größte Bevölkerungsgruppe stellten in den meisten Städten jene Personen, die mangels Vermögen und Grundeigentum keinen Zugang zum Bürgerrecht hatten, aber immerhin über ein regelmäßiges Einkommen verfügten: Gesellen und Lehrlinge, Manufaktur- und Heimgewerbearbeiter, das Gesinde, das oft mehr als 10% der Stadtbevölkerung ausmachte, aber auch kleine Funktionsträger in der städtischen, provinzialständischen, königlichen und kirchlichen Verwaltung.

Am untersten Ende der sozialen Skala schließlich rangierten Arme, Bettler und Vaganten. Sofern sie überhaupt eine feste Bleibe hatten, wohnten sie zur Miete in ärmlichen Behausungen; sie lebten oft von Gelegenheitsarbeiten, und bei Wirtschaftskrisen waren sie auf Almosen und Diebstahl angewiesen. In den Krisenjahren gehörten sie häufig zu den ersten Opfern, die an Unterernährung oder Seuchen starben. Zwar gab es in den Städten Einrichtungen der Armenfürsorge, doch diese waren überfordert, da auch über regelmäßiges Arbeitseinkommen verfügende Familien der Unterstützung bedurften. Immer öfter ging soziale Unterstützung mit Zwangsmaßnahmen einher. Seit dem 16. Jahrhundert schuf man in vielen Städten *bureaux des pauvres*, die nicht nur Almosen ausgaben, sondern gegen „unwürdige" Arme mit Zwangsmaßnahmen vorgingen, etwa durch Errichtung von Arbeitshäusern.

Doch auch für die übrigen kleinen Leute in den Städten waren die Lebensbedingungen zeitweise prekär. Bei Getreide- und Brotteuerungen kam es häufiger als auf dem Land zu sozialen Konflikten, auch Vorformen moderner Arbeitskämpfe, etwa zwischen Meistern und Gesellen, Manufakturunternehmern und ihren Arbeitern, waren nicht selten. Insgesamt verfügte die städtische in geringerem Maße als die ländliche Gesellschaft über integrierende, Zusammenhalt über soziale Grenzen hinaus sichernde Strukturen. Von einem städtischen Dritten Stand zu sprechen, erscheint vor diesem Hintergrund problematisch.

Landbevölkerung

Die Sozialstruktur der französischen Landbevölkerung, die über 80% der Gesamtbevölkerung ausmachte, war weniger komplex als jene der Stadtbevölkerung. Obwohl mehr als 95% der Landbevölkerung dem Dritten Stand zugehörten, ist die dörfliche Sozialverfassung in vielen Fällen ohne den bzw. die adligen *seigneur(s)* und den Pfarrer des jeweiligen Dorfes nicht zu beschreiben. In einigen Gegenden Frankreichs, zumal dort, wo die Landwirtschaft reiche Erträge abwarf, gab es auch Dorfgemeinschaften ohne adligen Grundherrn. Häufiger waren Dorfgemeinschaften, zu denen eine, seltener mehrere *seigneurie(s)* gehörte(n). Der *seigneur* bzw. sein Verwalter verfügte nicht nur innerhalb des Dorfes über Grundbesitz und eigene Gerichtsbarkeit, sondern auch über erheblichen Einfluss in der dörflichen Selbstverwaltung. Durch die auf seinem Gut tätigen und von ihm abhängigen Arbeitskräfte verfügte er zudem über informelle Einflussmöglichkeiten. Direkte Abhängigkeit, also Hörigkeit, gab es in Frankreich hingegen schon seit dem Mittelalter praktisch nicht mehr. Die besondere Stellung der Pfarrer beruhte auf ihrem Amt und ihrer Bildung; sie fungierten nicht selten als Vermittler bei Versuchen der Kirche wie der Monarchie, die Überzeugungen der Untertanen zu beeinflussen (I.5), aber auch als Vermittler zwischen *seigneur* und Dorfgemeinschaft.

Soziale Hierarchie im Dorf

Innerhalb des dörflichen Dritten Standes kann man vereinfachend drei Gruppen unterscheiden: Zunächst die Inhaber der Vollerwerbsbetriebe, deren gesellschaftliche Stellung (abgesehen von den Gerichtsrechten) an jene des adligen *seigneur* heranreichen konnte. In Dörfern, in denen seigneuriale Rechte und Besitzungen keine Rolle spielten, bildeten die Vollerwerbslandwirte mit dem Pfarrer sowie ggf. ländlichen Notaren, *rentiers* und Manufakturbesitzern die soziale und politische Oberschicht. Dank ihrer Betriebsgröße waren diese Bauern oft nicht darauf angewiesen, selbst den Pflug zu führen. Vertreter dieser Gruppe, die mit ihren Familien bis zu 10% der Dorfbewohner ausmachten, stellten in der Regel die meisten Gemeinderäte, übten die dörflichen Ämter aus und fungierten oftmals auch als lokale Steuereinnehmer.

Weniger wohlhabend, aber voll in die Dorfgemeinschaft integriert waren die Teilerwerbslandwirte. Sie waren meist Eigentümer ihrer Höfe, deren Ertrag jedoch zur Subsistenzsicherung nicht ausreichte, weshalb sie sich entweder als Tagelöhner auf den Gütern des *seigneur* bzw. der Vollerwerbslandwirte oder auch im Heimgewerbe, durch Teilzeitarbeit in Manufakturen oder ähnliche Tätigkeiten ein Zubrot verdienten. Trotz ihrer minderen ökonomischen Stellung waren die Teilerwerbslandwirte berechtigt, ihr Vieh auf die Allmende zu führen. Auch in der Dorfversammlung verfügten sie für gewöhnlich über volle Mitspracherechte. Häufig standen sie in einem Klientelverhältnis zu einem *seigneur* oder einem Vollerwerbslandwirt, der ihnen etwa ein Gespann lieh oder Saatgut vorschoss, um im Gegenzug von ihnen in der Dorfversammlung unterstützt zu werden.

Die dritte (fast immer zahlenmäßig dominierende) Gruppe bildete die landlose Bevölkerung, die teilweise als Gesinde in festen Arbeitsbeziehungen stand, vielfach aber von Gelegenheitsarbeit oder auch von Bettelei, der Armenhilfe der Gemeinde oder von Diebstahl lebte. Ohne Mitspracherecht in der Dorfversammlung und ohne Nutzungsrecht an der Allmende, war sie nur sehr bedingt in die Dorfgemeinschaft integriert. In Krisenzeiten zogen Angehörige dieser Gruppen auf der Suche nach Arbeit, Nahrung und Almosen oft von Ort zu Ort – nicht zuletzt auch in die Städte.

Obwohl auch auf dem Land große soziale Ungleichheit herrschte, waren gewaltsame innerdörfliche Konflikte recht selten. Gewiss gab es Streit, etwa um die Frage, wie viel Vieh der *seigneur* auf der Gemeindewiese weiden durfte oder um Jagd- und Fischereirechte und die Waldnutzung. Doch einerseits funktionierte offenbar die rechtliche Beilegung dieser Konflikte relativ gut, zum anderen scheinen auch die klientelären Beziehungen innerhalb der Dorfgemeinschaft zur Entschärfung von Konfliktpotentialen beigetragen zu haben.

Hinter dem Etikett des Dritten Standes verbargen sich demnach vielfältige soziale Wirklichkeiten, denen die verbreitete Vorstellung eines einheitlichen Standes nicht gerecht wurde – umso bemerkenswerter, dass sie sich bis zum Ende des Ancien Régime hielt. Als dann im Januar 1789 Abbé Sieyès in seiner Schrift *Qu'est-ce que le Tiers État* den Dritten Stand nicht mehr *ex negativo*, sondern als den einzigen sozial nützlichen Stand definierte, lieferte er damit die Begründung für die Abschaffung der ständischen Gesellschaft und den Sturz des monarchischen Regimes.

d) Ständische Repräsentativorgane – Generalstände, Notabelnversammlungen und Provinzialstände

Gemeinwesen als politischer Körper

Wenn Zeitgenossen versuchten, die ständisch gegliederte Gesellschaft als Gesamtheit vorzustellen, griffen sie in der Regel auf die Körper-Metapher zurück. In Analogie zur christlichen Deutung der Kirche hatte sich in Frankreich seit dem 13. Jahrhundert die Vorstellung durchgesetzt, das französische Gemeinwesen stelle einen aus verschiedenen Ständen zusammengesetzten politischen Körper mit dem König als Oberhaupt dar. Mit diesem Bild verknüpft war seit dem 14. Jahrhundert eine politische Praxis, die im doppelten Sinne der Repräsentation der französischen Gesellschaft diente: die Generalstände (*états généraux*). Sie sollten einerseits die ständische Gliederung, den Zusammenhalt und die Handlungsfähigkeit des politischen Körpers sichtbar und erfahrbar machen. Andererseits bildeten sie den institutionell-organisatorischen Rahmen für die Partizipation der ständischen Gesellschaft an der königlichen Politik.

Generalstände

Die Generalstände, deren Anfänge bis 1302 zurückverfolgt werden können, waren die französische Ausprägung eines Phänomens, das im 15. und auch noch im 16. Jahrhundert fast überall in Europa anzutreffen war. Ihre Existenz verdankten alle Ständeversammlungen der Tatsache, dass die meisten europäischen Monarchen seit dem 13./14. Jahrhundert für die Finanzierung ihrer Kriegführung, den Ausbau ihrer Verwaltung, die Einrichtung neuer Gerichtsinstanzen und ähnliche Aufgaben immer häufiger zusätzlicher Einkünfte bedurften. Die Erhebung von Steuern außerhalb klar umgrenzter Fälle konnte an sich nicht ohne die Zustimmung der Besteuerten bzw. jener, die sie repräsentierten, erfolgen – gemäß einem auf das spätantike römische Recht und das mittelalterliche Kirchenrecht zurückgehenden Grundsatz, der besagte, dass von allen genehmigt werden müsse, was alle betreffe (*quod omnes tangit, ab omnibus approbari debet*). Im Gegenzug versuchten Ständeversammlungen das Recht durchzusetzen, Beschwerden (*doléances*) vorzutragen, politische Fragen zu diskutieren und ein Mitentscheidungsrecht zu erlangen. Maßgeblich war also hier wie im Lehnswesen die Verpflichtung auf „Rat und Hilfe" (*consilium et auxilium*), denn die Generalstände hatten sich ursprünglich aus Versammlungen der Kronvasallen heraus entwickelt.

Was die Zusammensetzung der Generalstände angeht, hatte sich 1484 ein Verfahren durchgesetzt, bei dem Vertreter der drei Stände von allen zur *taille* veranlagten Männern über 25 Jahre gewählt wurden. Bei den Wahlen der Deputierten wurden für jeden Stand getrennt zunächst auf Gemeindeebene sowie anschließend auf der Ebene der *bailliages* und *sénéchaussées* (I.6.d) Versammlungen abgehalten und dabei jeweils Beschwerdehefte (*cahiers de doléances*) ausgearbeitet. Insgesamt wurden zwischen 350 und 450 Deputierte gewählt, wobei der Dritte Stand meist mehr Personen entsandte als die beiden anderen. Die Ständedeputierten spiegelten mitnichten die innere Zusammensetzung ihres jeweiligen Standes wider. So waren 1614 95 % der Deputierten des Ersten Standes Angehörige des hohen Klerus. Ganz anders die Deputierten des Adels, die zu 77 % einfache Landadlige waren. Der Dritte Stand war insofern einseitig repräsentiert, als fast die Hälfte der Deputierten königliche, häufig schon in den Amtsadel aufgestiegene *officiers* waren; dazu kamen noch 22% kommunale Amtsträger, auch darunter nicht wenige Angehörige der *noblesse de robe* bzw. der *noblesse de cloche*. Bauern hingegen waren nicht vertreten, Kaufleute nur in geringer Zahl.

Die Deputierten waren durch ein imperatives Mandat an die *cahiers* ihrer Wahlversammlungen gebunden. Die Beratungen der Generalstände erfolgten – außerhalb der zeremoniell überhöhten Eröffnungs- und Schluss-Sitzung – nach Ständen getrennt und führten zur Formulierung eines *cahier général* für jeden Stand. Da die Forderungen und Empfehlungen ständeweise vorgetragen wurden, spielte die Anzahl der Delegierten keine Rolle; so konnten die beiden ersten Stände den dritten überstimmen – ein Sachverhalt, der freilich erst bei der Wiederbelebung der Generalstände im Vorfeld der Französischen Revolution zur grundsätzlichen Infragestellung des Abstimmungsmodus führte.

Die französischen Generalstände waren im Vergleich zu den Ständeversammlungen anderer europäischer Monarchien relativ schwach; so gelang es ihnen – anders als dem englischen *parliament* – nicht, Periodizität, also regelmäßiges Zusammentreten, durchzusetzen. Es stand vielmehr im Belieben des Königs, sie einzuberufen; sein Interesse an Generalständen war begrenzt, da es der Krone bereits im Spätmittelalter gelungen war, permanente Steuern einzuführen. In Krisenzeiten indes änderte sich dies, v.a. während der Religionskriege. Sieht man ab von den „ligistischen" Generalständen des Jahres 1593, die einen katholischen Gegenkönig gegen Heinrich IV. wählen sollten, wurden 1560/61 in Orléans (mit einer Fortsetzung in Pontoise), 1576/77 und erneut 1588/89 in Blois sowie 1614 in Paris Generalstände abgehalten, von denen sich die Krone eine innere Befriedung, eine Verbesserung ihrer politischen Gestaltungsmöglichkeiten und (nicht zuletzt finanzielle) Unterstützung erhoffte.

Notabelnversammlungen

Darüber hinaus fanden zwischen 1558 und 1627 achtmal Notabelnversammlungen statt, deren Teilnehmer anders als die Deputierten der Generalstände vom König ausgewählt waren. Auch hier waren alle Stände vertreten, doch war der Teilnehmerkreis kleiner (ca. 30–50 Personen) und exklusiver: Vom König geladen wurden meist neben den Prinzen von Geblüt und weiteren Hochadligen die *grands officiers de la couronne* (I.6.c), Minister und Staatssekretäre, hohe kirchliche Würdenträger sowie hohe Amtsträger, die zwar der *noblesse de robe* angehörten, aber als Vertreter des Dritten Standes galten. Die Aufgaben der Notabelnversammlungen deckten sich z.T. mit jenen der Generalstände, wenngleich die Steuerbewilligung hier in den Hintergrund trat und stattdessen der Beratung wichtiger Maßnahmen sowie ihrer Legitimierung bzw. Sanktionierung gegenüber Untertanen und Öffentlichkeit zentrale Bedeutung zukam.

Die Auswirkungen dieser Versammlungen sollten nicht unterschätzt werden (I.5). Auf die Forderungen und Beschwerden von Generalständen und Notabelnversammlungen gingen die umfassenden, weite Bereiche der inneren Ordnung betreffenden *grandes ordonnances* von Orléans (1561), Roussillon (1564), Moulins (1566) und Blois (1579) sowie die als *code Michau* bezeichnete *ordonnance* von 1629 zurück, die, auch wenn sie nur partiell umgesetzt wurden, bis zum Ende des Ancien Régime als wichtige Grundlagen der französischen Rechtsordnung galten.

Ungeachtet dessen wurden zwischen 1614 und 1789 keine Generalstände und zwischen 1627 und 1787 keine Notabelnversammlungen mehr abgehalten, obwohl die französische Monarchie zwischenzeitlich mehrfach in die Krise geriet. So wurde sowohl während der *Fronde* (1648–1653) wie auch um 1690 und 1710 die Einberufung solcher Versammlungen gefordert bzw. erwogen, aber nicht realisiert. Die Gründe dafür sind vielfältig. In der Regel wird darauf verwiesen, dass sich in Frankreich im 17. Jahrhundert eine „absolutistische" Staats- und Herrschaftsform durchgesetzt habe. Tatsächlich gehört die Zurückdrängung oder gar Ausschaltung ständischer Repräsentativorgane zu den zentralen Elementen des klassischen Absolutismuskonzepts. Allerdings haben die französischen Monarchen den Anspruch, „absolut" zu sein, auch erhoben, wenn sie *états généraux* einberiefen, deren Entscheidungen sie ohnehin nicht binden konnten. Zumal bei Ludwig XIV. mag das Motiv eine Rolle gespielt haben, die politische Bühne allein zu besetzen. Es lassen sich allerdings auch pragmatischere Gründe finden. Zwar hatte die Krone den Generalständen bereits im 16. Jahrhundert kein Steuerbewilligungsrecht mehr zuerkannt, aber dennoch auf ihre Zustimmung gesetzt und ihnen mehrfach die Erhebung neuer bzw. die Erhöhung bestehender Steuern zur Beratung vorgelegt. Die Ablehnung dieser Forderungen minderte die Bereitschaft der Krone, sie erneut einzuberufen. Doch auch die übrigen Erwartungen der Krone an die Generalstände und Notabelnversammlungen der Jahre 1558 bis 1627 hatten sich im Wesentlichen nicht erfüllt – nicht zuletzt deshalb, weil die drei Stände untereinander und teilweise auch in ihrem Innern zerstritten waren. Hinzu kam, dass auch die Obergerichte, die selbst den Anspruch erhoben, das Land zu repräsentieren, den Generalständen kritisch gegenüberstanden.

Da die Generalstände nach 1614 und die Notabelnversammlungen nach 1627 in der politischen Praxis keine Rolle mehr spielten, verblasste auch die traditionelle Vorstellung des alle Stände umfassenden, den König als Haupt mit einschließenden politischen Körpers. An seine Stelle trat zunehmend die Vorstellung, lediglich das zum Gehorsam verpflichtete Volk stelle einen politischen Körper dar, der Monarch aber stehe außerhalb und garantiere von dieser Position aus dessen Ordnung.

Provinzialstände

Ganz verschwunden ist die ältere Vorstellungswelt freilich ebenso wenig wie die ihr entsprungenen Versammlungen, auch weil in einigen Provinzen noch im 17. Jahrhundert regelmäßig Provinzialstände (*états provinciaux*) einberufen wurden. Im 14. und 15. Jahrhundert waren diese Versammlungen in ganz Frankreich üblich. Unter der Leitung eines königlichen **Kommissars** bewilligten sie Steuern, regelten deren Aufbringung und ließen Truppen ausheben, übernahmen z. T. mit einem eigenen Apparat auch Verwaltungsaufgaben. Für das Königtum waren sie im Kampf gegen das Papsttum und den englischen König eine wichtige Stütze. Im 16. Jahrhundert sank – parallel zum Ausbau der königlichen Verwaltung – ihr Nutzen für die Krone, und so wurden sie in den königsnahen zentralen Landschaften bald nicht mehr einberufen. Auch in der hier behandelten Zeit setzte sich dieser Prozess fort. Doch in Provinzen wie der Bretagne, der Bourgogne, dem Languedoc, dem wallonischen Flandern, dem Artois, dem Cambrésis und kleineren Provinzen in den Pyrenäen kamen auch unter Ludwig XIV. regelmäßig Provinzialstände zusammen, die teilweise mit drastischen Steuerforderungen konfrontiert und durch Inhaftierung von Ständevertretern unter Druck gesetzt wurden. Dass der König die Stände der genannten Provinzen dennoch bestehen ließ, zeigt, dass er auf ihre Unterstützung bei der Steuerverwaltung letztlich nicht verzichten wollte.

E

Als **Kommissar** (von lat. *commissarius* – Beauftragter, Entsandter) bezeichnet man eine Person, die ihr Amt nicht dauerhaft innehat, sondern zu einem bestimmten Zweck für einen begrenzten Zeitraum (oft weitreichende) Befugnisse erhält. Dies bedingt in der Regel eine starke Bindung an den Auftraggeber. Im frühneuzeitlichen Frankreich unterschieden sich kommissarische Amtsträger wie die Intendanten (I.6.d) auch dadurch von den regulären Amtsträgern (*officiers*), dass sie ihr Amt nicht gekauft hatten und jederzeit entschädigungslos abgesetzt werden konnten.

Auch die Generalstände wurden bezeichnenderweise nie abgeschafft und konnten deshalb im Vorfeld der Revolution ohne Weiteres wieder einberufen werden. 1789 wurde freilich deutlich, dass sie nun definitiv nicht mehr geeignet waren, die französische Gesellschaft zu repräsentieren.

4. Die französische Wirtschaft im 17. Jahrhundert

Quellenlage

Wenn wir heute über die Wirtschaft eines Landes sprechen, können wir uns auf präzise Daten stützen, die zeitnah beinahe jedes Detail des Wirtschaftslebens erfassen. In der Frühneuzeit hingegen verfügten selbst die wirtschaftlichen und politischen Eliten nur über grobe Informationen. Gewiss erfuhr Ludwig XIV. von Preissteigerungen, Versorgungsengpässen oder Hungersnöten. Doch solche Informationen erfolgten nur bei eklatanten Fehlentwicklungen, sie waren nicht das Ergebnis der systematischen Beobachtung und Erfassung von Wirtschaftsdaten, auch wenn etwa Colbert, der für Wirtschaftsfragen zuständige Minister Ludwigs XIV., versuchte, von den örtlichen Amtsträgern nicht nur über die faktisch erzielten, sondern auch über die erwarteten Ernteerträge informiert zu werden. Dementsprechend fragmentarisch ist die Quellengrundlage für Wirtschaftshistoriker, die Preise, Einkommen und Konjunktur meist anhand der Bücher von Händlern, Pächtern, Gutsbesitzern und Notaren rekonstruieren müssen. Dabei bleibt manches unklar, exakte Aussagen sind nur punktuell möglich, Rückschlüsse auf die gesamte Wirtschaft mit erheblichen Unsicherheiten belastet.

Die Grundzüge der französischen Wirtschaft im 17. Jahrhundert sind gleichwohl recht gut erforscht. Die Landwirtschaft nahm darin – wie bereits erwähnt – eine dominierende Stellung ein. Etwa 85 % der Bevölkerung lebten auf dem Lande; zwar gab es in einigen Gegenden, etwa im Norden, ländliches Heimgewerbe und ländliche Protoindustrie, doch umgekehrt lebte v. a. in kleinen und mittleren Städten ein erheblicher Anteil der Bewohner als Ackerbürger von der Landwirtschaft, so dass insgesamt der Anteil der von Landwirtschaft lebenden Bevölkerung sogar etwas höher lag; heute beträgt dieser Anteil in Frankreich unter 5 %, in Deutschland unter 3 %.

Gesamtwirtschaftliche Stagnation

Zeichnet man ein Gesamtbild der wirtschaftlichen Entwicklung Frankreichs im 17. Jahrhundert, muss man zumal im Kontrast zum 16. Jahrhundert von einer Phase der Stagnation sprechen, auch wenn das Bild je nach Wirtschaftszweig und Region variiert. Die Grenzen der Bevölkerungsentwicklung waren weitgehend erreicht; die Produktion stagnierte oder ging zurück; auch die Produktivität und selbst die Qualität der Produktion ließen nach; die Preisentwicklung war erheblichen Schwankungen unterworfen; schließlich sanken in vielen Bereichen Erträge und Einkommen.

Zur Begründung dieser Entwicklung wird auf den Rückgang des Zustroms an Edelmetallen aus Südamerika verwiesen, auf die schon erwähnte kleine Eiszeit, auf die zahlreichen Kriege, auf die fiskalischen Belastungen, auf soziale Ordnungsvorstellungen, die dafür sorgten, dass Arbeit gering geschätzt wurde und die Aktivsten und Wohlhabendsten nicht produktiv tätig wurden. Sieht man von der inzwischen weitgehend widerlegten Edelmetall-These ab, dürfte jeder der genannten Faktoren einen Teil zu der insgesamt wenig erfolgreichen wirtschaftlichen Entwicklung der Zeit beigetragen haben. Um einen etwas differenzierteren Eindruck zu vermitteln, sei im Folgenden anhand von drei Warengruppen die Nachfrage nach Gütern skizziert, ehe verschiedene Bereiche der Produktion sowie Warentausch, Handel und Verkehr vorgestellt werden.

a) Nachfrage und Verbrauch

Im Vergleich zu heute war im 17. Jahrhundert in Frankreich (wie überall in Europa) der Anteil des Staates (bzw. der allmählich zum Staat werdenden Monarchie) wie auch privatwirtschaftlicher Institutionen (Unternehmen, Handelsgesellschaften etc.) an der Nachfrage nach Gütern und Dienstleistungen gering; Nachfrage und Verbrauch beruhten in weit größerem Maße als in heutigen Industriegesellschaften auf privatem, individuellem Konsum. Andererseits fragte eine überwältigende Mehrheit der Bevölkerung nur wenige Produkte bzw. Dienstleistungen nach, da sie einen Großteil des verfügbaren Einkommens für Ernährung aufwenden musste.

Die Verschlechterung des Lebensstandards erheblicher Bevölkerungsteile dürfte damit zusammenhängen, dass wegen des Bevölkerungswachstums des späten 15. und der ersten Jahrzehnte des 16. Jahrhunderts ein Überangebot an Arbeitskräften vorhanden und in der Folge insbesondere die Reallöhne und -gehälter für gewerbliche Tätigkeit stark gesunken waren. Um 1600 betrugen sie im Schnitt kaum mehr als ein Drittel der 1500 gezahlten Löhne; noch 1711 erreichten sie nur etwa 40% des 1500 gezahlten Niveaus. Für die Einkommen der Bauern liegen keine allgemeinen Angaben vor, doch verlief ihre Entwicklung tendenziell ähnlich.

Nahrungsmittel

Charakteristisch für die Nachfrage nach Nahrungsmitteln war ihre Unelastizität. Da sie überwiegend der Sicherung der Subsistenz diente, war den Verbrauchern Kaufzurückhaltung kaum möglich. Andererseits führten Einbrüche auf der Angebotsseite, etwa infolge von Missernten, zu extremen Preissteigerungen. So stieg der Anteil der Nahrungsmittel am Budget der Verbraucher weiter an, mit der Folge, dass die Nachfrage nach gewerblichen Erzeugnissen einbrach. Dies führte wiederum im Gewerbe zu Stockungskrisen. Die weiteren Folgen waren Hunger, Mangelerscheinungen und Anfälligkeit für Seuchen, Vagabundentum und Kriminalität, Proteste, gewaltsame Übergriffe auf Bäcker und Getreidehändler, aber auch hohe Sterblichkeit.

Textilien

Kleidung wurde von der überwiegenden Mehrheit der Bevölkerung nur in beschränktem Umfang nachgefragt. Dies lag nicht nur an den bereits erwähnten Aufwandsgesetzen, sondern auch daran, dass 80–90 % der Bevölkerung kaum über mehr als zwei Kleidungsgarnituren verfügten und ihre Kleidung kaum Moden unterworfen war. Ihre meist aus Leinen oder Wolle gefertigten Kleidungsstücke entstammten in der Regel – wie auch die meisten anderen Gegenstände des täglichen Gebrauchs – lokaler Produktion. Die städtischen Oberschichten und der höfische Adel fragten hingegen aufwendige Kleidung, Wandteppiche, Wohnungseinrichtungen und ähnliche Artikel nach, die Moden unterworfen waren – die Nachfrage nach solchen Produkten, die von spezialisierten Manufakturen hergestellt und überregional verkauft wurden, stieg im 17. Jahrhundert kontinuierlich an, nicht zuletzt durch das Wachstum des königlichen Hofs und die Steigerung seiner ästhetisch-kulturellen Prägekraft. In dem Maße, wie Frankreich im Laufe des Jahrhunderts auch kulturell zur dominierenden Macht in Europa aufstieg, entwickelte sich im europäischen Ausland eine Nachfrage nach diesen Gütern. Doch mangels einer breiten Massennachfrage stagnierte die Textilproduktion insgesamt, ja sie ging sogar zurück.

Bausektor

Ähnlich wie bei der Kleidung fragte der überwiegende Teil der Bevölkerung auch im Bausektor nur wenig nach. Ein erheblicher Anteil der Nachfrage nach Bauleistungen ging somit von einem kleinen, weniger als 10 % der Bevölkerung ausmachenden Personenkreis aus: den städtischen Oberschichten, dem Adel, dem hohen Klerus und dem König. Gegenüber dem 16. Jahrhundert ging freilich die Bautätigkeit des Adels wie auch der städtischen Oberschichten zurück – es ist kein Zufall, dass noch heute die alten Ortskerne französischer Städte oft zu erheblichen Teilen von Gebäuden des 16. Jahrhunderts geprägt sind. Einen Bauboom erlebte hingegen Paris. Wegen der Anziehungskraft des sich definitiv in Versailles installierenden Hofes siedelte sich eine große Zahl wohlhabender Personen in der Stadt neu an und ließ neue *hôtels* (Stadtpaläste) errichten, bestehende erweitern oder dem Stil der Zeit anpassen. Doch auch abgesehen von Höflingen, Ministern und Diplomaten sorgte die kontinuierliche Zuwanderung in die Stadt für eine intensive Nachfrage nach neuem Wohnraum jeglichen Niveaus.

b) Die landwirtschaftliche Produktion

Im Zentrum der landwirtschaftlichen Produktion stand zumal im nördlichen Frankreich der Getreideanbau. Neben Roggen, Gerste, Hafer und Buchweizen wurde der als edler geltende Weizen angebaut. Aus Südamerika kam zudem Mais, der auch auf relativ nährstoffarmen Böden gedieh; er wurde im Laufe des 17. Jahrhunderts allmählich im Südwesten eingeführt, setzte sich aber erst im 18. Jahrhundert breiter (v. a. in Gebirgsgegenden) durch. Noch zurückhaltender wurde die Kartoffel angenommen, die erst seit der Mitte des 18. Jahrhunderts in nennenswertem Umfang angebaut wurde.

Daneben betrieb man Viehzucht zur Fleisch- und Milchgewinnung, doch ging deren Anteil an der landwirtschaftlichen Produktion im 17. Jahrhundert zurück, weil der Getreideanbau (zumindest in guten Jahren) ertragreicher war. Bei schlechten Witterungsbedingungen führte in einigen Regionen die Konzentration auf den Getreideanbau zu massiven Versorgungsproblemen.

Große Bedeutung kam daneben dem Weinbau zu, während der Obst- und Gemüseanbau lediglich in Südfrankreich und in der Umgebung von Städten verbreitet war. Nicht unterschätzt werden darf schließlich die Produktion textiler Rohstoffe, etwa von Wolle, Flachs und Hanf (für die Leinenproduktion) und von Rohseide mit Hilfe der Seidenraupenzucht.

Vegetations-und Anbauzonen

Man kann im Frankreich des 17. Jahrhunderts vier Vegetations- und Anbauzonen unterscheiden: (1) In den weiten, offenen Tiefebenen Nordfrankreichs war der Getreideanbau vorherrschend. Er war übers Jahr gesehen wenig arbeitsintensiv; die Getreidebaulandschaften des Nordens waren deswegen Landschaften mit intensiver Heimgewerbeproduktion, insbesondere im Textilbereich. Im 17. Jahrhundert wurde hier der Weinbau reduziert, da inzwischen bessere Weine aus dem Süden importiert wurden; lediglich in der Champagne baute man weiter hochwertige Weine an, die im Laufe des 17. Jahrhunderts zunehmend zur Produktion von Schaumwein genutzt wurden. In der *Ile de France* hielt sich auch im 17. Jahrhundert der Anbau günstiger Weine zur Belieferung des Pariser Massenmarkts. (2) Die hügeligen Landschaften Mittelfrankreichs wurden weniger intensiv und zugleich vielseitiger landwirtschaftlich genutzt als die Ebenen des Nordens. Hier eigneten sich die oft kargen, kalkhaltigen, steinigen Böden nur teilweise zum Getreideanbau. Beträchtliche Teile der Gemarkungen wurden zum Anbau von Hanf und Flachs, zur Waldwirtschaft und als Weide genutzt. Die Viehzucht spielte hier eine weit größere Rolle als im Norden. In vielen Gegenden (Loiretal, Burgund, Bordelais) wurde Wein angebaut. Da der Weinanbau aufwendig war, gab es in Weinbaugegenden keine Heimarbeit. (3) Das südwestliche und mediterrane Frankreich war geprägt von seinem im Sommer sehr trockenen Klima und relativ kargen Böden. Angebaut wurden unterschiedliche Produkte wie Getreide, Mais, Oliven und Wein, im Rhônetal und den angrenzenden Hängen auch Maulbeerbäume zur Seidenraupenzucht; doch auch Obst- und Gemüseanbau waren anzutreffen, wobei im Laufe des Jahrhunderts stärker als in anderen Regionen neue Nutzpflanzen wie Blumenkohl, Auberginen, Melonen, Paprika, Tomaten, Bohnen usw. erprobt wurden, die aus Amerika bzw. Spanien nach Frankreich kamen. Die Arbeit war zeitintensiv, da die Felder oft terrassiert waren und künstlich bewässert wurden. Wo dies zu aufwendig war, nutzte man die Flächen v.a. als Weiden. In den Gegenden mit Weidewirtschaft war auch heimgewerbliche Tucherzeugung anzutreffen. (4) In den Gebirgsgegenden der Vogesen, des Jura, der Alpen, des Massif Central und der Pyrenäen dominierten Weidewirtschaft und Waldnutzung.

Die insgesamt größere Diversifizierung der Kulturen und die Bereitschaft zur Einführung neuer Pflanzen trugen neben dem wärmeren Klima dazu bei, dass die landwirtschaftliche Produktion im Süden im Laufe des Jahrhunderts wuchs, während sie im Norden stagnierte oder zurückging. Ein Vergleich der beiden wichtigsten Kulturen im Frankreich dieser Zeit, des Getreide- und des Weinanbaus, zeigt freilich, dass nicht allein in regionaler Hinsicht differenziert werden muss.

Beim Getreide belief sich das Aussaat-Ernte-Verhältnis auf den guten Böden Nordfrankreichs im Durchschnitt auf 1:8, in den südlichen Vegetationszonen auf ungünstigem Gelände z.T. nur auf 1:3 (zum Vergleich: heute erreicht man auf guten Böden mehr als 1:50). Die Mittelwerte sind allerdings wenig aussagekräftig, denn in guten Jahren konnten selbst auf schlechten Böden Proportionen von 1:10 bis 1:12 erreicht werden, während bei Missernten auch in günstigen Vegetationszonen ein Verhältnis von 1:2, ja 1:1 keine Seltenheit war. Weit stärker als die Erträge schwankten die Preise. Obwohl sie im langjährigen Mittel kaum anstiegen, waren die kurzfristigen Preisschwankungen enorm. Während etwa 1688 in Paris ein *setier* (156 Liter) Roggen knapp 5 *livres* kostete, musste man 1693/94 über 30 *livres* ausgeben – was dies für Bevölkerungsgruppen bedeutete, die in normalen Jahren bereits mehr als die Hälfte ihres Einkommens für Nahrung ausgab, dürfte einleuchten. Eine nennenswerte Steigerung der Gesamtgetreideproduktion ist während des ganzen Jahrhunderts nicht zu beobachten. Eine Ausweitung der Anbaufläche war aus klimatischen Gründen kaum möglich; auch die Technik stagnierte.

Dass nicht generell von Stagnation die Rede sein kann, zeigt indes die Weinproduktion, die trotz ungünstiger klimatischer Bedingungen insgesamt ausgeweitet wurde. Von der Mitte des 16. Jahrhunderts bis ca. 1670 konnte die Gesamtproduktion um 25–50% auf ca. 23 Mio. hl in guten Jahren gesteigert werden. Immerhin etwa 3 Mio. hl Wein wurden außerhalb Frankreichs verkauft, die verbleibenden 20 Mio. hl lassen auf einen beachtlichen Weinkonsum der französischen Bevölkerung, zumal der wohlhabenden Schichten, schließen (ca. 100 Liter pro Jahr und Kopf der Bevölkerung). Auch im Weinbau wurde keine Produktivitätssteigerung erreicht, vielmehr wurden in der Mitte und im Süden Frankreichs dank billiger Arbeitskräfte neue Anbauflächen erschlossen. Zur Ausweitung der Gesamtproduktion trug bei, dass im Laufe des Jahrhunderts einzelne Weinbauregionen ihre Produktion mit Blick auf die Verkehrsverbindungen und die Absatzmärkte spezialisierten. Weine von der Loire und aus den Gebieten um die Gironde wurden per Schiff für den Massenkonsum nach Paris bzw. nach Nordfrankreich und in die Niederlande geliefert; in Burgund hingegen verlagerte man sich mangels geeigneter Schiffsverbindungen auf die Herstellung geringerer Mengen hochwertiger Weine.

Landwirtschaftliche Erträge

Was den Ertrag der Landwirte angeht, konnten im 17. Jahrhundert lediglich große, gut ausgestattete Eigentümer- und Pachtbetriebe im Durchschnitt der Jahre nennenswerte Überschüsse erwirtschaften. Die Mehrzahl der bäuerlichen Betriebe hingegen lieferte den größten Teil ihres Überschusses an Dritte ab, denn das landwirtschaftliche Einkommen wurde in extremem Maße abgeschöpft. Neben dem bereits erwähnten Kirchenzehnten waren gegebenenfalls an den örtlichen Grund- oder Lehnsherrn Gefälle zu entrichten, wenn die Bauern nicht über das Volleigentum an ihren Gütern verfügten. In diesem Fall waren die Bauern Zinsleute oder Vasallen adliger Herren und hatten lediglich ein Nutzeigentum (*domaine utile*). Bedeutender noch waren die Pachtzinsen; sie konnten 50% des Rohertrags überschreiten, wenn der Betrieb in Halbpacht (*métayage*) vergeben war, wenn also auch die Ausrüstung und das Saatgut vom Verpächter gestellt wurden. Bei Vollpacht (*ferme*) überschritten die Sätze in der Regel 20% des Rohertrags nicht, was aber immer noch weit mehr als die Hälfte des Überschusses bedeuten konnte. Hinzu kamen schließlich verschiedenste, im weitesten Sinne als Steuern zu bezeichnende Verpflichtungen zugunsten der Dorfgemeinde, des örtlichen Gerichtsherrn, der Provinzstände und nicht zuletzt des königlichen Fiskus, der seine Steuern im Laufe des 17. Jahrhunderts kräftig erhöhte. Nicht selten waren Schulden für Saatgut oder Pacht abzuzahlen. Ähnlich wie die gewerblichen Löhne waren also auch die Einkommen weiter Teile der bäuerlichen Bevölkerung während des 17. Jahrhunderts durch Stagnation und Unsicherheit gekennzeichnet.

c) Die gewerbliche Produktion

In den Städten lag die gewerbliche Produktion im Frankreich des 17. Jahrhunderts fast ausschließlich beim Handwerk (*artisanat*). Im Unterschied zu den ländlichen Handwerkern (wie etwa Bäckern, Schmieden und Zimmerleuten), die meist nebenher auch Landwirtschaft betrieben, hatten die Handwerker in den Städten fast durchweg Vollerwerbsbetriebe; sie waren keine Unternehmer im modernen Sinn, was etwa daran deutlich wird, dass sie nur über eine geringe Kapitalausstattung verfügten. Produktion und Verkauf waren meist in einem Haus untergebracht, in dem die Betriebsangehörigen auch wohnten. Diese bildeten ihrerseits eine klare Hierarchie vom Lehrling über den Gesellen zum Meister. Produziert wurde fast ausschließlich für Käufer aus der jeweiligen Stadt. Eine Vergrößerung der Betriebe war aus räumlichen Gründen weitgehend ausgeschlossen.

Gilden und Zünfte

Wie in Deutschland waren die städtischen Handwerke seit dem Mittelalter meist korporativ in Gilden oder Zünften (*guildes*; *corps de métiers*) organisiert. Sie verfügten über eine eigene Gerichtsbarkeit gegenüber ihren Mitgliedern, kontrollierten den Zugang zum jeweiligen Handwerk, die Qualität der Produkte und oft auch die Preise. Ihr Ziel war es, den Mitgliedern ein gesichertes Auskommen zu garantieren; deshalb wurde die Zahl der Meister (und damit der Betriebe) in Abhängigkeit von der Aufnahmefähigkeit des jeweiligen örtlichen Marktes begrenzt. Seit dem 16. Jahrhundert wurden zudem oft die Lehrzeit und die Dauer der Wanderschaft der Gesellen verlängert und der Meisterbrief musste gekauft werden, wobei den Söhnen eines Meisters die Hälfte des Preises erlassen wurde. Meist sorgten die Zünfte auch für die soziale Absicherung ihrer Mitglieder. Die Gesellen hatten keinen Zugang zu den Zünften, waren aber oft ihrerseits in eigenen Korporationen organisiert. Insgesamt war das zünftige Handwerk geprägt von Ordnungsvorstellungen, die um die Konzepte eines gerechten, nicht etwa durch Angebot und Nachfrage gebildeten Preises, und der „Nahrung", das heißt der Sicherung der Lebensgrundlagen der Handwerker, kreisten. Wirtschaftliches Wachstum und Konkurrenz wurden nicht selten als diesen Zielen abträglich abgelehnt.

Umso mehr mag überraschen, dass Ludwig XIV. und sein Minister Colbert sich der Zünfte bedienten, um Frankreichs gewerbliche Produktion zu stärken – eine Politik, die im 18. Jahrhundert allenthalben in Europa nachgeahmt wurde. Die wirtschaftlichen Erfolge dieser Maßnahmen blieben freilich begrenzt und gerieten in der zweiten Hälfte des 18. Jahrhunderts in die Kritik, so dass Turgot, der Reformminister Ludwigs XVI., 1776 einen ersten, gleichwohl erfolglosen Versuch unternahm, das Zunftwesen ganz aufzuheben, ehe 1791 die Zünfte in der Revolution definitiv abgeschafft wurden.

Landgewerbe

Wirtschaftliche Dynamik in der gewerblichen Produktion ging im 17. Jahrhundert weniger von den Städten als vom Land aus, dessen Anteil an der gewerblichen Produktion erheblich stieg. Für die Ansiedlung gewerblicher

Produktion auf dem Land gab es viele Gründe. So waren dort viele gewerblich verarbeiteten Rohstoffe direkt verfügbar – ebenso wie die zum Antrieb von Maschinen und Anlagen benötigte Wind- oder Wasserkraft. Ein dritter, wichtiger Vorteil der gewerblichen Produktion auf dem Lande ist darin zu sehen, dass dort die Arbeitskraft meist billiger war als in den Städten und zudem die Restriktionen der Zünfte entfielen. So stieg im 17. Jahrhundert auch bei Textilien der Anteil der ländlichen Produktion, was zur Begrenzung der Landflucht beitrug.

Verlagssystem und Manufakturen

Gelegentlich stellten einzelne Bauern Textilien in eigener Regie her. Häufiger übernahmen indes Unternehmer die Organisation der Textilproduktion und damit einen guten Teil der wirtschaftlichen Risiken. Zumal in der nordfranzösischen Textilproduktion sehr verbreitet war das Heimgewerbe- oder Verlagssystem (*ateliers de campagne, manufactures dispersées*), bei dem Bauern die Rohstoffe von einem Verleger (*marchand-fabricant*) gestellt bekamen. Dieser kümmerte sich auch um den Verkauf der Produktion, war also Investor, Organisator und Händler. Der Verdienst stellte für die bäuerlichen Haushalte einen wichtigen Beitrag zur Ergänzung ihres Einkommens dar. Um 1700 waren allein in der Umgebung von Reims etwa 30.000 Personen nebenberuflich in der Textilherstellung tätig.

Neben dem Verlagssystem wurde v. a. unter Ludwig XIV. der Ausbau des Manufakturwesens vorangetrieben. Auch die Manufakturen standen außerhalb der städtischen Gewerbe- und Zunftordnungen und lagen oft außerhalb der Städte. Im Unterschied zum Verlagswesen waren die Produktionsmittel hier an einem Ort, meist in speziell dafür errichteten Gebäuden, untergebracht. Viele Manufakturen verdankten ihre Existenz unmittelbar der königlichen Wirtschaftspolitik (III.3.b) oder wurden sogar direkt vom Staat als *manufactures d'État* geführt, hauptsächlich im Bereich der Luxusgüter, die zu einem erheblichen Teil für den Export bestimmt waren. Andere Manufakturen wurden mit Privilegien ausgestattet, die den jeweiligen Unternehmern steuerliche Vorteile, Monopole oder andere Unterstützung einräumten. Königliche Amtsträger übernahmen die Überwachung von Produktionsstandards und Warenqualität, aber auch der Buchführung.

Nicht selten waren *ateliers de campagne* und *manufactures* miteinander verwoben. Auch Handwerksbetriebe konnten in die Abhängigkeit von Verlegern geraten oder Manufakturen zuarbeiten. Bei der Leinen- und Tuchproduktion etwa wurde das Spinnen, Haspeln und Weben überwiegend in Heimarbeit betrieben, wohingegen die Endfertigung in der Manufaktur erfolgte; ähnlich verhielt es sich bei der Seidenherstellung. Vom Verlags- und Manufakturwesen ging – insbesondere im Textil- und Luxusgüterbereich – ein Moment wirtschaftlicher Dynamik aus. Sie weisen auf die seit dem 18. Jahrhundert einsetzende Industrialisierung voraus, weshalb die hier greifbare Entwicklung als Protoindustrialisierung bezeichnet wird. In welchem Maße die Protoindustrialisierung dann tatsächlich der Industrialisierung Vorschub geleistet hat, ist allerdings umstritten.

d) Warenaustausch, Handel, Bankwesen

Nachfrage und Produktion ergeben noch kein Wirtschaftsleben; vielmehr muss das Produkt zum Käufer kommen. Entscheidend sind zunächst die Verkehrswege, und dies umso mehr, als in der Frühneuzeit nicht nur der Warentausch, sondern auch jeglicher Informationsfluss stets voraussetzte, dass sich Menschen im Raum bewegten.

Transportwege zu Lande

Wenn Pferdewechselstationen zur Verfügung standen, vermochte ein berittener Kurier an einem Tag 140 bis 150 km zurückzulegen. Reisekutschen der königlichen Post erreichten mit Pferdewechsel nur eine durchschnittliche Reisegeschwindigkeit von 6–7 km/h, was Tagesetappen von lediglich 60 bis 70 km erlaubte; von Paris nach Orléans brauchte man zwei, nach Bordeaux sieben und nach Straßburg oder Lyon elf Tage (der TGV braucht für beide Distanzen ca. zwei Stunden). Lasttransporte mit Wagen oder Lasttieren waren etwa halb so schnell. Die genannten Reisezeiten waren freilich Idealwerte. Bei schlechter Witterung waren die unbefestigten Straßen, großenteils alte Römerstraßen, kaum passierbar. Einzig die Straße zwischen Paris und Orléans war durchgehend gepflastert und damit wetterfest.

Immerhin begann sich das Königtum im 17. Jahrhundert der Probleme anzunehmen, freilich primär, um Truppenbewegungen im Innern des Landes zu erleichtern. Die Lasten der Verbesserung des Straßennetzes trugen in erster Linie die Bauern, die in einigen Provinzen von 1680 an verpflichtet wurden, ihre Arbeitskraft und ihre Gespanne zur Verbesserung der Straßen einzusetzen. Erhebliche Fortschritte beim Straßennetz sind allerdings erst im 18. Jahrhundert zu beobachten, zumal nach 1747, als eine spezialisierte Schule zur Ausbildung von Ingenieuren geschaffen wurde.

Die Langsamkeit und Beschwerlichkeit des Straßentransports ging einher mit hohen Kosten für den Unterhalt von Fuhrleuten und Lasttieren sowie für Reparaturen. So blieb der Verkehr zu Lande bis in die zweite Hälfte des 18. Jahrhunderts überaus bescheiden. Nur bei hochwertigen gewerblichen Produkten wie Eisenwaren, Töpfereiwaren, Porzellan und hochwertigen Textilien oder auch bei Gewürzen war die Beförderung zu Lande rentabel.

Auf Langstrecken war der Personenverkehr noch geringer als der Warenverkehr. Nur wenige hohe Würdenträger, reiche Kaufleute oder Magistrate reisten mit eigenem Pferd und Wagen, alle übrigen Personen waren auf Postkutschen angewiesen. 1635 verkehrten zwischen Paris und Toulouse und zwischen Paris und Bordeaux einmal wöchentlich je eine acht Personen fassende Postkutsche, und noch zu Ende des Jahrhunderts wurde die zwischen Paris und Dijon vorgesehene wöchentliche Postkutsche nur dann auch wirklich eingesetzt, wenn sich genügend Passagiere fanden.

Transportwege zu Wasser

Auch der Transport per Schiff war langsam und beschwerlich. Die Tagesleistung der Kähne betrug flussaufwärts zwischen 15 und 25 km, flussabwärts immerhin 60 bis 90 km; im Sommer führten die Flüsse oft zu wenig Wasser. Wo Wind und Strömung nicht genutzt werden konnten, war man darauf angewiesen, die Schiffe über Leinpfade mittels Zugtieren oder Menschenkraft zu treideln. Dennoch war der Warentransport per Schiff v.a. bei größeren Mengen billiger als der Landtransport. Besonders kostengünstig war der Transport durch Seeschiffe. Die Nähe zu einem schiffbaren Fluss oder zum Meer war ein wichtiger Standortfaktor, der nicht nur wirtschaftliche Prosperität, sondern auch das Überleben der Bevölkerung sicherstellte. So konnten etwa Regionen mit Zugang zum Meer zu günstigen Preisen Getreide aus dem Baltikum beziehen und bei Ernteüberschüssen Getreide nach Holland und England exportieren. Es ist kein Zufall, dass alle größeren französischen Städte des 17. Jahrhunderts an Flüssen oder am Meer lagen; nur so war es möglich, ihre Versorgung zu sichern.

Um die Binnenschifffahrt zu verbessern, verfolgte das Königtum seit dem Beginn des 17. Jahrhunderts das ehrgeizige Projekt, die vier großen Flusssysteme der Rhône, der Garonne, der Seine und der Loire miteinander zu verbinden. Den Anfang machte 1642 der Briare-Kanal zur Verbindung von Loire und Seine. Die Bedeutung dieses durch zahlreiche kleinere Kanalbauten ergänzten und im 18. und frühen 19. Jahrhundert weiter ausgebauten Wasserstraßennetzes wird daran deutlich, dass gegen Ende der Regierung Ludwigs XIV. im Grunde nur dort stärker frequentierte Überlandstraßen bestanden, wo keine Schiffsverbindung möglich war. Die Gegenden, die sowohl abseits der Wasserstraßen wie der großen Straßen lagen, blieben abgeschieden, was sich auch in ihrer wirtschaftlichen Entwicklung niederschlug. Dies gilt zumal für das Gebiet zwischen Loire, Garonne und Rhône, das noch heute als tiefe Provinz, als *France profonde*, gilt.

Verkehrsverhältnisse und Binnenmarkt

Die geschilderten Verkehrsverhältnisse spiegeln die Lage des französischen Binnenmarktes wider. Die meisten Gegenden des Landes waren, was die Versorgung mit Lebensmitteln und den Gütern des täglichen Lebens angeht, weitgehend autark und damit nicht auf überregionale Warenströme angewiesen, die zudem durch unterschiedliche Zolltarife und Binnenzölle zusätzlich behindert wurden.

Was die Verteilung der Agrarproduktion anbelangt, ist zu berücksichtigen, dass nur etwa ein Fünftel dieser Produktion überhaupt vermarktet wurde, während vier Fünftel entweder bei den Produzenten zur Eigenversorgung verblieben oder in Naturalien abgeliefert bzw. getauscht wurden. Das der Vermarktung zugeführte Fünftel wiederum wurde überwiegend regional über Wochen- und Jahrmärkte abgesetzt, auf denen auch gewerblich produzierte Waren wie Hausrat, einfache Textilien, Baumaterialien etc. verkauft wurden. Die wichtigste Ausnahme im vorwiegend regional-kleinräumig bestimmten französischen Binnenmarkt des 17. Jahrhunderts stellte die Versorgung der großen Städte mit Grundnahrungsmitteln und zumal mit Getreide dar.

Die kommunalen Verwaltungen wie auch die königliche Administration nahmen Anteil an der Organisation des überregionalen Nahrungsmittel- und zumal des Getreidehandels, an der Lenkung der Warenströme und an der Preisgestaltung. Auf diese Weise suchte man die Versorgung der Städte sicherzustellen und Revolten vorzubeugen. Umgekehrt erblickte die Bevölkerung der Städte in der Sicherstellung der Nahrungsversorgung eine wichtige Aufgabe der politisch Verantwortlichen auf allen Ebenen. Die königliche Getreidepolitik (*police des grains*) erlaubte nur bei reichen Ernten den weiträumigen Handel oder gar die Ausfuhr von Getreide. Das Horten von Getreide und die absichtliche Verknappung des Angebots suchte sie zu verhindern. Auch die städtischen Obrigkeiten beschränkten sich nicht auf die Anlage von Getreidespeichern, sondern überwachten die Händler, legten Höchstpreise fest, organisierten Getreidelieferungen, untersagten den Weiterverkauf in andere Regionen oder subventionierten sogar Bäcker.

Sieht man von der Versorgung der großen Städte mit Grundnahrungsmitteln ab, gab es in Frankreich kaum überregional gehandelte Güter. Noch geringer war die Gütermenge, für die ein nationaler, das gesamte Königreich einschließender Markt bestand. Einzig hochwertige Produkte wie Mandeln, Nüsse und Feigen, einige Färbemittel, teure Textilien und Luxusartikel wurden landesweit vertrieben, bildeten aber Ausnahmen, die mengenmäßig kaum ins Gewicht fielen.

Außenhandel

Kaum entwickelter als der französische Binnenhandel war der Außenhandel, über den indes nur ungenaue Quellen vorliegen. Im Vergleich zu den Handels- und Kolonialstaaten Spanien, Portugal, England, den Niederlanden oder den oberitalienischen Stadtstaaten nahm Frankreich im Welthandel des 17. Jahrhunderts nur eine zweitrangige Stellung ein. Dies wird an der Tonnage seiner Seehandelsflotte deutlich sowie daran, dass lediglich die Küstenschifffahrt in französischer Hand war. Der Außenhandel hingegen war von Ausländern dominiert – im 16. Jahrhundert v. a. von Italienern, später mehr und mehr von Engländern und Niederländern; die Veräußerungsgewinne französischer Waren wurden also nicht in Frankreich reinvestiert, sondern flossen ab.

Importiert wurden nach Frankreich insbesondere Erze und Edelmetalle, Gewürze, Zucker, Tee, Kaffee sowie Alaun (zum Beizen von Textilien, Gerben von Leder etc.), zu Beginn des 17. Jahrhunderts auch Luxusartikel wie hochwertige Textilien, Möbel usw. Exportiert wurden hauptsächlich Wein, Salz, in guten Jahren Getreide, ferner zunehmend hochwertige Textilien und Luxuswaren wie Spiegel. Der Außenhandel wurde zu je etwa einem Drittel mit dem Mittelmeerraum, mit Nordeuropa einschließlich des Ostseeraums, schließlich mit außereuropäischen Gebieten einschließlich der Kolonien abgewickelt.

Die ungünstige Bilanz des französischen Außenhandels wurde seit dem 16. Jahrhundert in Frankreich vielfach thematisiert. Sie mündete zunächst in eine lebhafte Agitation gegen ausländische Kaufleute und Unternehmer, bildete dann aber v. a. in der zweiten Hälfte des 17. Jahrhunderts auch die Basis einer aktiven königlichen Außenhandelspolitik (III.3.b). Auch die französische Außenpolitik blieb, obschon sie nicht primär ökonomische Ziele verfolgte, nicht unbeeinflusst von dem Bestreben, den französischen Außenhandel zu stärken. Die Gründung zahlreicher Kolonien war fraglos von solchen Motiven bestimmt. Der 1672–1678 geführte Krieg Ludwigs XIV. gegen die Vereinigten Niederlande (II.3.c) war geprägt von Ressentiments gegen eine kleine Nation, die Frankreich auf dem Weltmarkt überflügelte und erhebliche Teile seines Außenhandels kontrollierte. Langfristig hat freilich nicht Ludwigs aggressive Außenpolitik dem französischen Außenhandel aufgeholfen, sondern v. a. die Tatsache, dass Frankreich zumal im Luxussektor stark nachgefragte Manufakturwaren anzubieten vermochte. Gegenüber England und Holland indes hat es seine strukturelle Außenhandelsschwäche bis zum Ende des Ancien Régime nicht überwunden.

Kreditwesen

Das geringe Gewicht Frankreichs im Welthandel des 17. Jahrhunderts und die dominierende Stellung von Italienern, Engländern und Niederländern hängen auch mit den Besonderheiten des französischen Kreditwesens zusammen. Französische Kaufleute bedienten sich bei Fernhandelsgeschäften eher zögernd des Schecks und des Wechsels. Auch das Bankwesen entwickelte sich nur langsam; noch zu Ende des 16. Jahrhunderts befanden sich viele Banken in italienischer Hand. Im Laufe des 17. Jahrhunderts verlagerten zwar nicht wenige Bankhäuser ihren Sitz nach Paris und der italienische

Einfluss ging zurück, doch erst im 18. Jahrhundert stieg die Zahl französischer Bankhäuser stärker an, wobei sich nun nicht wenige jüdische und protestantische Bankiers hervortaten.

Das Fehlen eines leistungsfähigen Bankwesens im Frankreich des 17. Jahrhunderts ist nicht auf Kapitalmangel zurückzuführen, gab es doch eine finanzkräftige Oberschicht, die über ausreichend liquide Mittel verfügte. Auch haben Forschungen gezeigt, dass etwa Ludwig XIV. bemerkenswert gut in der Lage war, seine ungeheuren Kriegskosten über Kredite zu finanzieren. Doch anders als in England und Holland erfolgte die Aufbringung solcher Kredite nicht über den freien Finanzmarkt, sondern in enger Kooperation zwischen Amtsträgern, Ständeversammlungen und lokalen Finanzmaklern, die ihrerseits eng mit der politischen Elite des Landes verwoben waren. Für unabhängige Privatbanken war in diesem System kaum Platz. Es gelang aber auch nicht, eine Staatsbank zu installieren – ein Versuch endete 1720 in einem Fiasko.

Will man ein realistisches Bild der französischen Wirtschaft des 17. Jahrhunderts gewinnen, darf man sich also vom Glanz der königlichen Residenzen der *Ile de France* und der Ausnahmemetropole Paris ebenso wenig täuschen lassen wie von der überregionalen Bedeutung einzelner Handelszentren wie Lyon, Marseille, Rouen und Bordeaux. Diese Zentren waren Inseln in einem Land, dessen Sozialprodukt überwiegend agrarischen Ursprungs war und dessen wirtschaftlicher Entwicklung zahlreiche Hindernisse wie eine lückenhafte Infrastruktur, die extreme Abschöpfung der Landwirtschaft, ein unterentwickelter Finanzmarkt und der relative Mangel risikobereiter privater Investoren gegenüberstanden.

5. Der Kampf um die Überzeugungen: Bildung, Medien und Öffentlichkeit

Einfluss des nahen sozialen Umfelds

Fragt man nach Faktoren, die auf das Bewusstsein und die Anschauungen der Bevölkerung eingewirkt haben, ist zunächst davon auszugehen, dass für fast alle Franzosen, zumal auf dem Land, zuerst der persönliche Umgang in der Familie, der Nachbarschaft, der Zunft, der Bruderschaft und der christlichen wie politischen Gemeinde prägend war. Die Weltsicht der meisten Menschen wurde in weit höherem Maße als heute in kleinen Sozialkreisen konstituiert, hier wurden abstraktes Wissen, religiöse und politische Überzeugungen, Erinnerungen, Erzählungen und Erfahrungen von Generation zu Generation weitergegeben. Die Forschung hat gezeigt, welch bedeutende Rolle der Gemarkung des eigenen Dorfes in den Raumvorstellungen der Landbevölkerung zukam, in welchem Maße die *croyances* großer Teile der Bevölkerung von Ängsten bestimmt waren, wie verbreitet der Rückgriff auf „abergläubische" Gesten, Handlungen und Rituale und wie ausgeprägt andererseits die Gewaltbereitschaft war, wenn es darum ging, Beängstigendes abzuwehren oder die Ehre zu verteidigen. Dabei ist inzwischen deutlich geworden, dass es keinen klaren Gegensatz gab zwischen der Volkskultur einer breiten Bevölkerungsmehrheit und der durch Triebunterdrückung bzw.

-sublimierung gekennzeichneten Kultur der Eliten. Denn einerseits teilten zumal zu Beginn der Frühneuzeit viele Bürger und Adlige „volkstümlich-abergläubische" Überzeugungen und Praktiken und andererseits nahmen die einfachen Leute neue Erfahrungen und Einflüsse von außen auf und assimilierten sie.

Die wichtigste Instanz, die Einfluss auf die Vorstellungen der Menschen zu nehmen vermochte, war traditionell die Kirche, vertreten v.a. durch den Gemeindepfarrer. Hinzu kam seit dem Spätmittelalter allmählich, freilich stark auf die Kooperation mit kirchlichen Instanzen angewiesen, das Königtum, vertreten durch eine im Vergleich zu den Pfarrern zunächst sehr kleine, in der Frühneuzeit aber kontinuierlich wachsende Zahl lokaler Amtsträger (I.6.d). Pfarrer und königliche Amtsträger standen den lokalen Vorstellungen, Überzeugungen und Praktiken nicht prinzipiell feindselig gegenüber, sondern fungierten eher als Vermittlungsinstanzen, die in das Gemeindeleben eingebunden waren.

Die Intensität der Einflussnahme wie auch die Randbedingungen, unter denen sie erfolgte, unterlagen indes im 16. Jahrhundert einem tiefgreifenden Wandel. Mit der Reformationsbewegung und der neuen, von ihr mit angestoßenen Nutzung des Buchdrucks als Mittel zur Verbreitung aktueller Nachrichten und Meinungen setzte ein bis dahin nicht vorstellbarer Kampf um die Überzeugungen jedes einzelnen Franzosen ein, der auch im 17. Jahrhundert nicht abgeschlossen war.

Das Erbe der Religionskriege

Die konfessionelle Spaltung riss Frankreich in der zweiten Hälfte des 16. Jahrhunderts in eine tiefe, den Zusammenhalt des Gemeinwesens, ja seine Existenz in Frage stellende Krise. Zwischen 1562 und 1598 taumelte das Königreich von einem religiösen Bürgerkrieg in den nächsten. Während die Autorität der letzten **Valois**-Könige immer weiter verfiel und das Land im Chaos versank, wurden Hunderttausende Franzosen von der Hand ihrer eigenen Landsleute getötet, ja abgeschlachtet.

E

Das Haus **Valois**, eine Linie der Kapetinger, stellte von 1328 bis 1589 insgesamt 13 Könige von Frankreich. Die letzten drei Valois, die Brüder Franz II. (1559–1560), Karl IX. (1560–1574) und Heinrich III. (1574–1589), starben jeweils ohne einen legitimen männlichen Erben.

Die Religionskriege, in denen sich nicht nur der konfessionelle Gegensatz zwischen Altgläubigen und **Hugenotten** entlud, sondern auch soziale Spannungen (zumal in den Städten) sowie ein erbitterter Konflikt um die Verfassungsordnung der Monarchie, prägten nicht nur jene, die direkt von Kriegshandlungen und Gewalttaten betroffen waren. Denn die Kriegsereignisse wurden, ebenso wie die ihnen zugrunde liegenden Konflikte, in einem bis dahin unvorstellbaren Maße medial verbreitet. Ereignisse wie das den Ersten Religionskrieg auslösende Massaker an Besuchern eines protestantischen Gottesdiensts in Vassy (1. März 1562), Schlachten und Verhandlungen wurden auf zahllosen Flugblättern in Bild und Text bekannt gemacht. Auch Flugblätter und -schriften, die für politische oder religiöse Forderungen warben, zum Frieden ermahnten oder zum Widerstand aufriefen, fanden reißenden Absatz. Sie wurden von fahrenden Händlern noch im entferntesten Winkel des Königreichs vertrieben und im Wirtshaus oder im Familienkreis herumgereicht und vorgelesen. So erreichten sie auch weite Teile der nicht alphabetisierten Bevölkerung.

E

Hugenotten ist die seit etwa 1560 gebräuchliche Bezeichnung für die französischen Protestanten. Ihr Glaube war stark von der Lehre des Genfer Reformators Johannes Calvin beeinflusst. Der Begriff ist vermutlich eine Anspielung auf das Wort Eidgenossen und damit auf die Verbindungen der Hugenotten in die calvinistische Westschweiz.

Medienrevolution

Während die Reformation in Deutschland von 1517 an zum Motor einer durch unzählige aktuelle Flugblätter und -schriften befeuerten Medienrevolution wurde, blieb ihre Resonanz in Frankreich zunächst im Wesentlichen auf humanistische Zirkel begrenzt. Die zweite, calvinistisch geprägte Welle der Reformation stieß seit den späten 1530er Jahren zwar auf ein breiteres Echo. Doch erst mit der Eskalation und Politisierung des Konfessionskonflikts in den späten 1550er Jahren kam es auch in Frankreich – ablesbar am Emporschnellen der Flugblattproduktion – zu einer Medienrevolution. Diese Revolution bewirkte eine zuvor undenkbare Mobilisierung weiter Teile der Bevölkerung für Themen und Inhalte, die weit über ihren lokalen Erfahrungshorizont hinausreichten.

Weiter befördert wurde die Mobilisierung der Bevölkerung für religiöse und politische Fragen durch die während der Religionskriegsepoche einberufenen Generalstände und Notabelnversammlungen (I.3.d). Es ist gewiss kein Zufall, dass die Flugblattproduktion im Umfeld dieser Versammlungen jeweils Höhepunkte erreichte und so zur Herstellung einer für frühneuzeitliche Verhältnisse überaus breiten Öffentlichkeit beitrug. Zumal die Generalstände bewirkten durch die Wahl der Deputierten und die Redaktion von Beschwerdeheften, dass große Teile der männlichen Bevölkerung sich mehr oder minder aktiv mit politischen Fragen auseinandersetzten. Dies dürfte ihre Vorstellungen von der französischen Gesellschaft wie auch ihr Bewusstsein, Franzosen zu sein, geprägt haben.

Die Mobilisierung der Bevölkerung war aus Sicht der Krone nicht unerwünscht, sondern schien die Chance zu bieten, Unterstützung zu erlangen und das Land zu befrieden. Dieses Kalkül ist bekanntlich nicht aufgegangen. Vielmehr geriet die Krone in den öffentlichen Auseinandersetzungen mehrfach in die Defensive, so etwa in den 1560er und 1570er Jahren, als der politische Einfluss der Königinmutter Katharina von Medici in zahllosen Flugschriften gegeißelt wurde. Wie sehr sogar ein König unter Druck geraten konnte, zeigt die Rufmordkampagne der katholischen Partei gegen Heinrich III., der in fast 1.000 Pamphleten aller nur denkbaren Perversionen bezichtigt wurde, ehe ein fanatisierter Dominikanermönch ihn 1589 umbrachte.

Gewiss war die während der Religionskriege erreichte politische Mobilisierung einer breiten Öffentlichkeit ein Krisenphänomen, das sich im 17. Jahrhundert nur kurzfristig (während der inneren Konflikte der 1610er und 1620er Jahre und während der *Fronde*) wiederholte. Und doch haben die negativen Erfahrungen der Religionskriegszeit bei den Vertretern der Krone das Bewusstsein für die Bedeutung der öffentlichen Vermittlung der eigenen Politik geschärft (I.5.d).

Christianisierung und Konfessionalisierung

Die während der Religionskriege zu beobachtende Mobilisierung der Bevölkerung, die Versuche, im Sinne übergreifender Interessen und Ziele auf ihre Vorstellungen und Überzeugungen einzuwirken, betrafen stets auch Fragen des Glaubens. In der französischen Forschung wurde die (u.a. auf Jean Delumeau zurückgehende) These vertreten, die französische Bevölkerung sei im Mittelalter noch stark heidnisch geprägt gewesen und erst im Gefolge der konfessionellen Spaltung nach und nach christianisiert worden. Daran ist zweifellos richtig, dass sich große Teile der Bevölkerung unter dem Einfluss des Konfessionskonflikts stärker als bis dahin gedrängt oder gar gezwungen sahen, sich mit Glaubensinhalten auseinanderzusetzen – immerhin etwa 10% bekannten sich gegen Ende der Religionskriege zum protestantischen Glauben.

Im Unterschied zum Reich, wo von den 1520er Jahren an die Landesherren die Initiative für die **Konfessionalisierung** ihrer jeweiligen Territorien ergriffen, gingen im Frankreich des 16. Jahrhunderts vom Königtum kaum Impulse zur konfessionellen Durchformung der Lebensbezüge der Bevölkerung aus. Für eine solche Einflussnahme war die Krone vor 1598 zu schwach und in ihrer Religionspolitik zu schwankend. Nach dem 1598 erlassenen Pazifikationsedikt von Nantes begünstigte die Krone zwar die katholische Reformbewegung (I.5.a), garantierte aber zugleich die Rechtsstellung der Protestanten, ohne freilich die fortdauernde strukturelle Intoleranz beseitigen zu können, die seit dem Beginn der Glaubensspaltung fast überall in Europa das Verhältnis der Konfessionen prägte.

E

Das von Heinz Schilling und Wolfgang Reinhard eingeführte Forschungskonzept der **Konfessionalisierung** geht von der These aus, im Gefolge der Reformation sei von den jeweiligen Landesherren und den mit ihnen verbundenen Eliten ein als Verteidigung der wahren Religion legitimierter Prozess der staatlichen Durchdringung bislang eigenständiger Lebensbereiche erfolgt, der maßgeblich zur „Formierung einer neuzeitlich disziplinierten Untertanengesellschaft" beigetragen habe. Dabei wird die funktionale Gleichheit der drei großen Konfessionsbildungen betont, während die dogmatischen Unterschiede in den Hintergrund rücken. Das Konzept wird in jüngerer Zeit unter anderem als etatistisch kritisiert.

a) Strategien und Erfolge der katholischen Reform

Auf die Reformation reagierte die katholische Kirche mit innerkirchlichen Erneuerungsbestrebungen, die z.T. Ansätze aus der Zeit vor der Reformation aufgriffen. Das Programm der Erneuerung der Kirche wurde auf dem von 1545 bis 1563 tagenden **Konzil von Trient** festgelegt. Hier wurden in Abgrenzung zu den Lehren der Reformatoren grundlegende dogmatische Fragen entschieden, aber auch eine Verbesserung der Priesterausbildung und der religiösen Unterweisung, die Bekämpfung der Ämterhäufung, eine Reform der Ablasspraxis und die Beseitigung zahlreicher weiterer Missstände.

E

Das **Konzil** (Bischofsversammlung) **von Trient** (auch „tridentinisches Konzil", „Tridentinum") beriet etwa die Bedeutung der kirchlichen Tradition als Quelle der Offenbarung, die Sakramentenlehre und die Bekämpfung von Missbräuchen im Ablasswesen. Es erließ u.a. Regelungen für eine einheitliche Liturgie, beschloss eine bessere Ausbildung und Kontrolle der Priester und führte Ordensreformen durch. Das Konzil bildete den Ausgangspunkt der katholischen Reform.

Später Beginn

In kaum einem anderen von Katholiken bewohnten Land Europas hat die katholische Reform allerdings so spät Fuß gefasst wie in Frankreich. Zum einen zeigten die katholischen Eliten des Landes im Kontext der Religionskriege zunächst wenig Bereitschaft, sich mit der inneren Reform der Kirche auseinanderzusetzen. Zum anderen stieß die Annahme der Konzilsdekrete in Frankreich auf Widerstand – nicht nur bei Protestanten, sondern auch bei vielen **gallikanisch** gesinnten Juristen der Obergerichte, bei denen jedes in Frankreich gültige Gesetz, auch zu Fragen der Kirchenorganisation, registriert werden musste, ehe es publiziert werden konnte (I.6.b). Obwohl sowohl Heinrich III. als auch Heinrich IV. die offizielle Inkraftsetzung der Dekrete verbindlich zusagten, kam es dazu nie. Daher beschloss der französische Klerus am 7. Juli 1615 im Rahmen einer außerordentlichen *assemblée du clergé* (I.3.a), die Beschlüsse des Trienter Konzils anzunehmen und zu achten. Diesem Beschluss folgte eine rasche, erfolgreiche Reform der französischen Kirche. Ihr Kernstück war die Einführung von Priesterseminaren, aus denen bald ein gut ausgebildeter Klerus hervorging. Große Bedeutung kam daneben neuen Ordensgemeinschaften zu, die sich erheblichen Zulaufs erfreuten.

E

Als **Gallikanismus** bezeichnet man eine im Spätmittelalter entstandene kirchenrechtliche Lehre, die darauf abzielte, den weltlichen Einfluss des Papstes auf die französische Kirche zurückzudrängen. Im Mittelpunkt stand dabei die Behauptung gewisser Vorrechte der französischen Kirche, der gallikanischen Freiheiten.

Erfolge

Maßgeblich für die Erfolge der katholischen Reform im 17. Jahrhundert war nicht nur die Verbesserung der Ausbildung des Klerus und der Kirchenorganisation, sondern auch die Tatsache, dass sich seit der Jahrhundertwende die Haltung der katholischen Eliten zur inneren Erneuerung der Kirche grundlegend änderte. Bereits in den 1590er Jahren setzte in der katholischen Liga unter dem Eindruck des elitenfeindlichen Terrors ein Sinneswandel ein. Er wurde begünstigt durch ein von der neustoischen Philosophie propagiertes Verhaltensideal, das die Zügelung der Affekte und Selbstkontrolle bei der Verfolgung der eigenen Ziele vorsah und Ruhe und Ordnung einen hohen Rang einräumte.

Jedenfalls wurden während der Regierung Heinrichs IV. immer mehr ehemalige Anhänger der Liga – Adelige wie königliche Amtsträger – zu Förderern der katholischen Reform. Das Ziel der Glaubenseinheit gaben sie nicht auf, verfolgten es nun aber mit anderen Methoden. Im Mittelpunkt ihrer Bestrebungen stand die gewaltlose Bekehrung der Protestanten, die organisatorische Erneuerung der Kirche, aber auch die innere Umkehr. Ablesbar ist das neue Interesse an religiösen Fragen am Buchmarkt. Zwischen 1598 und 1643 behandelte ein Drittel aller in Frankreich erschienenen Druckwerke im engeren Sinne religiöse Themen. Konjunktur hatten nicht nur theologische Abhandlungen, sondern auch Heiligenviten und Wundererzählungen, Gebetbücher und Predigtsammlungen, Stundenbücher und mystische Schriften. Großen Erfolg hatten die Schriften des François de Sales, dem es gelang, das Ideal heiligmäßigen Lebens vom Ruch der Lebensferne zu befreien und für eine praktikable, menschenfreundliche Form alltäglicher Gottsuche zu werben. Seine „Anleitung zum frommen Leben" (*Introduction à la vie dévote*), die er 1609 veröffentlichte, wurde bis 1620 vierzigmal aufgelegt.

Neue Wege gingen Verfechter der katholischen Reform aber auch in der Fürsorge und Sozialarbeit. Unter der Ägide von Vincent de Paul und Louise de Marillac wurden nicht nur neue Ordenskongregationen wie die Vincentiner und Vincentinerinnen gegründet, die sich um Arme, Kranke und Behinderte kümmerten, sondern auch Laien verstärkt in karitative Aktivitäten eingebunden. Bei der Mobilisierung und Organisation von Laien setzte die Kirche auf die traditionelle Form der Bruder- bzw. der Schwesternschaften. Diese korporativen Zusammenschlüsse bildeten den Rahmen gemeinsamer Tätigkeit für wohltätige Zwecke, für gemeinsames Gebet, gemeinsame fromme Übungen und gegenseitige Unterstützung in geistlichen und weltlichen Belangen. Entscheidend für die Erfolge der katholischen Reform war aber letztlich, dass es ihr gelang, Kirchentreue und ernsthaft gelebte Frömmigkeit in einem bis dahin nicht gekannten Maße als soziale Leitbilder zu verankern.

Bemerkenswert waren auch die Erfolge der katholischen Reform bei der Bekehrung von Hugenotten. Tatsächlich kam es nach dem Übertritt Heinrichs IV. gerade bei Angehörigen der Eliten immer wieder zu spektakulären Konversionen, die auch dadurch begünstigt wurden, dass der Übertritt zum katholischen Glauben die Chancen bei Hof verbesserte und Zugang zu kirchlichen Pfründen eröffnete. Doch auch unter der übrigen Bevölkerung bröckelte der Anteil der Protestanten zusehends, wobei hier im Laufe des Jahrhunderts immer häufiger mit Druck und Schikanen nachgeholfen wurde. Jedenfalls sank der Anteil der Protestanten an der Bevölkerung von ca. 10% zu Beginn des Jahrhunderts auf ca. 4% zum Zeitpunkt der Aufhebung des Edikts von Nantes im Jahre 1685.

Auch auf die Festbräuche und Alltagspraktiken zumal der Landbevölkerung wirkte sich die katholische Reform aus. So versuchten Vertreter der Kirche konsequent jene traditionellen Formen geselligen Umgangs zurückzudrängen, die ihnen als grob und sittenlos erschienen, darunter etwa lärmende Umzüge (Charivaris), Streiche, Saufgelage, z.T. auch Formen des Karnevals. Streng überwacht wurde auch die vom Tridentinum vorgeschriebene Osterkommunion. Wer während der österlichen Festtage nicht kommunizierte, musste damit rechnen, exkommuniziert zu werden – eine Drohung, die offenbar Wirkung zeigte; jedenfalls wurden etwa 1672 in den 137 Gemeinden der Erzdiözese Paris nur 112 Personen registriert, die an Ostern nicht zur Kommunion gingen.

Allerdings wäre es falsch, sich den Katholizismus im Frankreich des 17. Jahrhunderts allzu monolithisch vorzustellen. Für Spannungen sorgte schon die Tatsache, dass die Tradition des Gallikanismus, der die Eigenständigkeit der französischen Kirche gegenüber Rom betonte, auch im Zeitalter der katholischen Reform fortlebte. So wurden etwa die **Jesuiten**, die u.a. dank ihrer Kollegien (I.5.b) maßgeblich zum Erfolg der katholischen Reform beitrugen, nicht nur von Protestanten bekämpft, sondern auch von der Sorbonne und den gallikanisch geprägten Juristen der Obergerichte.

E

Die Gesellschaft Jesu (Societas Jesu) wurde 1534 von Ignatius von Loyola gegründet. Neben den üblichen drei Gelübden – Armut, Ehelosigkeit und Gehorsam – verpflichten sich die **Jesuiten** zu besonderem Gehorsam gegenüber dem Papst. Sie spielten eine maßgebliche Rolle in der Auseinandersetzung mit dem Protestantismus und bei der Durchsetzung der katholischen Reform, nicht zuletzt durch ihre prägende Stellung im katholischen Bildungswesen.

In den antijesuitischen Kreisen fanden bald auch die Lehren des Bischofs von Ypern, Cornelius Jansen, breite Resonanz. Jansen, der sich selbst als Teil der katholischen Reformbewegung verstand, verfocht anders als die Jesuiten eine an Augustinus von Hippo orientierte, die Bedeutung menschlicher Werke für die Erlösung leugnende Gnadenlehre. Nach dem Tod des Bischofs wurden seine Lehren zum Ausgangspunkt einer Bewegung, deren Mittelpunkt bald das Zisterzienserinnenkloster Port Royal bei Versailles wurde. Von der spirituellen und intellektuellen Kraft der sogenannten Jansenisten, die nach einer Verinnerlichung des Glaubens strebten und durch ihre asketische Lebensführung beeindruckten, ging eine große Anziehung zumal auf Gebildete aus. Ihnen standen u. a. der Mathematiker und Philosoph Blaise Pascal und der Dramatiker Jean Racine nahe.

Besonders umstritten war die Frage, in welchem Maße sich auch die königliche Politik im Innern und Äußern an den Zielen der katholischen Reform orientieren sollte. Seit dem Tod Heinrichs IV. gewannen jene, die für eine dezidiert katholische Politik eintraten, rasch an Einfluss, zumal Maria von Medici, die Witwe des ermordeten Königs und zeitweilige Regentin, ihre Auffassung teilte (II.3.a; III.1.b). Seit den 1620er Jahren bildeten einflussreiche Vertreter dieser Richtung eine gut organisierte und vernetzte „Partei", der u. a. der Siegelbewahrer Michel de Marillac und Kardinal Pierre de Bérulle, wie Marillac Mitglied des königlichen Rates, angehörten. Die von ihren Gegnern spöttisch als Frömmlerpartei (*parti des dévots*) bezeichnete Gruppe wurde v. a. vom Ersten Minister Ludwigs XIII., Kardinal Richelieu, bekämpft. Richelieu war selbst Anhänger der katholischen Reform und setzte sie nach 1615 als einer der ersten französischen Bischöfe in seiner Diözese Luçon konsequent um; auch bekämpfte er in den 1620er Jahren die politische Sonderstellung der Hugenotten. Eine primär an religiös-konfessionellen Werten ausgerichtete Politik aber lehnte er ab. Im Machtkampf mit den *dévots* gelang ihm 1630 im Zuge der *journée des Dupes* (Tag der Geprellten) die Entmachtung seiner Gegner (III.1.b; III.2.a) – ein Schlag, der deutlich macht, dass die Anhänger der katholischen Reform in Frankreich keine homogene Gruppe darstellten. Doch auch nach der Zerschlagung der *dévots* fanden sich zahlreiche Katholiken, die versuchten, den Protestantismus mit allen nur möglichen Mitteln unterhalb des Bürgerkriegs zu bekämpfen. Ihr organisatorisches Zentrum bildete nach 1630 die kurz zuvor gegründete *Compagnie du Saint-Sacrement*, eine in ihren Strukturen an das heutige Opus Dei erinnernde Geheimgesellschaft mit etwa 4.000 Mitgliedern, die 1660 auf die Initiative von Kardinal Mazarin, Richelieus Nachfolger als Erstem Minister, aufgehoben wurde.

Spielräume für abweichende Auffassungen

Die skizzierten Gegensätze innerhalb des französischen Katholizismus und selbst unter den Befürwortern der katholischen Reform dürften dazu beigetragen haben, dass zumindest für einige Gebildete Spielräume für abweichende Auffassungen blieben. So traten in der ersten Hälfte des 17. Jahrhunderts in Frankreich nicht wenige Schriftsteller und Philosophen hervor, die bereits von ihren Zeitgenossen als Freigeister (*Libertins*) bezeichnet wurden – darunter etwa Pierre Gassendi, ein von Richelieu unterstützter Geistlicher und Philosoph, einer der Vordenker des Materialismus. Später war es dann einem Autor wie Molière unter dem ausdrücklichen Schutz Ludwigs XIV. möglich, sich auf der Bühne über die Heuchelei vieler *dévots* lustig zu machen. Dass in der französischen Gesellschaft des 17. Jahrhunderts noch weit radikalere Tabubrüche möglich waren, zeigen anonym publizierte Schriften wie die *École des filles* (1655) und der *Theophrastus redivivus* (1659), die jeweils als eine der ersten pornographischen bzw. konsequent atheistischen Schriften der Neuzeit gelten. Diese Beispiele ändern freilich nichts daran, dass die französische Gesellschaft in ihrer Gesamtheit wohl zu keinem Zeitpunkt der Geschichte so stark vom Gedankengut der katholischen Kirche geprägt war wie zum Ende des 17. Jahrhunderts.

b) Das Bildungswesen

In keinem anderen Bereich kann man den Kampf um die Überzeugungen deutlicher fassen als im Schulwesen. Dies gilt zumal für das Primarschulwesen, das vor dem 16. Jahrhundert kaum existierte. Die Kirche als bei weitem wichtigste Bildungsinstitution konzentrierte sich bis dahin in erster Linie darauf, Nachwuchs für den Klerus heranzuziehen. Zu diesem Zweck unterhielt sie in Städten kleine Grammatikschulen, an denen Jungen im Alter von etwa 7 bis 15 Jahren neben Lesen und Schreiben v.a. die Grundlagen der lateinischen Sprache vermittelt wurden. Hatten sie diese Schule erfolgreich durchlaufen, wechselten sie in eine Klosterschule oder an die Artistenfakultät einer Universität, die ein philologisch-philosophisches *studium generale* bot. In der weithin oralen ländlichen Gesellschaft hingegen beschränkten sich die Gemeindepfarrer darauf, ihre Messdiener für den Dienst im Altarraum zu instruieren. Begabte Jungen wurden womöglich in die Stadt geschickt, um die geistliche Laufbahn anzustreben; die übrige Landbevölkerung kam nie mit Versuchen systematischer, institutionalisierter Wissensvermittlung in Berührung.

Ausbau des Primarschulwesens

Im Zeitalter der konfessionellen Konfrontation erkannten zunächst die Protestanten die Bedeutung des Elementarschulwesens für die Verbreitung ihrer Lehren, wobei die französischen Calvinisten, die meist eine Minderheit darstellten, den Unterricht in ihren Gemeinden organisierten. Sie waren dabei so erfolgreich, dass in Gegenden mit protestantischer Bevölkerung bis weit ins 18. Jahrhundert die Lese- und Schreibfähigkeit deutlich über jener ausschließlich katholischer Gegenden lag. Doch auch das Konzil von Trient wusste um die Bedeutung der Primarschulen und sah deren Ausbau vor – ein Beschluss, der in Frankreich allerdings nur langsam umgesetzt wurde. Erst im 17. Jahrhundert kam es in breitem Umfang zur Gründung von *petites écoles* durch kirchliche oder weltliche Gemeinden, v.a. in den Städten. Nun befasste sich auch die königliche Politik mit Primarschulen; 1698 verlangte eine königliche *déclaration*, dass in allen Kirchengemeinden solche Schulen eingerichtet werden. Der Schulbesuch blieb aber noch lange lückenhaft, zumal vielerorts Schulgeld erhoben wurde.

Alphabetisierung

Die Konsequenzen der Ausweitung des Primarschulwesens für die Lese- und Schreibfähigkeit der französischen Bevölkerung lassen sich nicht genau bestimmen. Für den Beginn der Neuzeit geht die französische Forschung davon aus, dass kaum 10% der Bevölkerung lesen und schreiben konnten – eine Zahl, die im Laufe des 16. Jahrhunderts nur geringfügig gestiegen sein dürfte. Im 17. Jahrhundert ist dann (v.a. in der zweiten Jahrhunderthälfte) ein deutlicher Anstieg festzustellen, so dass um die Wende zum 18. Jahrhundert etwas mehr als 20% der Bevölkerung alphabetisiert gewesen sein dürften (1789 waren es etwa 35%). Allerdings variieren die Zahlen stark. Zunächst differieren sie zwischen Stadt und Land. So lag der Alphabetisierungsgrad in Paris in der zweiten Hälfte des 17. Jahrhunderts bereits bei 75%, in Rouen immerhin bei 57%. Ferner war die Alphabetisierung nördlich einer Linie von Saint-Malo nach Genf deutlich höher als im Zentrum, im Westen und im Süden. Unübersehbar variierte die Lese- und Schreibfähigkeit auch mit dem verfügbaren Einkommen. Schließlich gab es erhebliche Unterschiede zwischen Männern, die gegen Ende des 17. Jahrhunderts im Durchschnitt zu etwa 28% lesen und schreiben konnten, und Frauen, denen dies nur in 14% der Fälle möglich war, was damit erklärt werden kann, dass Mädchen an vielen Primarschulen nicht zugelassen wurden.

Sekundarschulen

Bei den Sekundarschulen, an denen etwa 12 bis 18 Jahre alte Schüler unterrichtet wurden, die bereits lesen und schreiben konnten und zudem über solide Grundkenntnisse der lateinischen Sprache verfügten, sind entscheidende Weichenstellungen bereits vor Beginn des 17. Jahrhunderts erfolgt. Der vorherrschende Schultyp des Kollegs ging aufs Spätmittelalter zurück, als sich zunächst an einigen Universitäten – u.a. an der Universität Paris – für das Studium an der Artistenfakultät ein stark „verschulter", den Stoff nach Klassen systematisch organisierender Unterricht durchsetzte. Nachgeahmt wurde dieser *modus parisiensis* nicht nur an Universitäten, sondern auch an neu entstehenden höheren Schulen. Dieser Schultyp, der v.a. eine sprachlich-rhetorische Ausbildung vermittelte, fand überall in Europa breite Resonanz. Er wurde zum Modell für zahlreiche städtische Schulgründungen, diente aber auch protestantischen und katholischen Schulreformern als Vorbild, die ihn im Sinne eines konfessionell geprägten Schulhumanismus weiterentwickelten.

1598 gab es in Frankreich neben 14 protestantischen etwa 100 katholisch geführte Kollegien, die sich in der Trägerschaft der jeweiligen Städte oder katholischer Ordensgemeinschaften befanden; auch gemischte Trägerschaft, die besondere Unterstützung des Königs einschließen konnte, war nicht selten. Unabhängig von der Trägerschaft übernahmen seit dem Beginn des 17. Jahrhunderts zunehmend katholische Ordensgeistliche den Unterricht – auch hier ist also eine wachsende Indienstnahme durch die Kirche zu beobachten. Bis zur Jahrhundertmitte nahm die Zahl der katholischen Kollegien in erster Linie dank zahlreicher Neugründungen der Jesuiten und der **Oratorianer** weiter zu, um danach nur noch langsam zu steigen. Gegen Ende der Regierungszeit Ludwigs XIV. verfügten etwa 200 Städte über (nach 1685 durchweg katholische) Kollegien, an denen insgesamt etwa 60.000 Schüler unterrichtet wurden, zwei Drittel davon an Jesuitenkollegien. Unter den Schülern der Kollegien waren fast keine Söhne aus unterbäuerlichen Schichten, doch stammte, wenn man die Ergebnisse von Einzelstudien verallgemeinern kann, immerhin ein Viertel aus Händler- und ein weiteres Viertel aus Handwerker- und Bauernfamilien.

E

Die **Oratorianer** sind eine Priestergemeinschaft, die 1575 von dem italienischen Priester Filippo Neri mit dem Ziel gegründet wurde, Gottesdienst und Seelsorge zu verlebendigen. Die 1611 von Kardinal Bérulle gegründeten französischen Oratorianer bildeten eine eigenständige Organisation mit einem eigenen Oberen. Sie taten sich vor allem im Schulwesen hervor.

Universitäten

Anders als im Primar- und Sekundarschulbereich hat der Unterricht an den französischen Universitäten zu Beginn der Neuzeit keinen grundlegenden Wandel erlebt. Zwar wuchs auch die Zahl der Studenten, zumal spätestens seit dem 16. Jahrhundert für viele Ämter in der königlichen Verwaltung und der Kirche ein Universitätsabschluss erforderlich war, doch orientierten sich Organisation, Studienaufbau und Studieninhalte auch im 17. Jahrhundert noch an dem im Spätmittelalter entwickelten Modell. An den ursprünglich 14, zu Ende des Jahrhunderts 18 französischen Universitäten wurden Kurse an den vier traditionellen Fakultäten, der theologischen, der medizinischen, der juristischen und der Artistenfakultät angeboten. In den drei höheren Fakultäten dominierte auch im 17. Jahrhundert noch die Lektüre eines kleinen Corpus kanonischer Texte – eine Methode, die seit der Verbreitung des Buchdrucks an sich veraltet war. Die Universitäten waren nirgendwo in Europa besonders fortschrittsorientiert, doch im Vergleich zu niederländischen und deutschen Hochschulen zumal der zweiten Hälfte des 17. Jahrhunderts waren die französischen Hochschulen bemerkenswert konservativ. Dies hinderte einzelne Fakultäten wie die medizinische Fakultät in Montpellier, die juristische in Toulouse und die theologische in Paris nicht daran, europaweit bekannt und geachtet zu sein. So besuchten noch bis ins 18. Jahrhundert viele junge deutsche Adlige französische Universitäten im Zuge ihrer Kavalierstour. Die großen Entdeckungen der wissenschaftlichen Revolution und die neuen Debatten der sich abzeichnenden Aufklärung indes fanden an anderer Stelle statt: im Umfeld der Jansenisten von Port Royal, in den entstehenden Salons, in privaten Zirkeln und in der 1666 von Colbert ins Leben gerufenen Akademie der Wissenschaften.

c) Druckmedien und Zensur

Seit der Medienrevolution des 16. Jahrhunderts waren Druckerzeugnisse die Leitmedien der öffentlichen Kommunikation. Nirgendwo spiegelte sich der Wandel der Vorstellungen und Überzeugungen der Zeitgenossen deutlicher; durch nichts konnten sie aber auch effektiver beeinflusst werden.

Der Markt der Druckerzeugnisse war vielfältig. Er umfasste Folianten ebenso wie kleinformatige religiöse Stundenbücher, Ausgaben klassischer Autoren und Lehrbücher ebenso wie tagesaktuelle Flugblätter und Flugschriften, Plakate aller Art ebenso wie (seit der Gründung der Wochenzeitung *Gazette* 1631) Periodika. Die Inhaber von Druckereien, die nicht selten auch Buchhändler waren oder für einzelne Buchhändler produzierten, gingen große wirtschaftliche Risiken ein, da sie hohe Investitions-, Personal- und Materialkosten tragen mussten, ohne ihren Absatz langfristig planen zu können. Bedenkt man zudem die ungünstige gesamtwirtschaftliche Entwicklung (I.4.a), mag überraschen, dass zumindest in der ersten Jahrhunderthälfte die meisten französischen Buchdrucker auf ihre Kosten kamen. Dies erklärt sich z. T. aus einer (hauptsächlich von der Nachfrage nach religiösen Texten getragenen) Steigerung des Absatzes, die freilich v. a. größeren Druckereien zugute kam. Die kleinen Betriebe überlebten oft durch die Herstellung aktueller Flugblätter und Plakate, die relativ geringe Mittel band. In der zweiten Jahrhunderthälfte verschlechterte sich indes die Situation kleiner Betriebe, da der Markt für politische Flugblätter schrumpfte.

Einflussnahme der Krone

Die Veränderungen des Markts für Druckerzeugnisse nach 1650 waren maßgeblich geprägt von Versuchen der Krone, auf die im Druck veröffentlichte Meinung Einfluss zu nehmen. Neben der Gründung einer eigenen *imprimerie royale* (1640) und Bestrebungen, durch von ihr selbst veranlasste oder unterstützte Veröffentlichungen für ihre Interessen und Ziele zu werben (I.5.d), bildete die Kontrolle der Druckproduktion ein zentrales Anliegen der Krone. So vergab der König bereits seit dem Beginn des 16. Jahrhunderts Druckprivilegien, um Raubdrucke zu verhindern. 1537 führte Franz I. das *dépôt légal* ein. Fortan mussten von jedem in Frankreich gedruckten Buch zwei Exemplare an die königliche Bibliothek abgeführt werden, was einerseits die Bibliothek des Königs vergrößerte, andererseits aber auch der Kontrolle diente. Seit den 1560er Jahren ergingen zudem wiederholt Gesetze, die eine generelle Zensur vorsahen, und Ordnungen, die nach und nach überall im Land auf die innere Organisation des Druckhandwerks Einfluss nahmen. Zu Beginn des 17. Jahrhunderts wurden in Paris alle in der Herstellung und im Vertrieb von Druckwerken tätigen Berufe in einer Korporation zusammengefasst, die unter der Aufsicht der königlichen Verwaltung stand.

Kontrolle und Zensur

Trotz dieser Ansätze gelang es der Krone lange nicht, den Markt für Druckerzeugnisse zu kontrollieren. So wurde das *dépôt légal* nur teilweise befolgt; um Druckprivilegien suchten v.a. die Anbieter teurer Bücher nach, die sich davon zusätzliches Prestige erhofften.

Was die königliche Zensur angeht, wurden die betreffenden Gesetze zunächst unter dem Druck entsprechender Entwicklungen in der katholischen Kirche erlassen, die bestrebt war, alle religiösen Texte inhaltlich zu überprüfen. Mit dem 1559 erstmals veröffentlichten *Index librorum prohibitorum*, dem Verzeichnis aller Schriften, deren Besitz oder Lektüre Katholiken bei Strafe der Exkommunikation verboten war, und den parallel dazu erlassenen Zensurregeln erhob sie gar den Anspruch, die einzig legitime Instanz für die Kontrolle von Druckwerken zu sein. Das französische Königtum, das traditionell seine Eigenständigkeit gegenüber der römischen Kirche betonte, konnte diesen Anspruch nicht gelten lassen und versuchte deshalb, seine eigenen Rechte als Zensurinstanz zu unterstreichen.

In der Praxis freilich waren die Kontrollen durch die königliche Administration bis weit ins 17. Jahrhundert wenig effektiv. Die Oberaufsicht über die Zensur hatte der Kanzler als Leiter des königlichen Justizwesens (I.6.b) inne, doch die konkreten Entscheidungen wurden von einer Vielzahl unterschiedlicher Instanzen getroffen. Oftmals waren dies lokale Gerichte ohne jede Kompetenz für die Beurteilung der Inhalte; gelegentlich schalteten sich aber auch einzelne Obergerichte ein. Bei Veröffentlichungen mit religiösem Inhalt konnten auch theologische Fakultäten, allen voran die Sorbonne, eine Verurteilung aussprechen oder aber ein positives Gutachten ausstellen, was wiederum nicht selten den Widerspruch jesuitischer Theologen oder des von Jansenisten dominierten Pariser *parlement* nach sich ziehen konnte. In der Regel setzte ein Verbot voraus, dass gegen ein Werk von einer interessierten Privatperson oder Institution geklagt wurde. Die systematische Durchsicht aller gedruckten Texte vor der Veröffentlichung war schon mangels kompetenter Zensoren nicht möglich.

Anonym veröffentlichte Werke, dazu gehörte die Mehrzahl der nicht in Buchform erscheinenden Publikationen, riskierten ohnehin kaum Sanktionen. Gelegentlich kam es zwar schon in der ersten Jahrhunderthälfte zu Verfolgungswellen, bei denen sogar, wie etwa um 1620 unter der Federführung des Herzogs von Luynes (III.1.b), einzelne Autoren und Drucker regierungs- und kirchenkritischer Pamphlete hingerichtet oder zu Galeerenstrafen verurteilt wurden. Solche Aktionen erforderten aber einen hohen Aufwand und zielten auf Abschreckung ab, nicht auf systematische Bestrafung. Immerhin gelang es der Krone in den 1630er Jahren, die Aufsicht über den Druckmarkt zu verschärfen. Doch als während der *Fronde* zwischen 1648 und 1653 mehr als 4.000 kritisch-satirische Flugschriften gegen den Leitenden Minister Mazarin erschienen, war an Kontrolle oder gar an eine Verfolgung der (nicht selten von mächtigen Auftraggebern gedeckten) Autoren nicht zu denken. Nach der *Fronde* gelang es der Krone dann aber in wachsendem Maße, die im Druck veröffentlichte Meinung zu kontrollieren. Gewiss, auch Ludwig XIV. wurde, zumal in den letzten Jahrzehnten seiner Regierung, in Druckwerken kritisiert und verspottet, doch waren Anzahl und Verbreitung dieser Schriften in nichts vergleichbar mit den Pamphleten gegen Heinrich III. oder Mazarin.

Veränderungen der Zensurpraxis

Dies hatte zunächst damit zu tun, dass nun Veränderungen der Zensurpraxis griffen, die gegen Ende der 1630er Jahre eingeführt worden waren. Nachdem Pläne gescheitert waren, die neu geschaffene *Académie* mit Zensuraufgaben zu betrauen, beauftragte Kanzler Séguier königliche Notare und Sekretäre, die über eine ausreichende Bildung verfügten, mit der systematischen Lektüre neu erschienener Schriften zu sensiblen Themen. Unter Ludwig XIV. wurde zudem eine direkt dem Kanzler unterstellte Fachabteilung für Zensurfragen, die *direction de la Librairie*, gebildet, die u.a. mit einigem Erfolg die Einhaltung des königlichen Druckprivilegs überwachte. Ferner wurde die 1667 für Paris geschaffene Sicherheits- und Ordnungspolizei beauftragt, ein Auge auf alle dort eingeführten Druckwerke zu werfen – eine Aufgabe, die sie mit beträchtlichem Erfolg erledigte.

Neben diesen administrativen Reformen sorgten informelle Maßnahmen dafür, dass der Einfluss der Krone zumal auf die Pariser Druckereien wuchs. So intensivierte die königliche Verwaltung ihre Kontakte zu der zu Beginn des Jahrhunderts geschaffenen Pariser Korporation des Druck- und Buchwesens und sorgte dafür, dass kleine und als unzuverlässig eingeschätzte Betriebe keine Zulassung mehr erhielten. Andererseits vergab die königliche Verwaltung Druckprivilegien für gut verkäufliche Klassiker und Standardwerke nur an besonders kooperative Betriebe.

All diese Maßnahmen haben aber kein System perfekter Überwachung und Kontrolle geschaffen. Dafür sorgte schon die Tatsache, dass sich die mit der Zensur befassten Personen und Instanzen auch weiterhin häufig uneinig waren und nach uneinheitlichen Kriterien arbeiteten. Dafür sorgte ferner, dass die skizzierten Maßnahmen in der Provinz weniger wirksam waren als in Paris. Dafür sorgte schließlich, dass der Schmuggel ausländischer Drucke nach Frankreich nicht unterbunden werden konnte. Viele Druckbetriebe in den Niederlanden, im Reich, in der Schweiz und in England spezialisierten sich auf die Herstellung solcher Schmuggelware – ein Geschäft, das dann nach 1715 im Zeichen der Aufklärung einen weiteren Aufschwung nahm. Dennoch kann man nicht leugnen, dass die Möglichkeiten der Krone, unliebsame Veröffentlichungen zu unterbinden, am Ende des 17. Jahrhunderts weit größer waren als zu dessen Beginn.

d) Die Informationspolitik der Krone

Die Verhinderung unliebsamer Meinungsäußerungen war indes nur eine Seite des Kampfes um die Überzeugungen der Franzosen; mindestens ebenso wichtig war es aus Sicht der Krone, ihnen ein positives Bild des Königs und der Monarchie insgesamt zu vermitteln. Hinzu kam die Aufgabe, Entscheidungen und Gesetze des Königs und der königlichen Verwaltung jenen, die sie anwenden und achten sollten, bekannt zu machen.

Mediale Vermittlung der Monarchie

In Frankreich war bereits seit dem Spätmittelalter die Bedeutung direkter, persönlicher Treueverhältnisse als Konstitutionselement von Herrschaft zurückgegangen. Je weniger Herrschaft auf personalen Beziehungen beruhte, desto mehr bedurfte sie der medialen und institutionalisierten Vermittlung von Informationen. Dass dabei der Informationsfluss nicht nur von oben nach unten verlief, sondern dem Versuch, ein möglichst positives Bild von der Monarchie zu vermitteln, das Bestreben korrespondierte, ein möglichst genaues Bild von Land und Untertanen zu gewinnen, ist in den Kapiteln über Bevölkerung (I.2) und Wirtschaft (I.4) bereits angeklungen. Ebenso ist zu bedenken, dass die Adressaten der königlichen Informationspolitik nicht willen- und kritiklos übernahmen, was ihnen vermittelt wurde, sondern zustimmend oder ablehnend, interessiert oder desinteressiert, kritisch oder unkritisch darauf reagieren konnten. Wie auch immer die Reaktion ausfiel – die im weitesten Sinne mediale Vermittlung der Monarchie und ihres Handelns bildete die Grundlage für das Verhältnis von Monarch und Untertanen und letztlich für das Bewusstsein, Franzosen zu sein.

Früher als die meisten europäischen Monarchen waren die französischen Könige legislatorisch tätig. Nach Anfängen im 12. Jahrhundert nahm die Zahl ihrer legislativen Akte seit dem 13. Jahrhundert geradezu explosionsartig zu. Sie füllen in einer bis zum Tod Ludwigs XII. (1515) reichenden Edition immerhin 21 Bände; im 16. und 17. Jahrhundert wuchs die Zahl der Gesetze weiter. Hinzu kamen Vorschriften, Regelungen und Gesetze lokaler Amtsträger, die von der Krone grundsätzlich als Ausfluss einer vom König verliehenen Gewalt gedeutet wurden, auch wenn die lokalen Normgeber tatsächlich über erhebliche Autonomie beim Erlassen von Normen verfügten. Jedenfalls musste der Bevölkerung regelmäßig eine große Zahl an Regeln und Gesetzen in einem konkreten Akt bekannt gemacht werden, zumal nach dem Verständnis der Frühneuzeit in der Regel die tatsächliche Kenntnis einer Gesetzesnorm Voraussetzung dafür war, dass man ihre Einhaltung verlangen konnte.

Gesetzespublikation

Die Gesetzespublikation folgte dabei festen Regeln. Königliche Gesetze wurden nach der Registrierung durch die Obergerichte an festgesetzten Orten öffentlich von Amtsträgern des Königs laut verkündet, nachdem zuvor durch Trompetensignale auf die bevorstehende Verkündung aufmerksam gemacht worden war. Anschließend wurden sie an exponierten Stellen auf Plakaten angeschlagen. Anstelle der Verkündung durch königliche Amtsträger, z. T. aber auch ergänzend dazu, wurden Gesetze von den Gemeindepfarrern beim sonntäglichen Gottesdienst verlesen; auch die Publikation auf Handzetteln oder in Heftchen war üblich. Unabhängig von der Befolgung der Gesetze kann nicht bezweifelt werden, dass ihr Erlass und ihre Publikation Akte darstellten, denen die Funktion zukam, Herrschaft sichtbar zu machen und zugleich die Rolle des Königs als Hüter, wenn nicht gar Stifter guter Ordnung vorzustellen bzw. in Erinnerung zu rufen.

Zudem war es üblich, dass auch für die Monarchie wichtige Ereignisse wie Hochzeiten und Geburten in der Königsfamilie, aber auch Siege französischer Armeen, Friedenschlüsse und Ähnliches öffentlich ausgerufen wurden. Soweit es sich um positive Ereignisse handelte, wurden die Pfarrer angewiesen, einen Dankgottesdienst abzuhalten und das *Te Deum* singen zu lassen. Zu den zentralen „Informationszeremonien" (Michèle Fogel) der Monarchie gehörten ferner seit dem Mittelalter die feierlichen Einzüge des Königs in seine „guten Städte", bei denen er symbolisch von ihnen Besitz ergriff und in der Regel ihre Privilegien bestätigte. Sie spielten als dramaturgisch kunstvolle Inszenierungen und rituelle Bekräftigungen der Bindungen zwischen dem Monarchen und der jeweiligen Stadt eine wichtige Rolle und prägten die Erinnerung und das politische Bewusstsein der jeweiligen Stadtbevölkerung nachhaltig.

Einflussnahme durch Förderung

Neben der direkten Ansprache der Bevölkerung verfügte die Krone traditionell über erhebliche Möglichkeiten der Beeinflussung der veröffentlichten Meinung durch die Förderung von Autoren oder Bestellung von Auftragsarbeiten. Bereits im Spätmittelalter zahlten französische Könige einzelnen Geschichtsschreibern ein Gehalt als *historiographes du roi*. Im Laufe des 17. Jahrhunderts wurde dieses Amt immer häufiger vergeben, so an Théophraste Renaudot, einen vielseitig begabten Arzt und Journalisten, der die erste Wochenzeitung Frankreichs herausbrachte und sie zum Sprachrohr der Richelieu'schen Politik machte, aber auch an Jean Racine, einen der bedeutendsten Dichter und Theaterautoren der französischen Klassik. Zudem wurden zahlreiche weitere Stellen oder Pensionen geschaffen, um sich der Loyalität begabter Autoren zu versichern – von den 1630er Jahren an war die überwiegende Mehrheit der namhaften Schriftsteller mehr oder minder eng an die Krone gebunden. Auch die Schaffung der *Académie française* durch Richelieu im Jahre 1635 ist in diesem Kontext zu sehen; ihre 40 Gründungsmitglieder waren alle auf die eine oder andere Weise Partei- und Kostgänger des Kardinals. Ehe man dies moralisch verurteilt, sollte man bedenken, dass Schriftsteller im 16. und 17. Jahrhundert in der Regel ohne die besondere Unterstützung eines mächtigen Förderers nicht existieren konnten. Dies schloss Kritik keineswegs aus – der *Académie* verschaffte zudem ihre rechtliche Verfasstheit und ihr quasi korporativer Charakter ein erhebliches Maß an Unabhängigkeit. Während die Könige des 16. Jahrhunderts eine zwar hervorgehobene, aber keineswegs einzigartige Rolle unter den hochadligen Mäzenen spielten, traten sie seit den 1630er Jahren mehr und mehr als alleinige Förderer von Schriftstellern und anderen Künstlern auf.

Öffentliche Debatten

Dem korrespondierte eine allgemeine Veränderung der öffentlichen Debatte. In der zweiten Hälfte des 16. Jahrhunderts war in Frankreich vor dem Hintergrund der Religions- und Bürgerkriege und der häufigen Generalstände und Notabelnversammlungen eine vielstimmige, kontroverse und produktive öffentliche Debatte über politische, juristische und historische Fragen geführt worden. Die Krone hatte sich – zeitweilig nicht ohne Erfolg – an dieser Debatte beteiligt: indirekt durch Beiträge ihr nahestehender Autoren, gelegentlich aber auch direkt durch bedeutende öffentliche Reden etwa des Kanzlers L'Hospital oder Heinrichs III., der wie kein anderer französischer König das humanistische Ideal verkörperte, dass politische Führungskraft sich in fesselnder öffentlicher Rede manifestierte. Nach dem Ende der Religionskriege änderten sich indes die Themen der öffentlichen Debatte. Kontroverse Auseinandersetzungen um politische Themen galten zunehmend als Ausdruck der Unordnung und des Chaos. In der *Fronde* flackerte die politische Debatte noch einmal auf, doch war dies eher ein Strohfeuer, dem bis zum Ende der Herrschaft Ludwigs XIV. keine auch nur im Ansatz vergleichbare öffentliche Diskussion über politische Themen mehr folgte, obschon nicht wenige Zeitgenossen zumal die letzten Regierungsjahre dieses Königs kritisch beurteilten. Dies lag daran, dass unter dem Sonnenkönig – wie dargestellt – die Zensur weit wirkungsvoller gehandhabt wurde als je zuvor. Es lag aber auch daran, dass dieser König das von Richelieu geschaffene informationspolitische Instrumentarium weiter verfeinerte und mit großer Finesse handhabte (vgl. III.3.a und III.3.b).

6. Monarchie, Institutionen, „Staat"

a) Das Königtum

Erbmonarchie

Anders als das Heilige Römische Reich, das bis zu seinem Ende Wahlmonarchie war, entwickelte sich Frankreich im Mittelalter zur Erbmonarchie mit männlicher Primogenitur. Alle französischen Könige bis 1789, ja bis 1848, waren direkte Nachkommen Hugos I. aus dem Geschlecht der Robertiner (*Robertiens*), der als Nachfolger des letzten Karolingers, Ludwigs V., von 987 bis 996 französischer König war. Nach seinem Beinahmen *Capet*, der darauf hinwies, dass die Robertiner den Umhang des Heiligen Martin als Reliquie besaßen, nannte man seine Nachkommen Kapetinger (*Capetiens*).

Dass die Kapetinger über 800 Jahre lang die französischen Könige stellen würden, war um 1000 nicht abzusehen. Es gab keine Urkunden, die bestimmten, wie die Krone weiterzugeben war, doch es war allgemein üblich, dass beim Tod eines Königs die Großen des Landes, die Herzöge, die mächtigen Grafen und die übrigen Kronvasallen, den Nachfolger bestimmten. Hatte der verstorbene König einen Sohn, der geeignet schien, hatte er zudem zuvor entsprechende Vorkehrungen getroffen, war es wahrscheinlich, dass die Wahl auf diesen Sohn (bei mehreren Söhnen meist auf den ältesten) fiel. Auch im Reich wurden mehrfach nacheinander Angehörige eines Geschlechts zu Kaisern gewählt, doch kam es hier nicht zur langfristigen Etablierung einer Dynastie, und 1356 wurde definitiv in einer Urkunde das Wahlrecht der sieben Kurfürsten fixiert. In Frankreich hingegen sorgten Zufälle, aber auch die geschickte Politik der Kapetinger dafür, dass über viele Jahrhunderte stets der jeweils älteste Sohn des verstorbenen Königs zu dessen Nachfolger erhoben wurde – eine Praxis, die zur verbindlichen Regel wurde. Spätestens unter Ludwig IX. (1226–1270) bezweifelte kaum mehr jemand, dass die Krone auf dem Wege der dynastischen Erbfolge jeweils an den ältesten Sohn übertragen wurde.

Zu Schwierigkeiten kam es 1316, als erstmals seit Hugo I. ein französischer König ohne männlichen Erben starb (Ludwig X.). Nun entschieden sich die Großen des Reiches für den Bruder des Königs, Philipp V., statt für seine erst fünfjährige Tochter. 1328 trat dann ein noch schwierigerer Fall ein, als mit Karl IV., einem weiteren Bruder Ludwigs X., auch der letzte Kapetinger, dessen Vater bereits König gewesen war, ohne männlichen Erben starb. Die Großen des Reichs entschieden sich für Philipp VI. aus dem Hause Valois, während sie Eduard III. von England, der an sich näher mit der kapetingischen Hauptlinie verwandt war, ablehnten. Die Gründe waren politischer Natur; die Großen des Reiches lehnten einen ausländischen König, der noch immer über riesige Lehen im Westen Frankreichs verfügte, ab. Doch man fand dafür die erbrechtliche Begründung, Frauen könnten nicht einmal einen Erbanspruch übertragen. Eduard von England stammte nämlich über seine Mutter von der kapetingischen Hauptlinie ab, Philipp VI. hingegen über seinen Vater.

Salisches Gesetz

Politisch bildete diese Entscheidung eine der Hauptursachen des Hundertjährigen Kriegs zwischen Frankreich und England (1337 bis 1453). Verfassungsrechtlich führte sie zur Etablierung des sogenannten Salischen Gesetzes (*loi salique*). Unter Berufung auf das um 510 aufgezeichnete Volksrecht eines fränkischen Stammes, das Frauen von der Vererbung von Grund und Boden ausschloss, wurde für die Krone Frankreichs jegliche Form der weiblichen Erbfolge ausgeschlossen – eine juristisch durchaus fragwürdige Konstruktion, die dennoch schon bald als fundamentales Gesetz der Monarchie galt.

Gleichwohl hat es in den folgenden Jahrhunderten dynastische Krisen gegeben: so während des Hundertjährigen Krieges, als der geistig umnachtete König Karl VI. seinen eigenen Sohn enterbte und um des Friedens willen den englischen König Heinrich V. zum Erben einsetzte – eine Krise, in der sich der französische Thronfolger, unterstützt von Johanna von Orléans, schließlich durchsetzte. Die letzte große Erbfolgekrise trat 1589 ein, als der letzte Valois kinderlos ermordet wurde und nach dem Salischen Gesetz mit Heinrich von Bourbon-Navarra ein Cousin 21. Grades erbberechtigt war, der in den Augen vieler Franzosen Häretiker war. Auch hier wurde nochmals versucht, mit Hilfe einer Uminterpretation des Salischen Gesetzes einem anderen Angehörigen des Hauses Bourbon die Krone zu übertragen, ehe schließlich Heinrich von Navarra durch den Übertritt zum katholischen Glauben (1593) den Weg frei machte zu einem weithin akzeptierten Königtum. Ungeachtet dieser Krisen kann man festhalten, dass das französische Königtum von der Jahrtausendwende bis zur Revolution sehr stabil war. Nirgendwo sonst in der europäischen Geschichte hat eine Dynastie so lange unangefochten regiert wie die Kapetinger mit den beiden Nebenlinien Valois und Bourbon in Frankreich.

Diese Stabilität trug wiederum dazu bei, dass sich zu Ende des Mittelalters unter den Gebildeten die Vorstellung durchzusetzen begann, neben der sterblichen Person gebe es einen unsterblichen mystischen Körper des Königs (hier gibt es Parallelen zur Vorstellung der Gesellschaft als mystischem Körper). Diese „Lehre von den zwei Körpern des Königs" erlaubte es, zwischen der Person des Königs und der Institution des Königtums zu unterscheiden bzw. sich Letztere überhaupt vorzustellen – eine wichtige Voraussetzung für die Entwicklung der Vorstellung eines abstrakten Staates.

Königsmythos

Zur Stabilität des französischen Königtums trug ein schon früh entwickelter Königsmythos bei, der bald mit der religiös-mystischen Überhöhung des als Vermittlungsinstanz zwischen göttlicher und weltlicher Ordnung dargestellten Herrscherhauses zusammenfiel. So beanspruchten die Kapetinger nicht nur, von Gottes Gnaden Könige zu sein, sondern reklamierten zudem eine religiöse Sonderstellung gegenüber allen anderen Monarchen. Sie stützten sich dabei auf Ehrentitel der Kirche wie den angeblich Chlodwig bei seiner Taufe (wohl 498) verliehenen Titel des „ältesten Sohns der Kirche" (*fils aîné de l'église*) und des „allerchristlichsten Königs" (*roi très chrétien*) – Titel, die östlich des Rheins längst in Vergessenheit geraten waren, während sie von den französischen Königen, lange mit Unterstützung des Papsttums, gepflegt und im Sinne einer sakralen Überhöhung gedeutet wurden.

Besonders deutlich zutage trat der religiös-sakrale Anspruch der französischen Könige bei Salbung und Krönung in Reims (*sacre*), einer Zeremonie, die nicht zufällig Parallelen zu einer Priesterweihe aufwies. Im Mittelpunkt stand die Salbung des Königs. Im Anschluss daran erfolgten die Überreichung der königlichen Insignien und die Krönung durch die *pairs*. Am Tag nach dem *sacre* und bei anderen feierlichen Anlässen fand der sogenannte *toucher* statt. Mit den Worten „der König berührt Dich, Gott heilt Dich" berührte der König dabei Personen, die an Skrofeln, einer tuberkulös-allergischen Erkrankung, litten. Einer Legende zufolge waren seit Robert II. (996–1031) Heilungen bezeugt; der Mythos des wundertätigen Königs (*roi thaumaturge*) blieb bis ins 18. Jahrhundert lebendig; selbst nach der Restauration 1814 versuchten die erneut eingesetzten Bourbonen ihn wiederzubeleben.

Heilsgeschichtliche Deutung

Die sakrale Stellung der französischen Könige und die ihnen zugeschriebene wundertätige Kraft wurde von der königlichen Propaganda genutzt, um die heilsgeschichtliche Bedeutung des Königtums für die Einheit Frankreichs zu beschwören. Die Überwindung von Krisen wurde dabei als Beweis für den besonderen Schutz gewertet, den die göttliche Vorsehung dem französischen Königshaus zuteil werden ließ. Nach 1610, als nacheinander zwei Könige, Heinrich III. und Heinrich IV., ermordet worden waren, wurde die Sakralität des Königs ferner systematisch genutzt, um – unter Anknüpfung an die traditionelle römisch-rechtliche Vorstellung des *crimen laesae maiestatis* – nicht nur jeden Anschlag auf die königliche Person, sondern auch jede Infragestellung seiner Autorität als Gotteslästerung zu interpretieren, die mit der Todesstrafe geahndet wurde.

Sakralität

In der Forschung ist debattiert worden, ob die Franzosen der Frühneuzeit an die Sakralität des französischen Königtums geglaubt haben. Wie weit den Quellen, die mit der Sakralität des Königs argumentierten, ein „echter" Glaube entsprach, ist schwer zu beurteilen. Dies gilt auch für die Wundertätigkeit der französischen Könige. Jener überwältigende Teil der Bevölkerung, dessen Haltung quellenmäßig nicht zu erfassen ist, dürfte die auf religiöse Überhöhung des Königs abzielenden Darstellungen und Diskurse ohnehin in ganz eigene Vorstellungen umgemünzt haben. Am ehesten wird man behaupten können, dass in der Bevölkerung eine von Faszination und einer gewissen „Gläubigkeit" geprägte Bindung an die Monarchie bestand. Sie schloss Kritik und Spott nicht aus, denn die Sakralität der Monarchie war für große Teile der Bevölkerung nicht gleichzusetzen mit Erhabenheit über menschliches Urteil. Was die Gebildeten und nicht zuletzt die Akteure der sakralen Inszenierung der Monarchie anbelangt, ist nicht auszuschließen, dass nicht wenige die Sakralität der Monarchie als eine Fiktion durchschaut und genutzt haben – doch selbst dann war die Sakralität nicht nur Folklore, weil selbst jene, die sie als Fiktion erkannten, sie nicht durchbrechen konnten, sondern ihr gemäß handeln mussten, so dass von ihr dennoch erhebliche Zwänge ausgingen.

Zu diesen Zwängen gehörte auch, dass ein französischer König katholisch sein musste und die katholische Kirche zu verteidigen hatte. Dass diese Regel nicht ohne ungeheuren Legitimitätsverlust durchbrochen werden konnte, haben Heinrich IV. und seine Berater erkannt, als sie 1593 nach Jahren des Bürgerkriegs die Weichen für eine Konversion des Königs stellten. Nach seiner Konversion handhabte Heinrich IV. den sakral aufgeladenen Mythos der französischen Monarchie durchaus geschickt. Als das Pariser Obergericht 1599 Bedenken gegen das Edikt von Nantes erhob, hielt er vor den Gerichtsräten eine Rede, die in der Behauptung gipfelte, er sei katholischer als alle Mitglieder des Gerichts, denn er sei der älteste Sohn der Kirche.

Die sakrale Überhöhung des französischen Königtums und der regierenden Dynastie erfolgte bereits im Mittelalter nicht nur mit Blick auf die Legitimation nach innen hin, sondern auch mit Blick auf die anderen europäischen Monarchen. Das Bestreben, die Erhabenheit des eigenen Fürstenamtes hervorzuheben, war allen europäischen Fürsten der Vormoderne gemeinsam, doch dürfte kaum eine Dynastie dieses Ziel so konsequent verfolgt haben wie die Kapetinger. Vorrangiges Ziel war es zunächst, den nicht sehr konkreten, aber aus französischer Sicht problematischen Anspruch des Kaisers auf eine übergeordnete Führungsrolle, auf eine „Universalmonarchie", abzuwehren. Die Könige von Frankreich bedienten sich dabei seit dem späten 12. Jahrhundert des Rates gelehrter Juristen, die als Legisten bezeichnet wurden. Sie leiteten bereits im 13. Jahrhundert den Grundsatz *rex est imperator in regno suo, qui superiorem non recognoscit* her, dem zufolge der König in seinem Reich wie ein Kaiser regierte, niemandem unterworfen war und niemandem Rechenschaft schuldete.

Auch gegenüber dem Papsttum versuchte das französische Königtum seit der Wende zum 14. Jahrhundert seine Eigenständigkeit zu betonen. *Le roi ne tient que de Dieu*, dem König ist sein Amt direkt von Gott übertragen, er hängt nur von ihm ab, so lautete der gegen Ende des 13. Jahrhunderts formulierte Rechtssatz, den französische Juristen ebenso wie die Formel von der kaisergleichen Stellung des Königs bis zum Ende des Ancien Régime stets wiederholten – eine Argumentation, die letztlich in die Vorstellung nach außen unabhängiger, souveräner Staaten eingeflossen ist.

Absolutheitsanspruch

Neben dem Anspruch auf Sakralität, Gottesunmittelbarkeit und Unabhängigkeit von anderen Monarchen spielte der Absolutheitsanspruch der französischen Könige für ihr Selbstverständnis wie für ihre verfassungsrechtliche Stellung eine zentrale Rolle. Er bestimmt bis heute unser Bild der Monarchie zumal des 17. Jahrhunderts. Der französische König war, dies ist in zahllosen offiziellen Schriftstücken und in fast allen zeitgenössischen Abhandlungen über die französische Monarchie so zu finden, ein „absoluter" Monarch. Doch was bedeutet dies?

Die absolute Gewalt war keine Erfindung des 17. Jahrhunderts. Seit dem 12. Jahrhundert wurde sie von Juristen und Theologen diskutiert. Die Diskussionen des 12. und 13. Jahrhunderts waren zunächst eher theoretischer

Natur. Sie betrafen die Frage der Allmacht Gottes (war Gott an seine eigenen Gesetze gebunden?) und einzelne Bestimmungen des römischen Rechts, das die Rechtsgelehrten seit dem 12. Jahrhundert zu den sozialen Verhältnissen ihrer Zeit in Beziehung zu setzen suchten. Im römischen Recht findet sich – neben vielen ähnlichen, aber auch gegenläufigen Formeln – der Grundsatz *princeps legibus solutus est* („Der Fürst [ursprünglich der römische *princeps*, also der Kaiser] ist von den Gesetzen entbunden"; Digesten, 1.3.31). Dieser Grundsatz wurde zunächst von kaiserlichen Juristen aufgegriffen und auf den Kaiser angewandt, bald aber auch von den französischen Legisten für ihren König reklamiert – schon deshalb, weil man sonst hätte schlussfolgern können, der französische König sei dem Kaiser untergeordnet. In der Sache ging es um das Recht des Monarchen, sich über das überkommene, von Menschen geschaffene Recht hinwegzusetzen – dies schloss auch ein, dass er überkommene Verfahren und Spielregeln nicht achten musste.

Als das französische Königtum erstarkte und der Finanzbedarf der Krone stieg, wurde aus dem theoretischen Problem allmählich ein Problem der politischen Praxis. Durfte der französische König sich über jahrhundertealte Gewohnheitsrechte hinwegsetzen? Durfte er bestehende Privilegien und Sonderrechte aufheben? Durfte er Steuern ohne Zustimmung von Ständeversammlungen erheben? Jene, die sich zu solchen Fragen äußerten, waren der Auffassung, der König sei absolut, doch verfüge er genau betrachtet über zwei Gewalten: eine reguläre Gewalt (*potestas ordinata, potestas ordinaria, puissance ordinaire*), die ihn an das überkommene Recht wie an die üblichen Verfahren und Regeln binde – und eine außerordentliche *potestas absoluta* oder *puissance absolue*, die er in dringenden Notfällen gebrauchen könne. Diese absolute Gewalt wurde als vom überkommenen Recht und den überkommenen Verfahren gelöst verstanden. Im dringenden Einzelfall war er in der Wahl seiner Mittel weitgehend frei – wobei stets betont wurde, dass der Gebrauch der absoluten Gewalt auf Einzelfälle beschränkt bleiben sollte. Darüber hinaus wurde nicht selten die Auffassung vertreten, der königliche Rat und die königlichen Obergerichte dienten ebenso wie die große Autorität der überkommenen Gesetze und Rechtsnormen als Machtbremsen (*freins*) und sorgten dafür, dass der König seine absolute Gewalt nicht missbrauche. So weit der Stand der Diskussion um die Mitte des 16. Jahrhunderts.

In der Krise der Religionskriege berief sich die Krone immer häufiger auf die absolute Gewalt des Königs, um umstrittene Entscheidungen zu rechtfertigen. Dazu gehörten zahlreiche Gesetze, die (u. a. durch den Verkauf von Ämtern) dazu beitragen sollten, die chronisch leeren Kassen zu füllen, aber auch vom König autorisierte Gewalttaten wie der Mord an 5.000 bis 10.000 Hugenotten in der Bartholomäusnacht (23./24. August 1572). Angesichts solcher Akte wurde kontrovers diskutiert, wie der Missbrauch der absoluten Gewalt des Monarchen verhindert werden könnte. Dabei wurden verschiedene Modelle einer Kontrolle der königlichen Gewalt vorgeschlagen. Diese Ansätze, wie sie in den 1570er Jahren von den hugenottischen **Monarchomachen** und in den späten 1580er und frühen 1590er Jahren von den ultrakatholischen Gegnern Heinrichs III. und Heinrichs IV. vertreten wurden, konnten sich jedoch nicht durchsetzen.

E

Der ursprünglich verunglimpfend gemeinte Begriff **Monarchomachen** (griech. „Königsbekämpfer“) geht zurück auf den Titel einer polemischen Schrift des politischen Schriftstellers William Barclay aus dem Jahre 1600. Barclay rechnete darunter alle Autoren, die Vorbehalte gegen eine unbegrenzte Königsgewalt hatten und unter bestimmten Voraussetzungen Widerstand gegen einen tyrannischen Monarchen für gerechtfertigt hielten. Der ehedem sehr weite Begriff – unter den spanische Jesuiten ebenso fielen wie schottische Protestanten – wird heute meist auf einige calvinistische Autoren im Frankreich der Religionskriege angewandt, insbesondere auf Theodor Beza, François Hotman und den Verfasser der anonym erschienenen Schrift *Vindiciae contra tyrannos.*

Bodins Modell der souveränen Gewalt

Langfristig einflussreicher war ein Ansatz, den Jean Bodin 1576 entwickelte. Bodin entwarf erstmals das Modell einer nach außen und innen unabhängigen, souveränen Gewalt. Deren Inhaber sollte prinzipiell absolut sein, er sollte mit Ausnahme weniger Grundgesetze an keine von Menschen geschaffenen Rechtsnormen, an keine Verfahren, keine Beratung, keine ständischen Organe gebunden sein. Nur eine solche ungebundene Gewalt war nach Bodin in der Lage, als über allen Gruppen und Parteien stehende Instanz die Ordnung und den Zusammenhalt des Gemeinwesens zu garantieren. Bodin ging es nicht um die Legitimierung eines Willkürregiments. Der Monarch sollte vielmehr das göttliche und natürliche Recht, das Gemeinwohl, die Prinzipien der Gerechtigkeit, der Vernunft und nach Möglichkeit auch überkommene Rechtsnormen achten. Andererseits betonte Bodin, dass allein dem Souverän ein Urteil über die Achtung dieser Prinzipien zustand und niemand berechtigt war, aus welchem Grund auch immer die Entscheidungen und Gesetze des Souveräns zu missachten.

Obwohl viele Details des Bodin'schen Ansatzes nicht rezipiert wurden, hat er die Vorstellungen der Juristen doch maßgeblich geprägt. Im 17. Jahrhundert gab es unter jenen, die sich politisch artikulieren konnten, nur relativ wenige, die bezweifelten, dass der König generell über die absolute Gewalt verfügte und dass seinen Entscheidungen und Gesetzen unbedingte Geltung zukam. Dies schloss nicht aus, dass man – wie in der *Fronde* – mit dem Argument revoltierte, man wende sich nicht gegen den Willen des Königs, sondern gegen den Einfluss falscher Berater. Ebenso selbstverständlich wurde unterstellt, der König von Frankreich berücksichtige stets die Grundsätze des guten Regiments und legitimer Herrschaft. Denn obschon nach der vorherrschenden Vorstellung niemand den König zu Entscheidungen zwingen konnte, war Frankreich doch – und darauf legten alle Zeitgenossen, die sich zur Verfassung äußerten, großen Wert – keine Tyrannis, die der Herrscher nach seinen persönlichen Interessen und Vorlieben regierte, sondern eine königliche Einherrschaft, *une monarchie royale.*

Obwohl der französische König nach den Vorstellungen des 17. Jahrhunderts von niemandem an der Durchsetzung seiner Entscheidungen gehindert werden konnte, war er in diesen Entscheidungen nicht wirklich frei. Er musste vielmehr alles tun, um ein guter König zu sein – und er wusste, dass er sich für sein Handeln vor Gott würde verantworten müssen –, auch dies ein Moment der Begrenzung seiner Handlungsfreiheit, dessen Tragweite in der heutigen, säkularen Welt leicht unterschätzt wird. Dass dem Absolutheitsanspruch keine gleichermaßen absolute Regierungspraxis entsprach, wird im Folgenden noch deutlich werden.

Lois fondamentales

Wenn die Zeitgenossen des 17. Jahrhunderts betonten, die französische Monarchie sei keine Despotie, sondern eine *monarchie royale*, verwiesen sie meist darauf, dass der König an *lois fondamentales* gebunden sei. Tatsächlich verfügte die Monarchie über Grundgesetze, doch wäre es falsch, darunter eine Verfassung im modernen Sinne zu verstehen. Dies hat weniger damit zu tun, dass sie nicht schriftlich fixiert waren, als vielmehr damit, dass vormoderne Fundamentalgesetze keine umfassenden Bestimmungen über den Staatsaufbau und die Rechte des Einzelnen gegenüber dem Staat trafen, sondern meist nur wenige zentrale Fragen der Herrschaftsverfassung regelten. Der Begriff *lois fondamentales* tauchte in den 1570er Jahren auf, als man versuchte, die Mitwirkungsrechte der Generalstände oder der Obergerichte bei der Gesetzgebung in den Rang unumstößlicher Verfassungsregeln zu erheben. Da diese Versuche scheiterten, setzte sich die Überzeugung durch, nur die Grundlagen des Königtums seien durch Grundgesetze geregelt. Ihre Zahl war freilich umstritten.

Allgemein anerkannt war eigentlich nur die *loi salique*. Sie legte die männliche Primogeniturerbfolge fest, besagte also, dass nur einer legitimen Ehe entstammende männliche Nachkommen Hugues Capets erbberechtigt waren und einen Erbanspruch übertragen konnten, mit einem Vorrang für die jeweils ältesten Söhne und ihre Nachkommen. Auf diese Weise blieben Erbfolgekriege, die etwa in England mehrfach zu Wirren führten, in Frankreich bis zur Revolution unbekannt. Das Salische Gesetz schränkte die absolute Macht des Monarchen insofern ein, als es dafür sorgte, dass der König über Krone und Königreich nicht wie ein Privatmann über sein Eigentum verfügen, ja keinerlei testamentarische Regelungen treffen konnte.

Neben dem Salischen Gesetz wurden auch andere die Grundlagen des Königtums betreffende Regelungen von den Zeitgenossen des 17. Jahrhunderts als *lois fondamentales* bezeichnet oder können, da sie regelmäßig im Rahmen feierlicher Zeremonien bekräftigt wurden, als solche gelten:

- Unmittelbar mit dem Tod eines Königs war dessen Nachfolger König mit allen damit verknüpften Herrschaftsrechten. Das Rechtssprichwort *Le Roi est mort, vive le Roi* („der König ist tot, es lebe der König") fasste dies in eine griffige Formel. Diese Regelung trug dazu bei, dass das Königtum als überpersönliche, überzeitliche Einrichtung verstanden wurde; sie schloss ein, dass Entscheidungen, Gesetze und Verträge des verstorbenen Königs nach dessen Tod in Kraft blieben, falls sie vom neuen König nicht ausdrücklich widerrufen wurden.
- Als Grundgesetz bezeichnet wurde nicht selten die bereits im Spätmittelalter durch Edikte geregelte, aber noch im 16. Jahrhundert umstrittene Volljährigkeit des Königs am Tag nach seinem 13. Geburtstag.
- Von den katholisch dominierten Generalständen der Jahre 1576/77 und 1588/89 wurde auch die Katholizität des Königs zum Grundgesetz erklärt. 1588 war dieses Prinzip sogar von Heinrich III. und den Ständedeputierten beeidet worden. Mit dem 1593 erfolgten Übertritt Heinrichs IV. zum katholischen Glauben wurde es faktisch bestätigt. Dennoch finden sich im 17. Jahrhundert kaum mehr Quellen, die dieses Prinzip als Grundgesetz bezeichnen.
- Grundgesetzlichen Rang kann man auch den beiden Eiden zuerkennen, die der König bei seinem *sacre* ablegte. Darin verpflichtete er sich, die

Kirche und ihre Privilegien (einschließlich der kirchlichen Gerichtsbarkeit) zu beschützen, die Häresie zu bekämpfen, dem Volk Frieden zu erhalten, Ungerechtigkeit zu verhindern und Recht und Barmherzigkeit walten zu lassen.

- Als Grundgesetz wurde schließlich oft die Unveräußerlichkeit der Krondomäne bezeichnet, jener Güter also, die sich im direkten Besitz der Krone befanden und nicht als Lehen ausgegeben waren. Der Grundsatz war seit dem 16. Jahrhundert anerkannt und wurde von 1566 an mehrfach gesetzlich geregelt. Dennoch gab es auch weiterhin Spielräume, um unter bestimmten Bedingungen Krongut zu veräußern. Das Prinzip an sich war aber unumstritten.

Nicht alle Grundlagen des Königtums waren indes durch *lois fondamentales* festgelegt, ja für bestimmte Bereiche fehlten eindeutige Regelungen. So war unklar, ob bei Minderjährigkeit des Königs die Königinmutter oder der älteste Prinz von Geblüt die Regentschaft übernehmen sollte. Tatsächlich wurden sowohl Ludwig XIII. als auch Ludwig XIV. als Minderjährige König; in beiden Fällen übernahm die Königinmutter die Regentschaft, was zeigt, dass Königinnen zwar von der Erbfolge, aber nicht von der Regentschaft ausgeschlossen waren. Beide Entscheidungen waren freilich umstritten, nicht zufällig kam es jeweils zu Aufständen, an denen Prinzen von Geblüt führend beteiligt waren.

Rechte und Aufgaben des Königs

Sieht man von den kurzen Formeln des Krönungseides ab, waren die Rechte und Aufgaben des Königs nirgends ausdrücklich festgelegt. Dennoch hatten die Zeitgenossen diesbezüglich recht klare Vorstellungen. Als fundamentale Aufgabe des Königs galt zunächst die Verteidigung seiner Vasallen, seiner Untertanen, seines Herrschaftsgebiets, aber auch seiner Herrschaftsrechte gegenüber Angriffen von außen. Der König hatte somit unbestritten das Recht, Kriege zu führen und Frieden zu schließen.

Als wichtigste Aufgabe des Königs im Innern seines Reiches galt traditionell seine Rolle als *grand justicier*, als oberster Gerichtsherr. Dies bedeutete einerseits, dass er unangefochten als Instanz anerkannt wurde, von der alle Gerichtsbarkeit ausging und die dementsprechend berechtigt war, jedes Gerichtsverfahren an sich zu ziehen und zu entscheiden. Als vom König herrührend galt nicht nur die *justice déléguée*, also die Amtsgewalt der königlichen Gerichte, sondern auch die bei den Städten, den Korporationen und den feudalen *seigneurs justiciers* verbliebene Gerichtsgewalt. Sie wurde mehr und mehr als vom König eingeräumte Gewalt (*justice concédée*) gedeutet, obwohl sie ursprünglich auf eigenen Herrschaftsrechten beruhte.

Aus der Rolle des Königs als *grand justicier* ergab sich auch die Pflicht, wie im Krönungseid beschworen für Gerechtigkeit und inneren Frieden zu sorgen. Diese Aufgabe schloss weite Bereiche der inneren Politik ein – weit mehr, als wir heute mit der Gerichtsgewalt verbinden. Aus der Rolle des Königs als *grand justicier* war traditionell auch seine Gesetzgebungsgewalt hergeleitet worden, die freilich im 17. Jahrhundert in der Nachfolge Bodins zunehmend als eigenständige Aufgabe, ja sogar als wichtigstes Herrschaftsrecht überhaupt dargestellt wurde.

Die Wahrnehmung seiner Aufgaben als oberster Richter und Gesetzgeber war dem König nicht freigestellt, denn die Aufrechterhaltung einer gerechten inneren Ordnung galt als Bringschuld gegenüber Gott wie den Untertanen: der König war nach einer gängigen Formel *débiteur de justice*. Die Leitvorstellungen des *grand justicier* und des *débiteur de justice* schlossen auch die Verpflichtung ein, für seine Untertanen zugänglich zu sein. Mag diese Zugänglichkeit im 17. Jahrhundert auch eingeschränkt worden sein, so blieb es doch bis zum Ende des Ancien Régime üblich, dass Untertanen sich in Bitt- und Beschwerdeschriften (*placets*) unmittelbar an den König wenden konnten.

b) Der königliche Hof

Funktionen des Hofs

Bereits in der Antike und im Mittelalter war es üblich, dass Fürsten sich mit einem größeren Personenkreis umgaben, der meist ihre Familie einschloss. Im Lateinischen wurde dieser Personenkreis mit dem ursprünglich eine Beratungs- und Gerichtshalle bezeichnenden Terminus *curia* belegt, im Französischen wurde daraus *cour*, im Deutschen bezeichnet man die Umgebung des Fürsten als Hof. Kennzeichnend für diesen Personenkreis war seit jeher eine erhebliche Funktions- und Aufgabenvielfalt. Vereinfachend kann man drei Funktionen dieser Personen unterscheiden:

- Sie dienten der Beratung und Unterstützung des Monarchen in seinen Amtsgeschäften. Aus dieser Funktion, die zunehmend von professionellen Amtsträgern übernommen wurde, hat sich im Laufe der Neuzeit herausgebildet, was wir heute als Regierung bezeichnen.
- Sie hatten die Aufgabe, die Großen des Landes an den Monarchen zu binden und ihre Loyalität zu festigen.
- Sie dienten dazu, die Größe und Bedeutung eines Fürsten, seinen Reichtum, seine Großzügigkeit, seine Integrationskraft und die Loyalität seiner Eliten zu zeigen und eine vom Fürsten und auf ihn hin geordnete soziale Wirklichkeit vorzustellen.

Entwicklung des französischen Königshofs

Betrachtet man nun die Entwicklung des französischen Königshofs seit dem Mittelalter, sind zwei Grundtendenzen erkennbar:

- Zum einen dessen zunehmende funktionale Ausdifferenzierung, also die Herausbildung abgrenzbarer Institutionen, Gremien und Corpora mit jeweils spezifischen Aufgaben. Im Laufe der Neuzeit kam es u.a. zu einer Abgrenzung der öffentlichen Regierungs- und Verwaltungsämter von den Ämtern des zivilen und militärischen Haushalts des Königs und seiner Familie. Dieser Prozess war im 17. Jahrhundert noch nicht abgeschlossen.
- Eine zweite Grundtendenz bildet das kontinuierliche Wachstum des Hofes, der von einem kaum mehr als hundert Personen zählenden Kreis zu Beginn der Herrschaft der Kapetinger zu einer regelrechten Hofgesellschaft anwuchs, die unter Ludwig XIV. einschließlich Personal etwa 20.000 Personen umfasste.

Vom reisenden zum sesshaften Hof

Mit dem Wachstum des Hofes hängt zusammen, dass er im Laufe des 17. Jahrhunderts aufhörte, durchs Land zu ziehen. Noch im 16. Jahrhundert war es üblich, dass der König mit einem Teil seines auch damals schon mehrere Tausende umfassenden Hofes durch das Land reiste – besonders in den ersten Regierungsjahren, um das Land kennenzulernen, sich der Bevölkerung und den lokalen Eliten vorzustellen und deren Huldigung entgegenzunehmen. Wenn der König bei dieser Gelegenheit eine der *bonnes villes* erreichte, war dies Anlass für einen feierlichen Einzug (I.5.d). Franz I. etwa, der 1515 die Regierung antrat, war 1516 in der Provence, 1517 in der Picardie, 1518 in Anjou und in der Bretagne, 1519 im Poitou und im Angoumois, 1519 erneut in der Picardie und 1520 in Burgund. 1564 bis 1566, nach dem ersten Religionskrieg, unternahm der gerade volljährige Karl IX. mit seiner Mutter, Katharina von Medici, und großen Teilen des Hofs eine mehr als zweijährige Reise durch ganz Frankreich, um zur inneren Befriedung beizutragen.

Auch Ludwig XIV. reiste zumal in den ersten Regierungsjahren relativ viel; er zog an die Front, hielt in zahlreichen Städten die *entrée royale* und nahm annektierte Städte wie Straßburg (1681) in Besitz. Diese Reisen erfolgten aber mit reduziertem Gefolge und waren zeitlich begrenzt. Den Lebensmittelpunkt des Königs bildete nach 1661 mehr und mehr Versailles, und hierhin folgte ihm, parallel zum Ausbau des Schlosses, der gesamte Hof. 1682 war dieser Prozess abgeschlossen, der wohl nicht nur praktischen Überlegungen geschuldet war, sondern auch symbolisieren sollte, dass der König – dem Bild der Sonne entsprechend – den unbeweglichen Mittelpunkt des Königreichs bildete.

Dass der Hof sesshaft wurde, setzte voraus, dass die Funktionen, die der König und seine höchsten Amtsträger zuvor im direkten Kontakt mit örtlichen Problemen wahrgenommen hatten, nun dank entsprechender Verwaltungsstrukturen und des amtlichen Schriftverkehrs aus der Ferne gelöst werden konnten. Herrschaft vollzog sich immer weniger im direkten Austausch zwischen Fürst und Untertanen. Die unpersönliche Staatsgewalt trat allmählich an die Stelle der persönlichen Herrschergewalt.

Versailles

Die Sicherung der Loyalität der Eliten und die symbolische Repräsentation einer vom König und auf ihn hin geordneten sozialen Wirklichkeit hat Ludwig XIV. an seinem Hof zu bis dahin ungekannter Blüte getrieben und Versailles zu einem europaweit nachgeahmten Modell gemacht. Prägend für diese Politik war wohl seine Jugenderfahrung während der *Fronde*, als der Hochadel, gestützt auf seine lokalen Netzwerke, gegen die Königinmutter und Mazarin rebellierte. Nun zog der König Adlige mit der Aussicht auf symbolische und materielle Vorteile an seinen Hof. Stellen im hohen Klerus, Gouverneurs- und hohe Offiziersstellen, Botschafterposten und Pensionen vergab er fast ausschließlich an Familien, die bei Hofe präsent waren. Daneben lockte der König mit zahlreichen Hofämtern, die dazu beitragen konnten, die Reputation der betreffenden Personen zu mehren. Hohe Adlige waren für die königliche *chambre* verantwortlich, andere für die *garde-robe*, andere für die königliche Tafel, die Pferde, die Hunde, die Falken, die Jagd. Wieder andere durften zeremonielle Aufgaben bei täglichen Verrichtungen wie dem Aufstehen (*lever*) und dem Zubettgehen (*coucher*) übernehmen.

Der König war stets öffentliche Person; seine Öffentlichkeit bestand zunächst aus den Mitgliedern des eigenen Hofes, doch das ganz Europa überziehende Netz diplomatischer Repräsentanten sorgte dafür, dass jedes auch nur halbwegs interessante Detail bald an allen Höfen bekannt war. Vor dieser Öffentlichkeit spielte sich das Leben des Königs ab, besser: es wurde inszeniert. Der König wurde öffentlich geboren, wuchs öffentlich auf, war öffentlich krank, genas öffentlich, starb öffentlich. Alle Abschnitte seines Tagesablaufs vom *lever* über den Gottesdienst und die Mahlzeiten bis zur Jagd und zum *coucher* waren öffentlich und dementsprechend strengen Regeln unterworfen; selbst sein Liebesleben war mehr oder minder öffentlich; seine Maitressen waren bekannt, die Zeugung eines Thronfolgers war eine *affaire d'État*. Der König verfügte also nicht nur im strengen Sinne über kein Privatvermögen, er verfügte erst recht über kein Privatleben.

Obwohl dies alles nicht neu war, hat Ludwig XIV. den Hofadel in einem bis dahin unbekannten Maße in die öffentliche Inszenierung seines Lebens einbezogen und dabei das adlige Streben nach Distinktion geschickt genutzt. Beim *lever* etwa wurde je nach Rang und Gunst unterschieden zwischen jenen, die von vornherein dabei sein durften und jenen, die erst später zugelassen wurden. Bei Gottesdiensten und an der Tafel waren die Plätze genau angewiesen. Bei den meisten Gelegenheiten war es nur wenigen ranghohen Damen gestattet, sich in Anwesenheit des Königs zu setzen.

Einfluss des Hofadels

Die Erlangung materieller Vorteile und die Verbesserung des Ranges und der Reputation ergänzten einander, da die Verfügung über ehrenvolle Chargen und der damit verbundene Gewinn **symbolischen Kapitals** in materielle Vorteile umgemünzt werden konnte. Eine ranghohe Stellung am Hof bot auch Einflussmöglichkeiten, da sie Zugang zum König verschaffte. Die weitgehende Entfernung des Schwertadels aus den im engeren Sinne mit Regierung und Verwaltung betrauten Ämtern sollte also nicht vorschnell im Sinne einer generellen Entmachtung interpretiert werden.

E

Der französische Soziologe Pierre Bourdieu unterscheidet vier untereinander konvertible Formen des Kapitals. Das **symbolische Kapital** beruht auf gesellschaftlichen Anerkennungsakten, die ihrerseits oftmals mit der Verfügung über ökonomisches, kulturelles oder soziales Kapital verknüpft sind. So bringen etwa materieller Reichtum, Bildung oder vielfältige Beziehungen oft gesellschaftliche Anerkennung mit sich. Andererseits können aus gesellschaftlicher Anerkennung oftmals materielle Vorteile oder neue soziale Beziehungen erwachsen.

Die Macht des Hofadels verdeutlicht der Fall Michel Chamillarts, seit 1699 *contrôleur général des finances* und seit 1701 Kriegsminister. Chamillart vereinigte die Leitung zweier zentraler Bereiche der Staatsverwaltung und galt den Zeitgenossen als eine Art Chefminister. 1709 wurde er gestürzt, obwohl er weiter das Vertrauen Ludwigs XIV. genoss. Sein Sturz war verursacht durch die Misserfolge Frankreichs im Spanischen Erbfolgekrieg (II.3.d) – v. a. aber durch das Scheitern seiner Heiratspolitik. Chamillart konnte „nur" zwei am Hof nicht mit Chargen versehene Hochadlige zu Schwiegersöhnen gewinnen und scheiterte bei dem Versuch, sie nach ihrer Hochzeit mit einträglichen Ämtern zu versehen, am Widerstand etablierter Hofparteien.

Der Aussicht auf materielle Vorteile, Ämter und Pensionen, Ehren und Distinktionsgewinne standen für den Hochadel freilich auch handfeste materielle Nachteile gegenüber. Nicht nur, dass die Appartements jener Höflinge, die im Schloss wohnen durften, nicht sonderlich komfortabel waren. Das Hofleben war auch finanziell ruinös, denn die Höflinge mussten sich – ihrem Rang entsprechend – eine teure Garderobe, prunkvolle Karossen, ein *hôtel* in Paris und eine entsprechende Dienerschaft leisten und glänzende Empfänge und Einladungen veranstalten, konnten aber ihren Herrensitz auf dem Lande nicht aufgeben. Umso größer war wiederum ihre Empfänglichkeit für königliche Pensionen.

Heute mag es schwerfallen, sich vorzustellen, dass ein solches Hofleben attraktiv sein konnte. Indem er die Künste in einem bis dahin unbekannten Maße förderte und in Dienst nahm (I.5.d), indem er Gartenfeste, Feuerwerke, Bälle, Ballette, Opern und Theateraufführungen veranstaltete, bei denen er nicht selten selbst auftrat, scheint es Ludwig XIV. indes zumindest bis in die 1680er Jahre gelungen zu sein, den Geschmack und den Lebensstil seiner Hofgesellschaft zu treffen und Stile, Moden und Themen vorzugeben, die gerne aufgegriffen wurden.

c) Die Zentralbehörden

Die Verwaltungsstrukturen in der Zentralsphäre waren nicht aus einem Guss, da sie sich allmählich entwickelten, wobei ältere Ämter meist nicht abgeschafft wurden. Denn das Schaffen neuer Ämter war wesentlich einfacher als das Abschaffen alter.

Königlicher Rat

Das wichtigste kollektive Regierungsorgan der Monarchie war der vom späteren 16. Jahrhundert an auch als Staatsrat (*conseil d'État*) bezeichnete königliche Rat (*conseil du roi*). Er war das höchste Beratungsorgan des Königs, zugleich aber auch Verwaltungs- und Rechtsprechungsorgan. Zwar war der König an seine Voten nicht gebunden, doch entschied er nur selten gegen sie. Dass die Beteiligung des *conseil* geeignet war, die Akzeptanz von Entscheidungen zu verbessern, wurde selbst von Verfechtern der *monarchie absolue* nicht geleugnet.

Über die Zusammensetzung des *conseil* konnte der König im Prinzip frei entscheiden. Allerdings beanspruchten bis 1630 die Königin, die Königinmutter und die *ducs et pairs* die Mitgliedschaft. Daneben gehörten ihm Personen an, denen der König besonders vertraute: Bischöfe, Hochadlige, aber auch die Inhaber der hohen Kronämter und die Staatssekretäre, zeitweise auch hohe Vertreter der obersten Gerichte. Hinzu kamen oft noch ehrenhalber zum *conseiller* ernannte Personen. Dieser Kreis war recht groß (50–60, gelegentlich auch 100 und mehr Personen) und umfasste viele fachlich nicht qualifizierte Personen. Dies hatte zur Folge, dass der *conseil* kaum in der Lage war, die anfallenden Geschäfte zu bewältigen, und dass zudem die Beratungen meist nicht geheim blieben.

Um die Handlungsfähigkeit des *conseil* zu verbessern, wurden von 1630 an die Königinmutter, die Prinzen von Geblüt und die übrigen Großen des Reiches weitgehend ausgeschlossen. Unter Ludwig XIV. wurde die Zahl der Räte auf 33, später 30 Personen reduziert. Nur jeweils drei Räte sollten dem Klerus und dem Schwertadel entstammen, der Rest der juristisch gebildeten *noblesse de robe*. Etwa 80 ebenfalls juristisch gebildete Assessoren, deren Stellen käuflich waren, arbeiteten den Räten zu. Dennoch wurden im engeren Sinne politische Entscheidungen nicht mehr im großen Rat getroffen, was auch daran deutlich wurde, dass der König hier meist nicht mehr präsent war.

Engerer Rat

Tatsächlich war die Straffung des großen Rates nur ein Ansatz; ein weiterer lag darin, kleinere Teile des Rates mit speziellen Aufgaben zu betrauen. Zuschnitt und Bezeichnung der Teil- bzw. Spezial-*conseils* wechselten. Am wichtigsten war der engere Rat. Bereits unter Franz I. gab es dieses Gremium, dem zwischen drei und zehn vom König ausgewählte Mitglieder angehörten – nicht selten bürgerliche Juristen. Lange bestand diese Form des *conseil* nur halboffiziell, erst 1615 wurde sie in einem Ratsreglement erwähnt. Die Bezeichnungen schwankten: *conseil des affaires, conseil étroit, conseil secret, conseil de cabinet, conseil des ministres*, seit 1643 *conseil d'en haut*. Seine Mitglieder wurden seit der Mitte des Jahrhunderts meist als *ministres d'État* bezeichnet. Dieser Rat wurde spätestens unter Richelieu das operative Zentrum der königlichen Politik. Unter Ludwig XIV. tagte er in der Regel dreimal pro Woche. Obwohl er hauptsächlich politische Fragen beriet und manche Ähnlichkeiten mit einem modernen Kabinett aufwies, übernahm er gelegentlich auch noch gerichtliche Funktionen.

Kardinalminister

Der absolute Herrschaftsanspruch implizierte an sich, dass der König die politischen Geschäfte selbst leitete. In den Jahren 1624 bis 1661 übernahmen freilich die Kardinäle Richelieu und Mazarin als Erste Minister die Koordination der Regierungsgeschäfte. In der übrigen Zeit waren die höchsten Amtsträger der Zentralsphäre unmittelbar dem König unterstellt.

Hohe Kronämter

Bis ins 16. Jahrhundert zählten dazu v. a. die Inhaber der hohen Kronämter (*grands officiers de la couronne*), deren Aufgaben vorwiegend der *maison du roi* zugeordnet waren. Im 17. Jahrhundert verloren sie fast durchweg ihre politische Bedeutung; der als *connétable* bezeichnete Oberbefehlshaber der Armee wurde 1627 sogar abgeschafft. Erheblichen Einfluss wahren konnte allein der Kanzler (*chancelier*), der anders als die übrigen *grands officiers* dem Bürgertum oder der *noblesse de robe* entstammte. Er galt als höchster Amtsträger der Krone, denn er war als Leiter der königlichen Schreibstube und Verwahrer des Siegels für alle Rechtsakte des Königs verantwortlich und durfte sie auch überprüfen. Zudem hatte er das Recht, anstelle des Königs dem *conseil* und allen Gerichten vorzusitzen. Er war – wie alle *grands officiers* – nicht absetzbar; fiel er in Ungnade, wurde ein Siegelbewahrer ernannt, der seine Aufgaben übernahm. Seit der Mitte des 17. Jahrhunderts verlor indes auch er an Einfluss, was etwa daran deutlich wird, dass er dem engeren Rat des Königs nicht mehr automatisch angehörte. Auch von Beratungen über die Militärverwaltung war er ausgeschlossen, in Finanz- und selbst in Justizangelegenheiten wurde sein Entscheidungsspielraum eingeschränkt.

Staatssekretäre

Anstelle der *grands officiers* gewannen seit dem 16. Jahrhundert die Staatssekretäre (*secrétaires d'État*) an Gewicht. Solche Sekretäre tauchten im Laufe des 16. Jahrhunderts fast überall in Europa auf. Ihre Aufgabe bestand darin, im Namen des Königs Briefe zu redigieren und auszufertigen. Ihr Aufstieg war verknüpft mit der Intensivierung der Verwaltungs- und Regierungstätigkeit und damit des Schriftverkehrs. Dieser lief nicht mehr über die Kanzlei, weil man sich nicht mehr gesiegelter Urkunden bediente, sondern des Briefs und der Unterschrift als Beglaubigungselement. Das Zentrum dieses neuen Schriftverkehrs bildeten die Staatssekretäre, die nicht nur die Schreibarbeit übernahmen, sondern Entscheidungen vorbereiteten, die der König dann nicht selten unter Umgehung seines Rates in direkter Beratung mit ihnen traf.

In Frankreich wurde schon 1546/47 die Zahl der Staatssekretäre auf vier festgelegt und eine Verteilung der Zuständigkeiten vorgenommen – wie fast überall in Europa zunächst nach geographischen Kriterien. Seit 1626 setzte sich dann eine Einteilung der Zuständigkeiten nach Ressorts durch, zu der freilich auch weiterhin geographische Zuständigkeiten hinzukamen. Zu ihnen und dem Kanzler gesellte sich seit der Mitte des 17. Jahrhunderts noch ein sechster hoher Amtsträger: der Generalintendant bzw. Generalkontrolleur der Finanzen. Ihm kam in den letzten anderthalb Jahrhunderten der Monarchie eine weit über die eigentliche Finanzpolitik hinausgehende Bedeutung zu. Der Zuständigkeitsbereich der sechs genannten Amtsträger überschnitt sich teilweise mit den Kompetenzen des *conseil d'en haut*. Tatsächlich gehörten sie häufig dem engeren Rat an; nur dann führten sie neben ihrer Amtsbezeichnung zugleich den Ministertitel. Die Staatssekretäre und der Generalkontrolleur der Finanzen waren – wie die Kanzler, aber im Unterschied zu den übrigen *grands officiers* – meist fachlich hoch qualifizierte Juristen. Sie stammten aus dem Bürgertum oder der *noblesse de robe*, erhielten aber mit der Übernahme ihres Amtes den Adelstitel. Die Ämter der Staatssekretäre waren bemerkenswerterweise käuflich, was zur Folge hatte, dass sie unter Ludwig XIV. meist innerhalb weniger Familien (Colbert, Le Tellier, Pomponne) weitergegeben wurden.

Parlements

Wie alle Ämter der Zentralsphäre haben sich auch die *parlements* aus dem mittelalterlichen Königshof heraus entwickelt. Ihre unmittelbare Reichweite ging indes im 17. Jahrhundert weit über die Zentralsphäre hinaus. Der Begriff *parlement* gibt oft Anlass zu Missverständnissen. Es handelt sich nicht wie beim englischen *parliament* und heutigen Parlamenten um Repräsentativversammlungen, sondern um Obergerichte. Sie wurden von Richtern gebildet, die in der Provinz gelegentlich dem alten Adel entstammten, meist aber als Juristen durch ihr Amt in den Adel aufstiegen.

Das *parlement de Paris*, das im 13. Jahrhundert von den am Königshof tätigen Juristen gegründet wurde, war ursprünglich das einzige Obergericht, das für ganz Frankreich zuständig war. Angesichts der territorialen Expansion und der zunehmenden Bedeutung des rechtlichen Konfliktaustrags wurden bis 1715 zwölf weitere *parlements* in der Provinz gegründet. Daneben entstanden für besondere Rechtsfälle zuständige Obergerichte: für Steuer- und Zollfragen die *cours des aides* und für die Rechnungslegung der Amtsträger und für die Domänen die *cours des comptes*. Dennoch blieb das *parlement de Paris* bis 1789 der bei weitem einflussreichste Gerichtshof. Sein Sprengel umfasste die alten Königslande Innerfrankreichs; als Pairsgericht, das unter Hinzuziehung hochadliger Mitglieder über Angehörige des Hochadels urteilte, war es bis 1789 für ganz Frankreich zuständig.

Neben ihrer gerichtlichen Rolle waren die *parlements* auch als Verwaltungsorgane tätig, die z. T. auch Gesetze erließen. Doch die politische Bedeutung der Obergerichte erschöpfte sich nicht darin. Denn kein anderes Organ der Monarchie vertrat so konsequent den Anspruch, an der Regierung des Königs beteiligt zu werden – gestützt auf das in zahlreichen Urkunden begegnende Argument, als Obergerichte repräsentierten sie im Sinne der Lehre von den zwei Körpern des Königs dessen überzeitliche Königswürde. Diesem Anspruch wurde auch im Zeremoniell Rechnung getragen: Bei der Beisetzung des Königs trugen die Präsidenten der Obergerichte keine Trauer, denn die oberste Richterwürde bestand auch unabhängig von der sterblichen Person des Königs fort.

Ihren konkreten Einfluss verdankten die Obergerichte v. a. ihrem Registrierungs- und Remonstranzrecht. Seit dem Spätmittelalter bedurften von der Kanzlei ausgestellte, gesiegelte Schriftstücke (*lettres patentes*) der Registrierung durch die *cours souveraines*, um Rechtskraft zu erlangen. Da Gesetze mit allgemeiner Geltung meist als *lettres patentes* ausgestellt wurden, bildete die Registrierung bald den Schlusspunkt fast aller Gesetzgebungsakte – eine Entwicklung, die insofern im Interesse des Königtums lag, als sie einen authentischen, stets verfügbaren Text sicherte. Dabei setzte sich durch, dass die Obergerichte die betreffenden Akte vor der Registrierung prüften, dem König in Remonstranzen ihre Bedenken mitteilten und gegebenenfalls die Registrierung verweigerten – auch dies war im Sinne des Königtums, das ja an einer in sich widerspruchsfreien, ältere Ansprüche nicht verletzenden Gesetzgebung interessiert war.

Tatsächlich waren die Obergerichte maßgeblich an der Herleitung immer neuer königlicher Rechte und an der Überhöhung der königlichen Gewalt beteiligt gewesen. Deshalb akzeptierten die Könige auch ihren Anspruch, einen entscheidenden Aspekt der *majestas regalis* zu verkörpern, zumal es diese Interpretation erleichterte, ihre Akte dem König zuzurechnen. Doch seit dem 16. Jahrhundert kam es im Verhältnis von Königtum und Obergerichten zu Spannungen – auch weil Letztere ihr Prüfungs- und Registrierungsrecht nutzten, um unliebsame Entscheidungen zu blockieren, etwa den mehrfach, zuletzt 1629 unternommenen Versuch, die Ämterkäuflichkeit wieder abzuschaffen.

Die Krone reagierte darauf u. a., indem der König seine bis dahin seltenen feierlichen Auftritte in einem Obergericht (*lit de justice*) häufiger nutzte, um die Registrierung von Gesetzen anzuordnen. Gegen den persönlich vorgetragenen Willen des Königs war kein Einspruch mehr möglich. Unter Ludwig XIV., der den Obergerichten die Beteiligung an der *Fronde* nicht verzieh, wurden dann die Rechte der Obergerichte im Zusammenhang mit der Registrierung deutlich eingeschränkt. Dennoch blieben sie bis 1789 ein entscheidender Faktor der Verfassungsordnung Frankreichs.

Von der Monarchie zum Staat

Der Blick auf die Entwicklung der Zentralverwaltung zeigt, welche Vielfalt unterschiedlicher Organe aus dem Königshof der frühen Kapetinger hervorgegangen war; er zeigt auch, wie schwierig es offensichtlich war, die Kompetenzen der zu verschiedenen Zeiten entstandenen Organe klar abzugrenzen. Unverkennbar ist ferner, dass die zunehmende institutionelle Ausdifferenzierung zur Entstehung von Strukturen beigetragen hat, die weitgehend unabhängig von der Person des Königs die Wahrnehmung von Regierungs- und Verwaltungsaufgaben ermöglichten; hier entwickelte sich die Monarchie zum Staat. Dazu gehört auch, dass in der Zentralsphäre eine zunehmende Abgrenzung des königlichen Haushalts und des Hofes als Repräsentationsorgan von den Regierungsorganen zu beobachten ist. Zum Abschluss kam sie freilich bis zum Ende des Ancien Régime nicht.

Betrachtet man die Entwicklung in soziologischer Perspektive, wird deutlich, dass der Schwertadel nach und nach aus den meisten im engeren Sinne der Verwaltung und Regierung des Landes geltenden Funktionen verdrängt wurde. An seine Stelle traten mehr und mehr Angehörige des Amtsadels. In den Obergerichten dominierten sie von Anfang an, im königlichen *conseil* wurden sie nach 1630 bestimmend. Doch auch die sechs wichtigsten Ämter der Zentralsphäre wurden mit *robins* besetzt, während die dem Hochadel vorbehaltenen *grands offices* an Bedeutung verloren. Dieser Aufstieg ermöglichte schließlich einigen Familien des Amtsadels, zumal den Familien der Staatssekretäre, das Einheiraten in den Hochadel. Ihr Einfluss beim König und ihre Finanzkraft waren inzwischen so groß, dass auch Hochadlige strategische Allianzen mit ihnen für tunlich hielten. Doch auch die mit hohen Regierungsämtern ausgestatteten Amtsträger profitierten von diesen Verbindungen, die nicht nur Prestige einbrachten, sondern nützlich sein konnten, v. a. wenn die betreffenden Familien am Hof präsent waren. Denn Präsenz am Hof war gleichbedeutend mit erheblichem informellem Einfluss.

Die geläufige Aussage, Ludwig XIV. habe „den Adel" zugunsten bürgerlicher Minister entmachtet, muss also differenziert werden. Nicht „der Adel" wurde entmachtet, sondern die armen Provinzjunker, die den letzten Rest ihrer schon zuvor prekären Autonomie verloren (I.3.b), v. a. aber die noch bis ins 17. Jahrhundert hinein politische Mitsprache einfordernden *princes, ducs et pairs*. Der höfische Schwertadel und der hohe Amtsadel hingegen wurden gestärkt. Die sich daraus ergebende Übereinstimmung ihrer Interessen trug dazu bei, dass beide Gruppen im 18. Jahrhundert zunehmend miteinander verschmolzen. Die Loyalität dieser beiden Gruppen zu sichern, verursachte freilich auf Dauer hohe Kosten. Die Schlussrate hat Ludwig XVI. gezahlt, der erleben musste, dass der Hofadel und der hohe Amtsadel die unter Ludwig XIV. erworbenen Privilegien um jeden Preis verteidigten, alle Reformversuche abblockten und so maßgeblich zur Selbstzerstörung der Monarchie beitrugen.

d) Der „Staat" in der Fläche: Die mittleren und unteren Verwaltungsbehörden

Für eine überwiegende Mehrheit der Franzosen des 17. Jahrhunderts waren die Zentralbehörden nicht wahrnehmbar. Dass die Monarchie, aus der heraus sich ein Staat entwickelte, in der Fläche erfahrbar und wirksam wurde, war abhängig von der Tätigkeit königlicher Amtsträger auf mittlerer und lokaler Ebene. Obwohl in Frankreich um die Mitte des 17. Jahrhunderts fast 50.000 königliche Amtsträger tätig waren und deren Zahl weiter anstieg, sollte man die Modernität dieser Verwaltung nicht überzeichnen. Einige wichtige Unterschiede zu heutigen Behörden seien in Erinnerung gerufen:

- Die meisten königlichen Amtsträger hatten ihre Ämter gekauft und konnten sie vererben; sie verfügten über die sogenannte *inamovibilité*, konnten also, sofern sie ihr Amt nicht grob missbraucht hatten, nicht abgesetzt werden. Ihr Amt konnte nicht einmal abgeschafft werden, es sei denn, der König hätte sie entschädigt, wozu er meist finanziell nicht in der Lage war.
- Damit hängt zusammen, dass Veränderungen in Regierung und Verwaltung fast nie zur Abschaffung älterer, sondern lediglich zur Schaffung neuer Ämter führten, deren Aufgaben sich oft mit den alten Ämtern überschnitten.
- Die Überlagerung äquivalenter Verwaltungsinstitutionen ging einher mit einer geringen funktionalen Ausdifferenzierung. Häufiger noch als in der Zentralsphäre waren auf der mittleren und lokalen Ebene administrative und gerichtliche Aufgaben verknüpft; hinzu kamen begrenzte legislative Kompetenzen – doch diese Unterscheidung ist an sich anachronistisch.

Eine erste Mittlerinstanz wurde bereits als Organ der Zentralsphäre genannt: die *parlements*. Als oberste Appellationsgerichte mit Verwaltungsfunktionen repräsentierten sie weit über die Rechtsprechung hinaus die königliche Gewalt und erließen auch Regelungen zu Fragen der inneren Ordnung (***police***). In Paris etwa unterstand selbst die Aufsicht über den Fischhandel dem *parlement*, das daneben aber auch für die Durchführung der Wahlen zu den Generalständen, die Zinszahlung der königlichen Rentenanleihen und die Handhabung der Zensur zuständig war.

E

Das Konzept der ***police*** (im deutschen Sprachraum meist *Policey*, von griech. *politeia*) geht auf die Aristoteles-Übersetzungen des französischen Philosophen Nicolas Oresme (1330–1382) zurück. Es bezeichnete die innere Ordnung eines Gemeinwesens, aber auch Maßnahmen zur Herstellung dieser Ordnung, erlaubte es also, über die Friedenswahrung hinaus Aufgaben der inneren Politik zu definieren. Das Konzept hat das frühneuzeitliche Politikverständnis entscheidend geprägt.

Baillis und *sénéchaux*

Die ältesten königlichen Amtsträger auf der mittleren Ebene waren die sogenannten *baillis* (im Norden) und *sénéchaux* (im Süden). Sie wurden bereits im 13. Jahrhundert eingeführt, um die Gerichtsbarkeit adliger Grundherren und die Amtsführung lokaler Amtsträger, die je nach Gegend als *prévôts, châtelains* oder *viguiers* bezeichnet wurden, zu kontrollieren. Daneben übernahmen die *baillis* und *sénéchaux* Aufgaben im Finanzwesen (zunächst v. a. mit Blick auf die Domäneneinkünfte) und im Gerichtswesen (Appellationsinstanz für Nichtadlige, Erstinstanz für Adlige). Hinzu kamen rasch weitere Funktionen in der allgemeinen Landesverwaltung und im Militärwesen.

Vom 15. Jahrhundert an mussten die meist aus den Reihen des lokalen Schwertadels rekrutierten *baillis* und *sénéchaux* Funktionen an andere Amtsträger abgeben – so die Aufsicht über die Steuererhebung und die im engeren Sinne juristischen Aufgaben, die von Juristen übernommen wurden. Die weitere Aufteilung der Zuständigkeiten führte zusehends zum Funktionsverlust des nun käuflich und erblich gewordenen, innerhalb lokaler Adelsfamilien weitervererbten Amts, das dennoch bis 1789 fortbestand. Die Zahl der *baillis* und *sénéchaux* wuchs parallel dazu weiter: von 42 im Jahre 1460 über etwa 100 im Jahre 1614 und mehr als 200 im Jahre 1700 auf über 400 im Jahre 1789.

Steuer- und Finanzadministration

Da in Frankreich im Laufe des Hundertjährigen Krieges indirekte, dann auch direkte Steuern auf Dauer eingeführt wurden, entstand schon im 15. Jahrhundert eine spezialisierte Steuer- und Finanzadministration. Die für die wichtigste direkte Steuer, die *taille*, zuständige Verwaltung war zweistufig. Bereits im 15. Jahrhundert wurde Frankreich in vier Generalitäten eingeteilt, deren Zahl bis zum 17. Jahrhundert auf über 30 stieg. Diese Generalitäten, die von Anfang an sowohl für die Verteilung und Einziehung der Steuern als auch für die Einnahmen aus der Krondomäne zuständig waren, bildeten im 17. Jahrhundert die wichtigsten territorialen Einheiten Frankreichs.

In den *pays d'états*, wo Provinzialstände erhalten blieben, übernahmen diese die Verteilung der mit der Krone vereinbarten Steuersummen auf die einzelnen *diocèses fiscaux* und deren Eintreibung. In den *pays d'élection* oblagen diese Aufgaben königlichen Amtsträgern, die sämtlich Kaufämter innehatten. Auf der Ebene der *généralités* waren dies die aus zehn *trésoriers généraux* und zwei Präsidenten gebildeten *bureaux des finances*, die die vom königlichen Rat für ihre *généralité* festgesetzten Steuersummen auf die einzelnen Unterbezirke (*élections*) verteilten, die dortigen Amtsträger (*élus*) beaufsichtigten und Klagen in Steuersachen entschieden; ferner mehrere *receveurs généraux des finances*, die für den Einzug der Steuergelder in ihrer *généralité* zuständig waren und sich nicht selten auch auf eigene Rechnung als *financiers* betätigten.

In den einzelnen *élections* waren die *élus* für die Verteilung der Steuerlast auf die Gemeinden und für erstinstanzliche Klagen in Steuersachen zuständig. Seit der flächendeckenden Einführung der Intendanten wurden freilich die Kompetenzen der *trésoriers, receveurs* und *élus* eingeschränkt, denn als Träger erblicher Ämter waren sie meist in der lokalen Gesellschaft verwurzelt. Dies hatte neben Vorteilen wie einer guten Kenntnis des Terrains aus Sicht der Krone den Nachteil, dass sie bei der Bemessung der Steuersummen und bei der Entscheidung über Klagen häufig Rücksichten nahmen. Durch eine Verlagerung der Repartitionskompetenz auf lokal weniger verwurzelte Amtsträger versuchte man dem zu entgehen – provozierte damit aber vielerorts Revolten (III.2.b).

Provinzgouverneure

Neben den *parlements* und den *baillis* und *sénéchaux* repräsentierten v. a. die Gouverneure die königliche Gewalt in den Provinzen. Sie sollten ursprünglich den König dort vertreten, wo er sich nur selten aufhielt. Zu Beginn der Neuzeit gab es elf *gouvernements* – nur die *Ile de France* hatte bis 1559/60 keinen *gouverneur*. Seither waren die *gouvernements* ganz Frankreich erfassende territoriale Einheiten, deren Einteilung oft alten Provinzgrenzen folgte, von Fall zu Fall aber verändert werden konnte; unter Ludwig XIV. bestanden über 30 *gouvernements*. Das Amt des *gouverneur* war kein *office* und wurde zumindest offiziell nicht verkauft. Somit konnte der König die *gouverneurs* im Prinzip jederzeit absetzen, doch war dies in der Praxis selten. Mit dem Amt des *gouverneur* betraut wurden angesichts der Bedeutung und der repräsentativen Funktion des Amtes ausschließlich Hochadlige, nicht selten Prinzen von Geblüt.

Die Aufgaben der *gouverneurs* waren nicht klar umrissen. In ihren Bestallungsurkunden hieß es, sie sollten „handeln, wie der König handeln würde, wenn er präsent wäre". Sie hatten über die in ihrem Amtsbezirk stationierten königlichen Truppen den Oberbefehl und sollten die öffentliche Ordnung aufrechterhalten. Zur Bewältigung dieser umfassenden Aufgabe stand einem Gouverneur meist ein größerer Stab zur Seite, dem *officiers*, aber auch befristet bestellte kommissarische Amtsträger angehörten. Am einflussreichsten war der *lieutenant*, der (wie der Name sagt) bei Abwesenheit des Gouverneurs dessen Amtsgeschäfte leitete. Neben den eigenen Mitarbeitern waren den Gouverneuren alle königlichen und kommunalen Amtsträger Gehorsam schuldig, auch wenn die *gouverneurs* sich im Normalfall nicht in deren Kompetenzen einmischten. Der Kompetenzbereich der *gouverneurs* hatte somit zwar einen Schwerpunkt in militärischen Fragen, war aber denkbar breit und kaum durch klare Regelungen beschränkt. Das Amt bot also enorme Einflussmöglichkeiten, zumal wenn es dem Amtsinhaber gelang, stabile Beziehungen zu den lokalen Eliten aufzubauen.

Ein eindrückliches Beispiel hierfür sind die Montmorency, die von 1563 bis 1632 über drei Generationen als Gouverneure des Languedoc oftmals eine von der Krone sehr unabhängige Politik verfolgten. So unterstützte Heinrich I. von Montmorency, der dieses Amt über 50 Jahre lang ausübte, ab 1604 die

Provinzialstände des Languedoc in ihrem Widerstand gegen Steuerforderungen des Königs. Sein Sohn Heinrich II. ging sogar so weit, 1632 einen gegen Richelieu und Ludwig XIII. gerichteten Aufstand im Languedoc militärisch zu unterstützen. Er verkannte allerdings, dass die Krone unter Richelieus Ägide weniger als zuvor bereit war, Eigenmächtigkeiten der Großen hinzunehmen. Er wurde wegen Majestätsverbrechen zum Tode verurteilt und hingerichtet. Sein Schicksal ist symptomatisch für den allmählichen Niedergang der *gouverneurs*. Tatsächlich versuchte die Krone seit den Religionskriegen, während derer die Gouverneure teilweise wie Vizekönige regiert hatten, deren Machtgrundlagen zu schwächen. Die Beteiligung einiger *gouverneurs* an der *Fronde* trug dazu bei, dass Ludwig XIV. diese Politik noch akzentuierte. Die Vermehrung der *gouvernements* ist in dieser Perspektive zu sehen, sorgte sie doch dafür, dass deren politisches Gewicht verringert wurde.

Intendanten

Von großer Bedeutung war aber auch die systematische Einführung der Intendanten – neuer Amtsträger, die ähnliche Kompetenzen übernahmen wie die Gouverneure, ihnen also Konkurrenz machen und sie kontrollieren konnten. Die Intendanten sind lange von der Absolutismusforschung als Antitypus zu den Gouverneuren dargestellt worden. Dieses schematische Bild bedarf freilich der Differenzierung. Intendanten waren dem König (genauer: seinem *conseil*) unmittelbar verantwortliche kommissarische Amtsträger; ihr Amt war also nicht gekauft, sie waren für begrenzte Zeit bestellt, auf jeden Fall jederzeit abrufbar. Sie entstammten dem Amtsadel und hatten stets ein juristisches Studium absolviert. Kommissarische Amtsträger hat es schon unter Karl dem Großen gegeben. Seit dem Spätmittelalter wurden regelmäßig Assessoren des königlichen Rats entsandt, um Untersuchungen anzustellen, Beschwerden entgegenzunehmen und Amtsträger zu beaufsichtigen. In der zweiten Hälfte des 16. Jahrhunderts wurden – nun z. T. bereits als *intendants* bezeichnete – Kommissare eingesetzt, um jeweils nach Beendigung eines Religionskriegs die Regelungen für das Zusammenleben der Konfessionen zu überwachen. Doch auch in der Umgebung der Gouverneure waren seit der Mitte des 16. Jahrhunderts juristisch gebildete Kommissare tätig, da die Gouverneure als unstudierte Hochadlige nicht über die notwendigen juristischen und administrativen Kenntnisse verfügten.

Im 17. Jahrhundert kamen neue Aufgaben hinzu – insbesondere auf dem Gebiet der *police*, schließlich, als Richelieu versuchte, die finanziellen Ressourcen des Landes bis an die Grenzen des Möglichen auszuschöpfen (III.2.a), auch im Steuerwesen. Unter dieser Prämisse kam es 1643 zur flächendeckenden Einrichtung von 35 *intendants de justice, police et tailles* – einer Maßnahme, die 1648 unter dem Druck der *Fronde* nochmals widerrufen wurde, ehe die auch als *intendants des provinces* bezeichneten Amtsträger um 1660 definitiv zu einem Steuerungselement der königlichen Verwaltung wurden. Mit der dauerhaften Einrichtung der Intendanten (eigentlich ein Widerspruch in sich) erübrigte sich weder die Entsendung einzelner kommissarischer Amtsträger in konkreten Fällen, noch wurden dadurch die Inhaber anderer Ämter der mittleren Ebene automatisch entmachtet.

Aus dem Kontext der Einrichtung der *intendants* geht hervor, dass ein Schwerpunkt ihrer Amtsführung auf fiskalischem Gebiet lag. Dennoch war ihr Aufgabenbereich ähnlich wie bei den *gouverneurs* offen, gestaltbar und vielfältig. Dies bedeutet auch, dass die Intendanten zu allen Amtsträgern der mittleren Ebene, insbesondere den Gouverneuren, den *parlements* und den Steuerverwaltungen in den *généralités*, in einem Spannungsverhältnis standen. Dank der flächendeckenden Einführung der Intendanten waren der König und sein *conseil* über die Amtsführung auf der mittleren Ebene genau informiert und konnten gegebenenfalls intervenieren. Das System funktionierte zumindest so lange, wie es dem König gelang, dieses komplexe Verhältnis unter Kontrolle zu halten. Unter Ludwig XIV. war dies noch weitgehend der Fall; danach allerdings entglitt der Krone die Kontrolle mehr und mehr – Ineffizienz und Chaos waren vielfach die Folge.

„Staat" in der Fläche

Wie wirksam war also der „Staat" in der Fläche? Zunächst: Verglichen mit dem Öffentlichen Dienst moderner Staaten sind 50.000 königliche Amtsträger (0,25 % der Bevölkerung) eine verschwindend kleine Zahl. Für frühneuzeitliche Verhältnisse ist die Zahl indes hoch, zumal verglichen mit dem Heiligen Römischen Reich, das in der Fläche praktisch nicht durch eigene Amtsträger präsent war. Die Zahl der königlichen *officiers* reichte jedenfalls aus, um auch in entlegenen Gegenden regelmäßige Kontakte der Bevölkerung mit königlichen Amtsträgern zu ermöglichen.

Die Amtsträger des Königs waren freilich wegen der Größe des Landes und der schlechten Verkehrsverbindungen, aber auch wegen der unzureichenden Kenntnis der lokalen Verhältnisse seitens der Zentralverwaltung meist darauf angewiesen, ihr Amt relativ autonom auszuüben. Sie konnten nicht ständig Weisungen der zentralen Regierungsorgane einholen und waren daran auch nicht interessiert. Die Krone indes versuchte immer wieder, die Autonomie ihrer Amtsträger in der Fläche einzuschränken. Sieht man von den Einnahmen durch den Ämterverkauf ab, diente die Schaffung neuer Ämter vor allem dem Ziel, effizientere Verwaltungsstrukturen zu schaffen, die nicht mit den örtlichen Eliten verflochten waren. Allerdings zeigte sich selbst beim Einsatz der Intendanten, dass Amtsträger auf Verbindungen zu den örtlichen Eliten kaum verzichten konnten, da sie nur selten in der Lage waren, Maßnahmen gegen deren Widerstand durchzusetzen, und ortsfremden Amtsträgern ohne entsprechende Kontakte nicht selten das erforderliche lokale Wissen fehlte. Tatsächlich kann man bereits im 17. und erst recht im 18. Jahrhundert beobachten, dass auch die königlichen Intendanten in die lokalen Gesellschaften hineinwuchsen und den Charakter der mit eisernem Besen kehrenden Spezialkommissare verloren. Insgesamt wäre es falsch, die königliche Verwaltung im Frankreich des 17. Jahrhunderts als straff geführten, stets zuverlässigen, den Willen des Königs und seiner Regierung minutiös umsetzenden Machtapparat zu interpretieren. Vielmehr verteidigten die königlichen *officiers* oft mit erheblichem Erfolg eigene Interessen (und jene der ihnen verbundenen Eliten). Auch hier stieß die Monarchie also ungeachtet ihres absoluten Anspruchs an Grenzen ihrer Wirksamkeit.

e) Die Finanzen der Monarchie

Spätestens seit dem 14. Jahrhundert entwickelten die französischen Könige dauerhaft einen Finanzbedarf, der nicht aus Domäneneinkünften gedeckt werden konnte. Getrieben von den Kosten der Kriege, die nicht mehr mit kostengünstigen Lehnsaufgeboten, sondern mit bezahlten Söldnerheeren geführt wurden, suchten sie ihre Einnahmen zu erhöhen und mit Hilfe immer neuer Amtsträger und Institutionen immer neue Finanzquellen zu erschließen. Die Forschung spricht hier von einem *extraction-coercion-cycle*. Die durch den Finanzbedarf bedingte Schaffung neuer Ämter und Institutionen zur Eintreibung von Abgaben führte ihrerseits zu einer Erhöhung der Ausgaben, da diese Institutionen ja ebenfalls finanziert werden mussten. Diese Entwicklung kann man im Prinzip überall in Europa feststellen. In Frankreich erfolgte sie freilich besonders früh und nachdrücklich.

Einkünfte der Krone

Im 17. Jahrhundert ruhten die Einnahmen der Krone auf drei Säulen. Die Domanialeinkünfte als älteste Einnahmequelle machten nur noch etwa 5–7% der regulären Einnahmen aus. Umso wichtiger waren die Steuern und Zölle, die im 17. Jahrhundert längst ebenfalls den regulären Einkünften zugerechnet wurden, zu denen sie mit etwa 90% beitrugen.

Die wichtigste direkte Steuer war traditionell die *taille*, eine ländliche Umlagesteuer, die v.a. von den Bauern aufgebracht wurde. Hinzu kam 1695–1698 und dann dauerhaft ab 1701 die *capitation*, eine Steuer, die im Prinzip von allen Mitgliedern des 2. und 3. Standes zu bezahlen war (der Klerus leistete zunächst eine jährliche Pauschalzahlung über 4 Mio. *livres*, ab 1710 war er gegen eine Einmalzahlung von 24 Mio. *livres* von weiteren Zahlungen befreit). Die Höhe der Steuerbelastung durch die *capitation* erfolgte bezeichnenderweise nicht nach dem Einkommen, sondern nach äußeren Attributen des sozialen Standes in 22 Klassen. Die mittellose Bevölkerung wurde von dieser Steuer nicht erfasst. 1710–1717 wurde schließlich als Krisensteuer eine zehnprozentige Steuer auf Einkommen aus Bodenerträgen, Ämtern, Kapital und gewerblicher Produktion erhoben; der Klerus erreichte auch hier 1711 eine generelle Befreiung. Die wichtigste indirekte Steuer, die *gabelle*, wurde auf den Salzverkauf erhoben; weitere Verbrauchssteuern (*aides*) waren auf Wein und andere hochwertige Nahrungsmittel zu zahlen; sie wurden ebenso wie die Binnen- und Außenzölle (*traites*) oft an Steuerpächter vergeben.

Nicht zu vernachlässigen waren außerordentliche Einkünfte, insbesondere die Kreditaufnahme und der Ämterverkauf, aber auch die (an sich nicht zulässige) Veräußerung von Teilen der Krondomäne und Finanzmanipulationen, wie die Verringerung des Edelmetallgehalts des Geldes. Der Anteil dieser außerordentlichen Einkünfte am Budget schwankte naturgemäß stark; er lag im 17. Jahrhundert nur in wenigen Jahren unter 30% und konnte in Krisenjahren bis zu 80% der Einnahmen ausmachen.

Verhältnis von Einnahmen zu Ausgaben

Obschon in der Forschung umstritten ist, ob Einnahmen und Ausgaben der französischen Monarchie des Ancien Régime nach Art eines modernen Budgets gegeneinander verrechnet werden können, obschon ferner die Bestimmung der betreffenden Zahlen mit erheblichen Unsicherheiten behaftet ist, soll das Verhältnis von Ausgaben und Einnahmen wenigstens skizzenhaft vorgestellt werden. Die Bruttoeinnahmen, die bereits in der zweiten Hälfte des 16. Jahrhunderts angestiegen waren, wuchsen auch im 17. Jahrhundert weiter, freilich nicht kontinuierlich, sondern in Sprüngen: von 42,5 Mio. *livres* 1623 auf 52 Mio. 1631/32, dann – ein riesiger Sprung – auf 80 Mio. 1640 und 92 Mio. 1645/46. Nach der *Fronde* kam es zu einem Einbruch, doch bereits 1661 wurden erneut 84 Mio. erreicht, Ende der 1660er Jahre erstmals 100 Mio., Mitte der 1690er Jahre schließlich über 150 Mio. Damit war allerdings die Belastbarkeitsgrenze der französischen Bevölkerung erreicht; die Bruttoeinnahmen brachen in den nächsten 20 Jahren immer wieder ein, zeitweise auf unter 100 Mio. Dramatischer noch stellt sich die Entwicklung dar, wenn man berücksichtigt, dass nur ein Teil der Einnahmen tatsächlich verfügbar war; der Rest ging in den Schuldendienst, z. T. auch in die Taschen der Steuerpächter und der hohen Amtsträger im Finanzwesen. Bereits in den 1620er Jahren war das Verhältnis zwischen Brutto- und Nettoeinnahmen ungünstig. 1623 etwa flossen nur etwa 40% der Bruttoeinnahmen auch wirklich in die königlichen Kassen. In den 1660er Jahren gelang es unter der Ägide Colberts (III.3.b), diese Quote auf ca. 70% zu steigern; in den letzten Jahren der Regierung des Sonnenkönigs sank sie jedoch wegen der hohen Kosten des Schuldendiensts erneut auf unter 30%.

In der Tat hat die französische Monarchie zu keiner Zeit eine so hohe Neuverschuldung in Kauf genommen wie in den letzten Regierungsjahren Ludwigs XIV. Nachdem in der ersten Hälfte des 16. Jahrhunderts sogar Überschüsse erzielt worden waren, hatte die Krone bereits in den Religionskriegen Schulden gemacht, die allerdings harmlos waren im Verhältnis zur Entwicklung des 17. Jahrhunderts. Von den späten 1620er Jahren an stieg die Neuverschuldung rapide, mit einem ersten Höhepunkt in den 1650er Jahren – eine Entwicklung, die umso bemerkenswerter ist, als zumindest bis zum Ausbruch der *Fronde* 1648 die Bruttoeinnahmen der Krone nominell um fast 120%, inflationsbereinigt immerhin noch um ca. 65% stiegen. Nach einer nochmaligen Konsolidierung zu Beginn der persönlichen Regierung Ludwigs XIV. stieg die Verschuldung seit den späten 1660er Jahren in zwei Schüben erneut massiv an, um 1715 schließlich 3,5 Milliarden *livres* zu erreichen.

Der wichtigste Grund dieser Entwicklung ist nicht in der Prachtentfaltung der französischen Könige zu suchen. Tatsächlich betrug der Anteil der Hofhaltung an den Gesamtausgaben einschließlich der Baukosten für Versailles auch in den ersten beiden Jahrzehnten der Selbstregierung Ludwigs XIV. kaum mehr als ca. 20% des Haushalts. Entscheidend waren vielmehr die Ausgaben, die Rüstung, Militär und Kriegführung verschlangen. Lag ihr Anteil an den Ausgaben in den ersten Jahrzehnten des 17. Jahrhunderts noch bei ca. 30–35% des Haushalts, stieg er bereits 1630 auf ca. 56% an, um in der Folge kaum mehr unter 50% zu fallen. In einzelnen Jahren wie um 1710 betrugen sie bis zu 80% der Ausgaben. Die Entwicklung der Neuverschuldung ist also nur zu verstehen, wenn man die Außenpolitik und zumal die Kriege Frankreichs in den Blick nimmt.

II. Frankreich im europäischen Mächtesystem (1598–1715)

1. Dynastizismus, Staatsbildung und Bellizismus: Strukturen der europäischen Mächtebeziehungen im 17. Jahrhundert

Bei der Darstellung der politischen Geschichte zwischen innerer und äußerer Politik zu trennen, entspricht einer langen Tradition, bedarf aber dennoch der Begründung. Ein solches Vorgehen ist nur möglich, wenn zwischen inner- und außerstaatlicher Sphäre klar unterschieden werden kann, was wiederum eine relativ weit fortgeschrittene Staatsbildung voraussetzt. Entscheidend ist insbesondere, ob ein Gemeinwesen nach außen hin geschlossen agiert oder verschiedene Gruppen konkurrierende Beziehungen zu auswärtigen Mächten unterhalten. Auf Frankreich trifft Ersteres im 17. Jahrhundert über weite Strecken zu. Im Folgenden werden beide Bereiche getrennt behandelt, um Entwicklungslinien zu verdeutlichen, die andernfalls kaum sichtbar gemacht werden könnten. Diese Trennung ist indes nicht naturgegeben, sondern Ergebnis einer – durchaus kritisierbaren – Entscheidung.

„Primat der Außenpolitik"

Dies gilt ebenso für die Tatsache, dass die Darstellung mit der Außenpolitik beginnt. Sie fußt auf der Beobachtung, dass im Frankreich des 17. Jahrhunderts und besonders in der Regierungszeit Ludwigs XIV. maßgebliche Handlungsmotive und Zielsetzungen der politischen Akteure der Außenpolitik zuzurechnen sind, während die innere Politik v.a. im Zeichen der Ressourcenmobilisierung steht – die Forschung spricht hier von einem „Primat der Außenpolitik". Doch sei vor Generalisierungen gewarnt. Der „Primat der Außenpolitik" ist kein verallgemeinerungsfähiges Prinzip, seine Angemessenheit im vorliegenden Fall hängt vielmehr eng mit einer Rechts- und Verfassungsordnung zusammen, die es dem König erlaubte, seine kriegerisch-expansiven Ziele relativ ungehindert zu verfolgen.

Dies geschah in einem – nach 1648 zunehmend Systemcharakter entwickelnden – Beziehungsgeflecht, für das die Bezeichnungen Internationale Beziehungen bzw. Internationales System, Staatenbeziehungen bzw. Staatensystem und Mächtebeziehungen bzw. Mächtesystem geläufig sind. Insgesamt erscheint das dritte Begriffspaar am angemessensten, weil es der Quellensprache am nächsten ist und der Terminus *puissance*/Macht offenlässt, ob die einzelnen Gemeinwesen bereits als Staaten zu betrachten sind. Es erlaubt zudem, der Tatsache Rechnung zu tragen, dass in der vormodernen Mächtepolitik selbst da, wo einzelne Gemeinwesen nach außen geschlossen agierten, den jeweils regierenden Dynastien eine entscheidende Rolle zukam, dass es also etwa im 17. Jahrhundert im spanisch-französischen Verhältnis nicht nur um die Beziehungen zweier Staaten, sondern mehr noch um das Verhältnis zweier Dynastien ging.

Bellizität

Hervorstechendes Merkmal der französischen Außenpolitik des 17. Jahrhunderts ist die ungeheure Bedeutung, die der Kriegführung zukam. Zwischen 1598 und 1630 war die Zahl der Kriege mit französischer Beteiligung relativ gering; dafür kam es im Innern mehrfach zu militärisch ausgetragenen Konflikten. Nach 1630 indes wurde der Krieg beinahe zum Normalzustand: bis 1715 waren mehr als zwei Drittel der Jahre für Frankreich Kriegsjahre. Die Häufigkeit von Kriegen kann als allgemeines Strukturmerkmal der Mächtebeziehungen dieser Zeit gelten, auch wenn wohl keine Macht der Zeit so häufig und mit so großem Engagement Krieg geführt hat wie Frankreich, das dabei nicht angegriffen wurde, sondern selbst den Krieg eröffnete oder in laufende kriegerische Auseinandersetzungen eingriff.

Kriegsursachen

Die Frage, weshalb die Beziehungen der europäischen Mächte während des 17. Jahrhunderts so sehr durch Kriege geprägt waren, hat die Forschung in jüngerer Zeit mehrfach beschäftigt. Insbesondere Johannes Kunisch und Johannes Burkhardt sind den Ursachen dessen nachgegangen, was sie (mit unterschiedlicher Akzentsetzung im Detail) als „Bellizität des frühneuzeitlichen Europa" (Burkhardt) oder als „bellizistische Disposition des absoluten Fürstenstaates" (Kunisch) bezeichnen. Zum besseren Verständnis der Problematik mag beitragen, zunächst vereinfachend zwei Hauptursachen frühneuzeitlicher Kriege zu unterscheiden.

Eine erste Ursache waren innere Auseinandersetzungen zwischen Monarchen und Gruppen wie dem Hochadel und Ständekorporationen, die Anspruch auf Mitsprache erhoben. Diese Konflikte, bei denen es um die innere Verfassung, um die Unabhängigkeit oder Autonomie von Provinzen, um die Verfügung über Ressourcen, um die Kontrolle militärischer Macht (abstrakt formuliert: um Gestaltung und die Grenzen des Staatsbildungsprozesses) ging, wurden im 16. und frühen 17. Jahrhundert immer wieder militärisch ausgetragen. Sie waren fast durchweg mit konfessionellen Konflikten verknüpft, wobei man die Frage ausklammern kann, welcher Ursachenkomplex primär war. Oft wurden sie durch die Intervention auswärtiger Mächte verschärft, so dass innere und äußere Kriege ineinander übergingen. Insofern erscheint es problematisch, von Staatenkriegen zu sprechen.

Auch Frankreich blieb von solchen Kriegen nicht verschont. Die Religionskriege der zweiten Hälfte des 16. Jahrhunderts waren nicht nur gekennzeichnet durch die Verknüpfung der politisch-verfassungsrechtlichen mit den konfessionellen Auseinandersetzungen, sondern auch durch Versuche auswärtiger Mächte, etwa protestantischer deutscher Reichsfürsten oder der Könige von Spanien und England, sich auf Seiten einer der beiden Parteien in den Krieg einzumischen. Selbst im 17. Jahrhundert brachen in Frankreich die Religionskonflikte erneut aus und es kam im Innern zu Kriegshandlungen, die schließlich in der Belagerung und Eroberung La Rochelles, des wichtigsten befestigten Ortes der Hugenotten, durch das königliche Heer (1627/28) ihren Schlusspunkt fanden. Während der Belagerung wurde La Rochelle von Schiffen der englischen Krone versorgt, die den inneren bewaffneten Konflikt zur Schwächung des Rivalen zu nutzen suchte (III.1.b).

Im Reich dauerte der wichtigste Krieg dieses Typs, der Dreißigjährige Krieg, noch bis 1648 an. Auch hier ging es um mehrere Konflikte ganz unterschiedlicher Art: um das Verhältnis des katholischen Königs von Böhmen zu seinen protestantischen Ständen, um das Verhältnis des Kaisers zu den Reichsständen und um das Verhältnis der Konfessionsparteien im Reich, aber eben auch (und immer mehr) um die Machtpositionen europäischer Mächte und Dynastien – der Könige von Dänemark, Schweden und Frankreich, der Häuser Bourbon und Habsburg.

Will man die Bellizität der französischen Außenpolitik nach 1630 verstehen, muss man einen zweiten Ursachenkomplex in den Blick nehmen. Denn nach 1630 gab es – abgesehen von der kurzen Phase der *Fronde* (1648–1653) – niemanden mehr, der die Stellung des Königs im Innern in Frage gestellt hätte. Die zahlreichen Kriege, die zumal Ludwig XIV. führte, setzten vielmehr voraus, dass der Konflikt um die Machtverteilung und die Ausgestaltung des Staatsbildungsprozesses im Wesentlichen im Sinne des Königtums entschieden war. Dies bedeutet nicht, dass die Kriegführung der französischen Könige nun frei von Rücksichten auf die inneren Verhältnisse war, wohl aber, dass dabei genuin außenpolitischen Zielen eine maßgebliche Bedeutung zukam.

Um welche Ziele ging es dabei? Wiederum sehr vereinfachend kann man vier Ziele bzw. Motivkomplexe unterscheiden:

- zunächst einen nicht zu unterschätzenden „symbolischen" Motivkomplex: die Vermehrung des Ruhmes (*gloire*) und der Ehre (*honneur*) des Monarchen;
- ferner einen geostrategischen Motivkomplex, der Überlegungen über die „natürlichen" Grenzen Frankreichs (I.1.a) aufnahm und sich im 17. Jahrhundert im Sinne der Erreichung einer durch einen Festungsgürtel zu sichernden Rheingrenze konkretisierte;
- einen dynastisch-politischen Motivkomplex: die Schwächung der Macht der Habsburger und die Verhinderung bzw. Aufsprengung der Einkreisung durch diese Dynastie (II.2);
- schließlich einen merkantil-handelspolitischen Motivkomplex, der besonders auf die Erwerbung neuer Kolonien bzw. deren Verteidigung gegen andere europäische Kolonialmächte abzielte.

Veränderungen im Militärwesen

Bei der Verfolgung dieser Ziele konnten sich die französischen Könige – dank des Ausbaus ihrer inneren Machtstellung und der Vermehrung der Einnahmen der Krone – auf Heere bis dahin nicht gekannter Größe stützen, die zum großen Teil als stehende Heere unterhalten wurden und so stets einsetzbar waren. Während um 1600 Heinrich IV. im Frieden über kaum 10.000 Mann verfügte, war um 1665 das stehende Heer Ludwigs XIV. in Friedenszeiten etwa 45.000, 1672 bereits 120.000 und 1700 über 190.000 Mann stark. Im folgenden Krieg wurde es auf zeitweise über 400.000 Mann ausgebaut. Auch die Heere Ludwigs XIV. waren keine modernen staatlichen Armeen. So blieb etwa den Kommandeuren der einzelnen Regimenter eine erhebliche Autonomie, sie erhielten in der Regel den Sold pauschal und organisierten die Soldzahlung an die Soldaten in eigener Regie. Gleichwohl waren die französischen Armeen nach der *Fronde* so weit verstaatlicht, dass ihr Einsatz gegen den König nicht mehr möglich war.

Doch nicht nur in Frankreich, auch im übrigen Europa kam es im Laufe des Jahrhunderts zu Veränderungen im Militärwesen. Mit der allmählichen Durchsetzung der Lineartaktik, die erstmals den effizienten Einsatz von Handfeuerwaffen ermöglichte, wurden Disziplin und Übung der Truppen immer wichtiger. Die bis dahin dominierenden, von Fall zu Fall angeworbenen Söldnerheere konnten dies nicht bieten. Sie wurden durch die gründlich gedrillten Soldaten der stehenden Heere ersetzt. Auch die Anforderungen an Logistik, Unterhalt, Kontrolle und Organisation der Truppen wuchsen – Aufgaben, die von den bis dahin vielerorts für Heeresaufbringung und -finanzierung verantwortlichen Kriegsunternehmern nicht gelöst werden konnten. An ihre Stelle traten im weitesten Sinne „staatliche" Verwaltungen. Die Verdrängung der Söldnerheere durch relativ gut steuerbare stehende Heere trug zwar einerseits dazu bei, dass die Zahl der zivilen Opfer von Kriegen sank, weil die Verluste durch Kontributionen und marodierende, plündernde Soldaten deutlich zurückgingen. Auf der anderen Seite haben das enorme Wachstum der Armeen und deren stetige Verfügbarkeit europaweit die Bereitschaft und die Möglichkeiten, Kriege zu führen, erhöht – sie trugen also maßgeblich zur Bellizität der europäischen Mächte, zumal Frankreichs, in der zweiten Hälfte des 17. Jahrhunderts bei.

Krieg und Souveränität

Doch auch jenseits des Militärwesens sind kriegstreibende Faktoren auszumachen. Dazu zählten nicht zuletzt die Konsequenzen, die Juristen und Staatstheoretiker aus den Erfahrungen der konfessionellen Bürgerkriege zogen. Sie verurteilten militärische Gewalt nicht generell, sondern unterschieden bei deren Beurteilung klarer als zuvor zwischen dem innerstaatlichen Raum und der zwischenstaatlichen Sphäre. Während sie Gewaltanwendung im Innern der sich entwickelnden Staaten prinzipiell ächteten, gaben sie andererseits die mittelalterliche Vorstellung auf, wonach der Krieg im Grunde ein gewaltsam ausgetragener Rechtsstreit sei – und damit auch den für die mittelalterliche Diskussion charakteristischen engen Zusammenhang zwischen Krieg und Recht. So verlor die Frage nach der Gerechtigkeit von Kriegen nach 1648 an Bedeutung. Als wichtigstes Kriterium für die Berechtigung zur Kriegführung galt stattdessen, dass derjenige, der den Krieg erklärte bzw. führte, Träger der höchsten Gewalt, der Souveränität war. Als Souverän war der französische König – der ja im Innern nicht durch ständische Beteiligungsrechte oder Verfahren gebremst war – keinem Menschen gegenüber Rechenschaft darüber schuldig, wann und weshalb er Krieg führte. Zuspitzend kann man formulieren: Indem der französische König Krieg erklärte, erwies er sich als Souverän. Nun ist gewiss zu bedenken, dass kein König als Tyrann erscheinen wollte. Doch bemerkenswerterweise wurde die Kriegführung des Königs zumindest von den Eliten in der Regel überraschend positiv beurteilt.

Dies hängt u. a. damit zusammen, dass mit der relativ weitgehenden „Verstaatlichung" der Heere ein neuer Glauben an deren Beherrschbarkeit entstand, der manche Zeitgenossen (nicht nur Militärs) die stehenden Heere geradezu als Idealbilder guter Ordnung deuten ließ. Zugleich kann man feststellen, dass die traditionelle Vorstellung, wonach der König die Aufgabe habe, seine Untertanen, sein Herrschaftsgebiet und seine Herrschaftsrechte nach außen zu verteidigen, zusätzlich akzentuiert wurde – ebenso die ohnehin verbreiteten adligen Leitbilder der Ritterlichkeit, der Ehre und des Mutes. Die französischen Könige des 17. Jahrhunderts – und allen voran Ludwig XIV. – waren in der Vorstellung der Zeitgenossen in einem für uns heute kaum noch vorstellbaren Maße zunächst und v. a. *rois de guerre*. Ludwig XIV. legte nicht nur Wert darauf, seine Armeen in Schlachten selbst zu kommandieren, er ließ sich auch immer wieder als erfolgreicher Heerführer darstellen und feiern.

Gewiss ist auch zu bedenken, dass die Kriegführung den Interessen vieler Adliger entgegenkam, weil sie ihnen Möglichkeiten bot, Offiziersstellen zu erhalten und Karriere zu machen. Sicherlich wird man die französischen Könige nicht – wie dies die marxistische Forschung getan hat – allein als

Sachwalter adliger Interessen deuten können, doch entsprach die Einbindung des Adels in das königliche Heer durchaus ihren Zielen. Ein als Offizier im Krieg stehender Adliger war schwerlich in der Lage, gegen den König zu revoltieren. Und tatsächlich ist es wohl kein Zufall, dass – abgesehen von der *Fronde* – der französische Adel nach 1635 nicht mehr gegen die Krone revoltiert hat.

Krieg und Handel

Was den handelspolitischen Motivkomplex anbelangt, ist als weiterer „kriegstreibender" Faktor die merkantilistische Vorstellung zu nennen, wonach Wohlstand und Macht eines Staates nur durch Verminderung der wirtschaftlichen Potenz anderer Staaten zu mehren seien, der zwischenstaatliche Handel also eine Art Nullsummenspiel darstelle. Die heute vorherrschende Vorstellung, dass zwischenstaatlicher Handel – der ja in der Regel Frieden voraussetzt – allen daran beteiligten Partnern Vorteile bringen könne, wurde erst um die Wende zum 19. Jahrhundert entwickelt.

Bei der Darstellung kriegstreibender Faktoren sind schließlich noch die Anlässe und Argumente in den Blick zu nehmen, die in der Regel kriegerische Konflikte auslösten bzw. zu deren Begründung herangezogen wurden. Beides lässt sich nicht immer klar voneinander trennen, da Souveräne wie Ludwig XIV. bei der Entscheidung für einen Krieg zwar niemandem Rechenschaft schuldig, zugleich aber bestrebt waren, als das Recht achtende Monarchen zu erscheinen und keinen Aufwand scheuten, die Berechtigung ihrer Ansprüche und Kriegsziele in regelrechten Propagandakriegen nachzuweisen. Dies ließ es in der Regel geraten erscheinen, rechtliche Argumente für einen Krieg zu liefern.

Kriegslegitimationen

Bei der Rechtfertigung ihrer kriegerischen Politik stützten sich die Bourbonen v.a. auf zwei Arten von Rechtsansprüchen. Sie rührten einerseits aus dem Lehnsrecht her: Aus der Tatsache, dass zu einem bestimmten, oft weit im Mittelalter zurückliegenden Zeitraum lehnsrechtliche Bindungen zum französischen König oder einem anderen französischen Feudalherren bestanden hatten, leiteten sie den Anspruch auf die betreffenden Ländereien ab. Dies war eine Umdeutung lehnsrechtlicher in staatlich-territoriale Rechtsbeziehungen, auf die zumal die französische Reunionspolitik (II.3.c) rekurrierte. Rechtsansprüche wurden ferner immer wieder aus dynastischen Beziehungen hergeleitet – so etwa im Pfälzischen und Spanischen Erbfolgekrieg (II.3.c und II.3.d).

Damit ist ein weiteres Strukturelement der Mächtepolitik der Zeit angesprochen, das gewiss nicht neu war, aber in Verbindung mit den verfassungsrechtlichen und militärischen Möglichkeiten maßgeblich zur Bellizität der Epoche beigetragen hat. Tatsächlich hat die Mehrzahl der Kriege des 17. wie des 18. Jahrhunderts seine Ursache in dynastischen Erbfällen, für die in vielen Monarchien – anders als in Frankreich mit der *loi salique* – keine klaren, allgemein anerkannten Regelungen bestanden. Dies bedeutete deshalb Kriegsgefahr, weil die regierenden europäischen Fürsten aus Rücksicht auf die Ebenbürtigkeit in der Regel untereinander heirateten. Dynastische Heiraten aber wurden von vornherein in der Perspektive vorgenommen, im Falle des Ausbleibens direkter Nachkommen womöglich Erbansprüche geltend machen zu können. Und solche Fälle traten immer wieder ein – mit der Folge, dass fast durchweg mehrere Prätendenten Ansprüche auf die Erbfolge oder zumindest auf Teile des betroffenen Landes erhoben. Ausgetragen wurde dieser Konflikt in der Regel kriegerisch, obwohl gelegentlich versucht wurde, im Vorfeld Verhandlungslösungen zu finden. Hier zeigt sich, dass die Außenpolitik des 17. Jahrhunderts nicht primär Staatenpolitik war, sondern dynastische Politik, die in entscheidendem Maße den Interessen des jeweiligen Herrscherhauses folgte.

2. Die „habsburgische Frage"

Wie sehr dynastische Interessen und Konflikte die französische Außenpolitik des 17. Jahrhunderts bestimmt haben, wird v.a. an einer Konstante dieser Politik deutlich, die bereits angesprochen wurde: dem Gegensatz zwischen dem französischen Königshaus und dem Haus Habsburg. Die Häuser Valois/Bourbon und Habsburg waren während der gesamten Frühneuzeit die einflussreichsten Dynastien auf dem europäischen Festland. Sie standen für unterschiedliche Formen der Herrschaftsbildung. Die Valois und später die Bourbonen verkörperten den Typus des bereits früh über einen relativ geschlossenen Herrschaftsbereich verfügenden Herrscherhauses, das sich, unterstützt von den mit der Krone verbundenen Eliten, z.T. (etwa im Konflikt mit England) bereits „national" zu legitimieren suchte. Die Habsburger hingegen regierten einen auf der Grundlage des dynastischen Erbrechts „zusammengeheirateten" Herrschaftsverband, dem neben den österreichischen Erblanden, Ungarn und Böhmen auch Spanien zugehörte; von 1438 bis 1740 hatten zudem Habsburger die Königs- bzw. Kaiserwürde im Heiligen Römischen Reich inne. Beide Dynastien rangen um die Vormachtstellung in Europa, was Phasen relativer Ruhe nicht ausschloss, aber zur Folge hatte, dass es bis 1756/57 kein über die Wahrung des Status quo hinausgehendes habsburgisch-französisches Bündnis gab, während es immer wieder zu kriegerisch ausgetragenen Konflikten zwischen beiden Häusern kam.

Ursprünge

Seine Ursprünge hatte dieser Gegensatz im ausgehenden 15. Jahrhundert, als nach dem Zusammenbruch des burgundischen Reichs die Häuser Valois und Habsburg das burgundische Erbe beanspruchten und es schließlich untereinander aufteilten, ohne dass es zu einer dauerhaften Regelung gekommen wäre. Wenig später stießen die Interessen der beiden Dynastien auch in Italien zusammen, wo seit dem Ende des 15. Jahrhunderts beide Dynastien (nicht zuletzt durch Heiratsverbindungen) Fuß zu fassen suchten. Als es den Habsburgern in der Person Karls V. schließlich gelang, das kurz zuvor vereinigte, dank der neu erworbenen Kolonien ungeheuer reiche Königreich Spanien zu erben, entstand im Umfeld der französischen Könige jene Angst vor der habsburgischen Einkreisung, die für deren Politik bis mindestens 1659, letztlich aber bis zum Ende des Spanischen Erbfolgekriegs 1713 maßgeblich blieb. Dies obwohl nach der Abdankung Karls V. im Jahre 1556 die österreichischen Erblande, Böhmen, Ungarn und die Kaiserwürde auf der einen Seite und Spanien auf der anderen Seite nie mehr in einer Hand vereinigt waren – der habsburgisch-bourbonische dynastische Gegensatz hat die europäische Mächtepolitik sogar noch darüber hinaus bis 1756 bestimmt.

Kampf gegen die Universalmonarchie

Der dynastische Gegensatz zu den Habsburgern verknüpfte sich in Frankreich mit der bereits erwähnten Tradition der Abgrenzung gegenüber einer wie auch immer gearteten „Universalmonarchie" des Kaisers; so wurde auch den Habsburgern der Neuzeit ein maßloses Dominationsstreben unterstellt, weshalb die Zerstörung oder zumindest die Schwächung der habsburgischen Machtbasis über weite Strecken der Frühen Neuzeit als Grundmaxime der französischen Außenpolitik galt – eine Maxime, um derentwillen das französische Königtum bereits im 16. Jahrhundert bereit war, prinzipiell mit allen Gegnern der Habsburger Bündnisse einzugehen, auch (für den *roi très chrétien* nicht unheikel) mit protestantischen Fürsten (etwa im Reich) oder dem muslimischen Osmanischen Reich. Dies schloss andererseits dynastische Verbindungen keineswegs aus – ja solche Verbindungen entsprachen sogar der politischen Logik dynastischer Politik, die darauf setzte, daraus Erbansprüche ableiten zu können; so waren sowohl Ludwig XIII. wie auch Ludwig XIV. mit Habsburgerinnen verheiratet.

Unter König Franz I. und Kaiser Karl V. war der Konflikt zwischen Habsburgern und französischen Königen in der ersten Hälfte des 16. Jahrhunderts in zahlreichen Kriegen ausgetragen worden, in die in wechselnden Konstellationen fast alle anderen Mächte Europas hineingezogen worden waren. 1559 kam es zu dem für Spanien günstigen Frieden von Cateau-Cambrésis, in dem Frankreich – abgesehen von fünf Festungen jenseits des Alpenhauptkamms – auf seine Ansprüche im Alpenraum und Oberitalien verzichten musste. In den folgenden Jahrzehnten waren die französischen Könige wegen der Religionskriege zu einem äußeren Krieg gegen Spanien nicht in der Lage, während Spanien besonders in den späten 1580er und frühen 1590er Jahren versuchte, über die katholische Partei Einfluss in Frankreich zu gewinnen und zeitweise sogar das Ziel verfolgte, einen spanischen Kandidaten auf dem französischen Thron durchzusetzen – eine Politik, an die im 17. Jahrhundert immer wieder erinnert wurde, wenn für eine antihabsburgische Politik geworben wurde.

3. Phasen der französischen Außenpolitik

Will man nicht den Überblick verlieren und die französische Außenpolitik als eine ungeordnete Folge zufälliger Ereignisse, Verträge, Kriege, Schlachten und Friedensschlüsse wahrnehmen, empfiehlt es sich, verschiedene Phasen zu unterscheiden, die in sich wenigstens einigermaßen geschlossen waren. Dabei sei betont, dass eine solche Einteilung in Phasen eine Ordnungsleistung des Historikers darstellt, die sich auf keinen Fall von selbst ergibt. Im Folgenden sollen vier Phasen unterschieden werden, denen vier Phasen der innenpolitischen Entwicklung korrespondieren:

a) Zwischen Friedensbereitschaft und Eindämmungspolitik (1598–1630)

In den ersten Jahrzehnten ihrer Herrschaft agierten die Bourbonen außenpolitisch vorsichtig – auch gegenüber dem Hause Habsburg. Dies gilt zumal für Heinrich IV., den ersten Bourbonen auf dem französischen Königsthron. Seine Zurückhaltung mag insofern überraschen, als man diesem König weder mangelnde Entschiedenheit unterstellen kann noch mangelnde Konfliktbereitschaft und Kriegserfahrung. Denn während der Religionskriege hatte er als Führer der hugenottischen Partei fast ununterbrochen Kriege geführt. Auch kann kein Zweifel bestehen, dass Heinrich von Navarra in den Habsburgern, insbesondere in Spanien, das sein Königtum bis zuletzt hatte verhindern wollen, den Hauptgegner Frankreichs und seines Königshauses erblickte.

Außenpolitik Heinrichs IV.

Als König hat Heinrich IV. gleichwohl lange außenpolitisch behutsam agiert. Nachdem er zum katholischen Glauben übergetreten und zum König gekrönt war, suchte er den seit 1590 andauernden Krieg mit Spanien zu beenden, was ihm 1598 im Frieden von Vervins schließlich gelang. Gewiss: Als sich 1601 die Gelegenheit bot, dem Herzog von Savoyen in einem kurzen Kriegszug ein großes Gebiet zwischen Rhône und Saône (Bresse, Bugey, Paix de Gex) abzunehmen, nutzte er diese Gelegenheit ohne Zögern. Der Herzog von Savoyen war trotz enger dynastischer Verbindungen zum französischen Königshaus ein schwieriger, mit Spanien verbündeter Nachbar. Es war weniger der Gebietsgewinn als die Verbindung Savoyens zu Spanien, die maßgeblich war für diese Eroberung. Denn die spanischen Truppen nutzen das Gebiet zwischen Saône und Rhône als Durchmarschgebiet auf ihrem Weg von Italien in die Niederlande, wo sie noch immer den 1568 ausgebrochenen Aufstand der nördlichen, protestantischen Provinzen der Niederlande bekämpften. Nach dem Erwerb dieses Gebietes durch Frankreich stand den spanischen Truppen nur noch eine einzige Durchgangsstraße zwischen Italien über Savoyen in die Niederlande zur Verfügung. Auch nachdem der Niederländische Aufstand 1609 mit einem Waffenstillstand vorläufig beendet war, spielten die Behinderung bzw. Zerstörung der Landverbindungen Spaniens eine entscheidende Rolle in der französischen Außenpolitik.

1609 erblickte Heinrich IV. erneut eine Chance für eine begrenzte, gleichwohl gegen das Haus Habsburg gerichtete Außenpolitik. Im Herzogtum Jülich-Kleve-Berg am Niederrhein war mit dem Tod des kinderlosen Herzogs Johann Wilhelm ein komplizierter Erbfall eingetreten. Der von dem verstorbenen Herzog regierte Territorienverband war nicht nur wegen seiner wirtschaftlichen Prosperität bedeutend, sondern auch wegen seiner geostrategischen Lage an der Ostgrenze der spanisch gebliebenen südlichen Niederlande. Erbansprüche konnten mehrere Reichsfürsten erheben, allen voran der Kurfürst von Brandenburg und der Herzog von Pfalz-Neuburg – nach dem Tod Johann Wilhelms einigten sie sich, das Erbe zunächst gemeinsam in Besitz zu nehmen. Dies indes rief den Kaiser auf den Plan, der die Inbesitznahme durch zwei protestantische Reichsfürsten nicht akzeptieren wollte, seine Rechte als Reichsoberhaupt geltend machte und die Territorien unter Zwangsverwaltung nehmen ließ.

In dieser Situation entschloss Heinrich IV. sich, an die bereits unter Franz I. verfolgte Politik der Unterstützung protestantischer Reichsfürsten gegen den Kaiser anzuknüpfen und am Niederrhein militärisch einzugreifen. Nun zeigte sich allerdings, wie riskant diese Politik innenpolitisch war. Einen Tag, nachdem die Königin, Maria von Medici, für die Zeit der Abwesenheit des Königs feierlich zur Regentin bestellt worden war, wurde Heinrich am 14. Mai 1610 von einem katholischen Fanatiker ermordet. Die Hintergründe der Tat sind nicht im Einzelnen geklärt, doch ist wahrscheinlich, dass der Mörder des Königs kein gestörter Einzeltäter war. In der Tat hatte Heinrich IV. auch jetzt noch viele Feinde, und deren Zahl wuchs, als der König durch seine Außenpolitik erneut zu demonstrieren schien, dass es mit der Ernsthaftigkeit seines Übertritts zum katholischen Glauben nicht weit her war.

Man kann nur spekulieren, was geschehen wäre, hätte man den König nicht ermordet. Einer seiner engsten Vertrauten, der Herzog von Sully, hat davon gesprochen, Heinrich IV. habe 1610 das Ziel verfolgt, die habsburgische und v. a. die spanische Machtstellung in Europa ein für allemal zu zerstören. Es sei nicht um einen begrenzten Konflikt mit dem Ziel gegangen, die Machtbalance im nordwestdeutsch-niederländischen Raum zugunsten Frankreichs zu verschieben, sondern um einen großen europäischen Entscheidungskrieg, an dessen Ende eine föderale Neuordnung Europas in einer Staatenfamilie unter französischer Führung hätte stehen sollen. In der Forschung besteht indes Einigkeit, dass dieser angebliche *Grand Dessein* auf einer nachträglichen Konstruktion beruht. Wahrscheinlich beabsichtigte Heinrich IV. lediglich, eine neuerliche Stärkung des habsburgischen Einflusses im niederrheinisch-niederländischen Raum zu verhindern. Wie dem auch gewesen sein mag: Nach der Ermordung Heinrichs IV. knüpfte die französische Außenpolitik zunächst nicht weiter an dessen antihabsburgische Linie an; erst etwa anderthalb Jahrzehnte später wurde diese Politik von Ludwig XIII. und Richelieu allmählich wieder aufgegriffen. Dem unbestreitbar frommen König und dem Kardinal der katholischen Kirche konnte man schwerlich vorwerfen, was man dem Konvertiten Heinrich IV. als Unterstützung von Häretikern auslegte.

Maria von Medici und der Ausgleich mit Spanien

Ehe Richelieu von 1624 an die französische Außenpolitik mehr und mehr bestimmte, lag deren Leitung zunächst bis 1617, also noch über das offizielle Ende ihrer Regentschaft hinaus, bei Maria von Medici, der Witwe Heinrichs IV. Maria trat für einen Ausgleich mit Spanien ein und verdrängte dementsprechend schon bald nach der Übernahme der Regentschaft den Herzog von Sully und andere Berater ihres Mannes vom Hof. Sichtbarstes Ergebnis der Ausgleichspolitik Marias von Medici war die 1612 verabredete, 1615 vollzogene Doppelheirat Ludwigs XIII. mit einer Tochter Philipps III. von Spanien, Infantin Anna, in Frankreich als ‚Anne d'Autriche' bezeichnet, und des künftigen spanischen Königs Philipps IV. mit Elisabeth von Frankreich – ein Ereignis, das in der französischen Öffentlichkeit im Umfeld der Generalstände von 1614 kontrovers diskutiert wurde. Auch als Ludwig XIII. seine Mutter 1617 von der Macht verdrängte, setzte Frankreich unter der Ägide des Vertrauten des Königs, Charles d'Albert de Luynes, die habsburgfreundliche Politik Marias fort. Dabei spielte eine Rolle, dass Luynes wie Maria von Medici von der katholischen Reform beeinflusst war und dem *parti dévot* (I.5.a) nahestand, weshalb eine sich auf Bündnisse mit protestantischen Mächten stützende, gegen eine katholische Macht wie Spanien gerichtete Politik für ihn undenkbar war.

Zu Beginn des Dreißigjährigen Krieges erwog man am französischen Hof sogar ein Eingreifen an der Seite des Kaisers. Dieser Plan wurde zwar verworfen, doch vermittelte Frankreich im Vertrag von Ulm (3. Juli 1620) immerhin einen Ausgleich zwischen den gegnerischen konfessionellen Bündnissen im Reich, der evangelischen Union und der katholischen Liga, der zur Folge hatte, dass die Union auf jede Unterstützung ihrer aufständischen Glaubensbrüder in Böhmen verzichtete, während die Ligatruppen entscheidend zur Niederlage der Aufständischen in der Schlacht am Weißen Berg (8. November 1620) beitragen konnten. Frankreich, das ja immer noch über einige Festungen am Oberlauf des Po verfügte, ließ auch zu, dass Spanien und Österreich 1621/22 den protestantischen Schweizer Kanton Graubünden angriffen. Unter dem Vorwand, die dortige katholische Bevölkerung schützen zu wollen, setzten sie sich im Veltlin fest und gewannen damit eine neue Landverbindung für Truppenbewegungen zwischen Oberitalien, dem Reich und den Niederlanden.

Richelieu als Exponent einer antihabsburgischen Politik

Die intensive Nutzung dieser Landverbindung durch die spanischen Truppen verlieh am französischen Hof jenen Stimmen neues Gewicht, die seit langem vor der Umklammerung durch die Habsburger warnten. Auch der König zeigte sich diesen Argumenten aufgeschlossen und nahm mit Kardinal Armand Jean de Plessis, Herzog von Richelieu, 1624 einen entschiedenen Verfechter einer konsequent antihabsburgischen Politik in seinen Rat auf. Unter seinem wachsenden Einfluss wandte sich die französische Außenpolitik allmählich von ihrer habsburgfreundlichen Linie ab. Dieser Politikwechsel erfolgte nicht abrupt, doch spätestens Ende 1630 konnte Richelieu die Verfechter einer prohabsburgischen Politik in der *journée des Dupes* ausschalten und seine Linie definitiv durchsetzen.

Wie soll man die habsburgfreundliche Politik der vorausgegangenen Jahre bewerten? Zumal in der französischen Historiographie hatte sie lange einen schlechten Ruf. Dies hat nicht zuletzt damit zu tun, dass Richelieu, der eine geschickte Propaganda- und Geschichtspolitik betrieb, dafür sorgte, dass die habsburgfreundliche Linie seiner Gegner bereits in der zeitgenössischen Publizistik sehr negativ dargestellt wurde. Eine erhebliche Rolle spielte gewiss auch, dass sich Richelieus Linie letztlich durchgesetzt und unleugbare Erfolge ermöglicht hat – das historische Gedächtnis ist meist ein Gedächtnis der Sieger. Tatsächlich wurde der Kampf gegen die habsburgische Umzingelung schon früh zum integralen Bestandteil des französischen Geschichtsbildes. Unverkennbar ist schließlich, dass eine Politik, die religiös-konfessionellen Kriterien den Primat einräumte, unserem heutigen säkularen Politikverständnis weit schwerer plausibel zu machen ist als eine Politik, die sich auf genuin politische, womöglich mit dem Staatsinteresse begründete Leitlinien beruft.

Ungeachtet dessen ist zu bedenken, dass die Absicht der habsburgischen Mächte, Frankreich nach 1610 einzukreisen oder gar anzugreifen, schwer zu belegen ist. Zwar steht fest, dass Spanien bestrebt war, Alpenübergänge zu gewinnen, um in den Niederlanden und im Reich militärisch intervenieren zu können. Ob damit indes wirklich das Ziel verknüpft war, Frankreich niederzuringen, erscheint zumindest auf kurze und mittlere Sicht fraglich. Schließlich sei daran erinnert, dass eine offensive Politik gegenüber Spanien im Innern Frankreichs ein Maß an politischer Stabilität vorausgesetzt hätte, das zwischen 1610 und 1629 aus noch vorzustellenden Gründen (III.1.b) nicht gegeben war – und dass sie auch danach mit erheblichen Risiken, enormen Kosten und hohen Verlusten verbunden war.

b) Der Weg in den Krieg (1630–1659)

Einen ersten außenpolitischen Erfolg konnte Richelieu bereits 1624 erzielen. Auf sein Drängen hin intervenierte Frankreich im Veltlin, zog sich aber nach zwei Jahren zurück, als der um Vermittlung zwischen Spanien und Frankreich bemühte Papst die Besetzung dieses Gebiets durch seine Truppen vorschlug. Parallel zu diesem ersten Engagement in Italien ließ Richelieu im Reich nach verschiedenen Seiten sondieren, wie Frankreich die Gegner des Kaisers unterstützen konnte. So erhielt etwa Graf von Mansfeld, einer der militärischen Führer der Protestanten im Reich, **Subsidien**, parallel dazu wurden Kontakte zu Dänemark und zeitweise auch zu England geknüpft. In der Hoffnung, die Liga vom Kaiser zu trennen, wurde aber auch Bayern umworben. Allerdings waren die Handlungsmöglichkeiten der französischen Außenpolitik im Reich – u. a. durch den sich zuspitzenden Konflikt der Krone mit den Hugenotten – begrenzt. Wirkungsvoller war die Intervention Frankreichs im Zweiten Mantuanischen Erbfolgekrieg (1628–31). Hier gelang es nicht nur, die Erbfolge des französischen Prätendenten Karl von Gonzaga-Nevers zu sichern, sondern auch, das bis dahin meist mit Spanien verbündete Herzogtum Savoyen auf Jahrzehnte an Frankreich zu binden und die im 16. Jahrhundert schon einmal in französischem Besitz befindliche Festung Pignerolo samt ihres Umlandes zu gewinnen – ein 1648 im Westfälischen Frieden bestätigter Zugewinn, den Richelieu zu den Haupterfolgen seiner Politik zählte, weil er eine ideale Basis für Interventionen im südlichen Alpenraum und in Oberitalien bildete.

E

Als **Subsidien** (von lat. *subsidium* – Hilfe) bezeichnet man vertraglich vereinbarte Zahlungen eines Staates an einen Verbündeten. In der Frühneuzeit bildeten Subsidien ein wichtiges Instrument der Mächtepolitik. Sie dienten in der Regel der Bereitstellung von Truppen, nicht selten auch der Sicherung politischen Einflusses.

Eingreifen in den Dreißigjährigen Krieg

Seit er im November 1630 seine auf einen Ausgleich mit dem Hause Habsburg drängenden Konkurrenten ausgeschaltet hatte, intensivierte Richelieu das antihabsburgische Engagement der französischen Außenpolitik. So besetzten 1631 erneut französische Truppen das Veltlin und verhinderten fortan den Durchzug spanischer Heere wirkungsvoll. Im Reich griff Frankreich zwar zunächst weiterhin nicht offen ein, unterstützte nun aber die Gegner des Kaisers mit weit größeren Mitteln als zuvor. So sicherte es Schweden, dem wichtigsten Bündnispartner der protestantischen, antikaiserlichen Reichsstände und Hauptgegner des Kaisers, im Januar 1631 (Vertrag von Bärwalde) bedeutende Subsidienzahlungen zu, mit denen die schwedische Kriegführung in Deutschland unterstützt, ja auf längere Frist überhaupt erst ermöglicht wurde. Zudem wurden französische Truppen in Lothringen, einem Reichsterritorium, stationiert, um kaiserliche Truppen zu binden.

Als Schweden nach der Schlacht bei Nördlingen (6. September 1634) in die Defensive geriet, der Kaiser 1635 mit dem Prager Frieden einen Ausgleich mit den wichtigsten Reichsfürsten zustande brachte und sich eine Stärkung seiner Stellung in der Reichsverfassung abzeichnete, griff Frankreich ohne Kriegserklärung in den Krieg ein. Parallel dazu suchte Richelieu einzelne Reichsfürsten eng an Frankreich zu binden. Dies gelang beispielsweise in einem Schutzvertrag mit dem Kurfürsten-Erzbischof von Trier und Bischof von Speyer, Philipp Christoph von Sötern, der Frankreich im Gegenzug kampflos die Festungen Philippsburg (bei Karlsruhe) und Ehrenbreitstein (bei Koblenz) überließ. In den folgenden Jahren drangen französische Armeen bis nach Bayern und Böhmen vor.

Westfälischer Friede

Im Westfälischen Frieden 1648 konnte Frankreich, nach Richelieus Tod 1642 unter Führung von Kardinal Jules Mazarin, nicht nur die Bestätigung des Besitzes von Pignerolo und erhebliche Gewinne im Elsass erreichen, sondern auch durchsetzen, dass die Unabhängigkeit der Vereinigten Provinzen der Niederlande von Spanien völkerrechtlich definitiv anerkannt wurde. Maßgeblich von Frankreich beeinflusst war auch die Regelung des Westfälischen Friedens, die den Reichsfürsten das Recht bestätigte, Bündnisse mit fremden Mächten abzuschließen, sofern sich diese Bündnisse nicht gegen Kaiser und Reich richteten – eine Bestimmung, die von der französischen Außenpolitik in den nächsten Jahren geschickt zum Aufbau eines Klientelsystems genutzt wurde. Schließlich gehörten Frankreich und Schweden zu den Garantiemächten des Westfälischen Friedens. Bei Verletzung des Vertrages eröffnete dies die Möglichkeit, zusammen mit dem Geschädigten nach einer Frist von drei Jahren gegen vertragsbrüchige Mächte vorzugehen – auch wenn Bestimmungen zur politischen Ordnung des Reiches betroffen waren. Dies baute einer künftigen Stärkung der verfassungsrechtlichen Stellung des Kaisers im Reich vor. Nicht unterschätzt werden sollte außerdem das Prestige, das sich die französische Außenpolitik bei den Verhandlungen zum Westfälischen Frieden erwerben konnte.

Pyrenäenfriede

Im Grunde kann es auch als französischer Erfolg gelten, dass Spanien in Münster einen definitiven Frieden mit der Republik der Niederlande schloss, ohne einen Gesamtfrieden zu erreichen. Da andererseits der Kaiser aus dem Krieg ausschied, war es Frankreich also gelungen, die österreichischen von den spanischen Habsburgern zu trennen und deren Kriegskoalition politisch aufzusprengen. Tatsächlich wurde der französisch-spanische Krieg noch Jahre fortgesetzt, wobei beide Mächte jeweils versuchten, den Gegner durch die Förderung innerer Unruhen zu schwächen. So unterstützte Frankreich zwischen 1640 und 1652 Aufstände in Katalonien, während Spanien wiederum die *Fronde* förderte. Erst 1659 kam es nach militärischen Erfolgen Frankreichs, das seit 1657 mit England (unter Cromwell) verbündet war, zu einem Friedensschluss, dem sogenannten Pyrenäenfrieden. Spanien musste Teile des Artois, Flanderns, des Hennegau und Luxemburgs sowie das Roussillon an Frankreich abtreten, womit die Pyrenäen definitiv zur „natürlichen" spanisch-französischen Grenze wurden. Zudem wurde erneut eine dynastische Verbindung zwischen beiden Fürstenhäusern vereinbart. Maria Teresa, die Tochter König Philipps IV. von Spanien, wurde mit Ludwig XIV. verheiratet; sie gab ihre Ansprüche auf den spanischen Thron auf und sollte hierfür eine Geldentschädigung erhalten, die freilich nie gezahlt wurde. Der Pyrenäenfrieden von 1659 bedeutete ganz unverkennbar das Ende der spanischen Vorherrschaft in Europa – er bildete zugleich die Grundlage dafür, dass Frankreich unter Ludwig XIV. zur neuen europäischen Vormacht aufstieg.

c) Eroberungspolitik und Hegemonieanspruch (1659–1685)

Als Ludwig XIV. nach dem Tod Kardinal Mazarins 1661 auf die neuerliche Berufung eines Ersten Ministers verzichtete und selbst die Leitung der Regierungsgeschäfte übernahm, ließ er von Anfang an keinen Zweifel daran, dass er im Streben nach Ruhm das einzig angemessene Ziel seiner Herrschaft erblickte – ein Ziel, das nach dem Verständnis der Zeit zuallererst in Form außenpolitischer (insbesondere militärisch errungener) Erfolge verwirklicht werden konnte.

Heeresorganisation

Um dieses Ziel zu erreichen, sorgte Ludwig XIV. einerseits für den Ausbau des stehenden Heeres (II.1), das unmittelbar nach dem Pyrenäenfrieden erst einmal reduziert worden war. Zugleich wurde die Militärorganisation gestrafft; neben Offizieren, die ihre Ämter gekauft hatten, wurden Offiziere eingeführt, die nicht über käufliche Stellen verfügten und deshalb leichter kontrollierbar waren. Neben Regimentern, die ihren Kommandeuren gehörten, wurden vermehrt Regimenter geschaffen, die – meist von *lieutenants-colonels* kommandiert – unmittelbar aus dem königlichen Budget finanziert waren. Zudem wurde die Autonomie der Heerführer zugunsten einer strafferen, vom königlichen Kabinett relativ detailliert geplanten Kriegführung eingeschränkt. Ergänzt wurden diese Maßnahmen durch den Ausbau eines dichten Festungsgürtels unter der Ägide Marschall Vaubans und durch die Verstärkung der königlichen Marine.

Professionalisierung der Diplomatie

Schließlich kann man in den ersten Jahren der persönlichen Regierung des Königs eine deutliche Professionalisierung der französischen Diplomatie beobachten, die u.a. darin zum Ausdruck kam, dass neben den bis dahin vorherrschenden zeitlich beschränkten Missionen dauerhafte diplomatische Vertretungen eingerichtet wurden. Dies entsprach einer allgemeinen Tendenz der europäischen Mächtepolitik seit dem Westfälischen Frieden, die freilich von der französischen Politik besonders nachdrücklich vorangetrieben wurde. Aufgabe der französischen Diplomaten war es nicht nur, den französischen König zu vertreten, seine Interessen und die seiner Untertanen im Gastland zu wahren und Klientelnetze aufzubauen, sondern auch möglichst detaillierte Informationen in Erfahrung zu bringen, wobei die Grenzen zwischen diplomatischer Repräsentation und dem, was wir heute als Spionage bezeichnen würden, fließend waren. Der König ließ zudem die seit der Richelieu-Ära betriebene systematische Erforschung alter Lehnsbeziehungen, Verträge und Rechtstitel der französischen Könige fortsetzen, um daraus territoriale Herrschaftsansprüche abzuleiten.

Nachdem er seine Selbstregierung angetreten hatte, verzichtete Ludwig XIV. zunächst auf größere militärische Aktionen, obwohl einige seiner hochadligen Generäle wie Turenne und Condé ihn dazu drängten. Einstweilen konnte sich der Chef des königlichen Finanzwesens, Colbert, der auf eine längere Friedensphase drängte, durchsetzen, denn die Finanzen des Königreichs, aber auch der Zustand der französischen Armeen ließen zunächst eine Konsolidierungsphase geraten erscheinen.

Diese Konsolidierungsphase bedeutete keineswegs außenpolitische Inaktivität. Vielmehr war die französische Außenpolitik auf vielen Schauplätzen sehr präsent. Besonderen Wert legte sie dabei darauf, den Rang Ludwigs XIV. in dem sich ausdifferenzierenden diplomatischen Zeremoniell zu verdeutlichen. Bezeichnend sind hier zwei diplomatische Zwischenfälle. Anfang der 1660er Jahre versuchte der spanische Botschafter in London zu erreichen, dass er bei offiziellen Anlässen vor dem französischen Botschafter vorgelassen wurde. Ludwig XIV. protestierte mit Nachdruck und verlangte Wiedergutmachung für diese symbolische Verletzung seiner Vorrangstellung unter den Königen Europas – mit Erfolg: Der spanische König, dem nach dem Pyrenäenfrieden an der Wahrung der Ruhe gelegen war, entsandte eigens einen Sonderbotschafter, um seinem Schwiegersohn Ludwig XIV. sein Bedauern über den Vorfall zu übermitteln.

1662 kam es in Rom zwischen der päpstlichen Garde und einem Franzosen zu einem Zwischenfall, bei dem auch auf die französische Botschaft geschossen wurde. Ludwig XIV. veranlasste deshalb das *parlement de Provence*, ein Urteil zu fällen, wonach die in päpstlichem Besitz befindliche, um Avignon herum gelegene Grafschaft Venaissin eingezogen werden sollte. Der Papst entsandte daraufhin 1664 einen hochrangigen Gesandten, der sich beim französischen König entschuldigte.

Erster Rheinbund

Besonders aktiv war die französische Diplomatie im Heiligen Römischen Reich. Gestützt auf seine während der Verhandlungen in Münster und Osnabrück erworbene Reputation und seine Rolle als Garant des Westfälischen Friedens, unterhielt Frankreich zu vielen Reichsfürsten enge Beziehungen und band sie durch Subsidienzahlungen an sich. Nachdem 1658 kurzfristig sogar die Wahl Ludwigs XIV. zum Kaiser erwogen worden war, gelang der französischen Diplomatie noch im selben Jahr in engem Zusammenspiel mit dem Mainzer Kurfürsten und Reichserzkanzler Philipp von Schönborn die Gründung des ersten Rheinbunds, eines überkonfessionellen Defensivbündnisses geistlicher und weltlicher Reichsfürsten des Heiligen Römischen Reiches, in dem auch Frankreich Mitglied war, ja als Schutzmacht fungierte und die größten Truppenkontingente stellte. Der Rheinbund war ein wichtiger Beitrag zur Befriedung des Reichs, weil es hier erstmals nach dem Westfälischen Frieden im großen Rahmen gelang, katholische und protestantische Reichsstände zu einem auf Frieden und gegenseitige Unterstützung abzielenden Bündnis zusammenzuschließen. Er war aber auch eine unmissverständliche „Ansage" Ludwigs an den Kaiser, sich mit dem französischen Einfluss im Reich und mit den Bedingungen des Westfälischen Friedens abzufinden.

Präsent war Frankreich auch in einem Konflikt, der 1665 zwischen den beiden Handels- und Seemächten England und der Republik der Niederlande entbrannte. Obwohl sein Land von diesem Konflikt eigentlich nicht betroffen war, betrieb der französische König eine militärische Intervention zugunsten der Niederlande, um seine Rolle als Führungsmacht zu unterstreichen und Vorteile zu erreichen. Tatsächlich konnte Frankreich, das kaum an den Kriegshandlungen teilgenommen hatte, 1667 im Frieden von Breda die völkerrechtliche Garantie der zuvor zeitweise gefährdeten französischen Kolonialbesitzungen in Nordamerika erreichen.

Devolutionskrieg

Auch nach dem 1659 im Pyrenäenfrieden besiegelten Ende der spanischen **Hegemonialstellung** in Europa spielte die Rivalität zu Spanien eine zentrale Rolle in der französischen Außenpolitik. Die im Frieden vereinbarte neuerliche dynastische Doppelverbindung zwischen spanischen Habsburgern und Bourbonen wurde französischerseits anders als die spanisch-französische Doppelhochzeit des Jahres 1615 nicht als Ende dieser Rivalität gedeutet, sondern als Chance, Ansprüche auf spanische Gebiete geltend zu machen. Dabei spielte von vornherein eine Rolle, dass die politischen und diplomatischen Eliten Europas seit der Mitte des Jahrhunderts mit dem baldigen Erlöschen der spanischen Linie des Hauses Habsburg rechneten. Dies galt besonders, nachdem im November 1661 Philipp Prosper, der letzte Sohn des spanischen Königs Philipp IV., gestorben war. Zwar wurde einige Wochen später noch ein weiterer Sohn, der spätere König Karl II., geboren, doch der war Zeit seines Lebens von schwacher Konstitution und nicht in der Lage, Nachkommen zu zeugen – sein fragiler Gesundheitszustand war bis zu seinem Tod im Jahre 1700 ein europäisches Politikum ersten Ranges.

E

Unter **Hegemonie** versteht man die Überlegenheit eines Akteurs, die ihm einen entscheidenden Einfluss auf andere Akteure ermöglicht, obwohl deren Unabhängigkeit formal bestehen bleibt. Der Begriff der Hegemonie wird nicht nur auf politisch-militärische, sondern auch auf wirtschaftliche und kulturelle Machtverhältnisse angewandt.

Mit Blick auf das spanische Erbe hatte die französische Diplomatie bereits 1663 ein in Brabant übliches Gewohnheitsrecht, das sogenannte *droit de dévolution* ausfindig gemacht, wonach bei Erbfällen die Kinder aus erster Ehe gegenüber Kindern aus späteren Ehen zu bevorzugen waren. Obwohl sie ausdrücklich nur für private Erbfälle galt, war diese Regel aus französischer Sicht attraktiv, weil Maria Teresa, die Ehefrau Ludwigs XIV., der ersten Ehe Philipps IV. mit Elisabeth von Frankreich entstammte, Karl II. hingegen dessen zweiter Ehe mit Maria Anna von Österreich. Als Philipp IV. im Herbst 1665 starb, hinterließ er ein Testament (anders als in Frankreich waren in Spanien testamentarische Regelungen des Königs zulässig), in dem alle Erbansprüche Maria Teresas und ihrer Nachkommen ebenso wie Ansprüche der noch lebenden Mutter Ludwigs XIV., Anne d'Autriche, unter Berufung auf die vertraglichen Abmachungen im Zuge der jeweiligen Eheschließungen ausgeschlossen wurden.

Die Abmachung aus Anlass der Hochzeit Maria Teresas indes wurde französischerseits in Frage gestellt, zumal Spanien die als Gegenleistung für den Erbverzicht Maria Teresas vorgesehene Mitgift niemals gezahlt hatte. Ludwig XIV. forderte deshalb die Überlassung großer Teile der spanischen Niederlande und marschierte im Juli 1667 mit einem 70.000 Mann starken Heer in Flandern ein. Spanien erklärte ihm daraufhin den Krieg, der in den Geschichtsbüchern in der Regel als Flandrischer Krieg oder Devolutionskrieg bezeichnet wird.

Offene Expansionspolitik

Mochte bis dahin die offensive Politik Frankreichs gegenüber Spanien mit der Angst vor einer habsburgischen Umklammerung erklärt werden, trat mit dem Devolutionskrieg der expansiv-offensive Charakter der französischen Außenpolitik deutlich zutage. Kaum ein zeitgenössischer Beobachter der Mächtepolitik dieser Jahre hegte nun noch Illusionen über die außenpolitischen Ziele Ludwigs XIV. Seit der Mitte der 1660er Jahre wandelte sich auch die französische Politik gegenüber dem Reich. Hatte Frankreich unter der Führung Richelieus und Mazarins eine zwar bestimmte, aber doch subtile, eher auf indirekte Beeinflussung denn auf schiere Machtdemonstration setzende Politik verfolgt, rückte nun (u. a. im Elsass) eine rücksichtslose Machtpolitik in den Vordergrund – mit der Folge, dass bei den Reichsständen das Prestige Frankreichs als Schutz- und Garantiemacht rasch verblasste. Als 1668 der auf zehn Jahre gegründete Rheinbund zur Verlängerung anstand, gab es im Reich niemand mehr, der für dessen Fortsetzung auch nur einen Finger gekrümmt hätte. Tatsächlich eröffnete der Devolutionskrieg eine drei Jahrzehnte dauernde Periode, in der das Verhältnis zwischen Frankreich und dem Reich fast ausschließlich von kriegerischen Auseinandersetzungen geprägt war, weshalb in der Forschung von einem „zweiten Dreißigjährigen Krieg" (Johannes Burkhardt) die Rede ist.

In militärischer Hinsicht begann diese Periode mit glänzenden Erfolgen der disziplinierten, gut ausgebildeten und regelmäßig bezahlten Truppen Ludwigs XIV. So musste sich die von den französischen Truppen belagerte Stadt Lille bereits Ende August 1667, sechs Wochen nach Eröffnung der Kriegshandlungen, ergeben. Auch die Freigrafschaft Burgund (Franche-Comté), die seit der Aufteilung des burgundischen Erbes im späten 15. Jahrhundert der spanischen Krone gehörte, wurde innerhalb kurzer Zeit besetzt.

Antifranzösische Tripelallianz

Angesichts der überwältigenden militärischen Erfolge Frankreichs schlossen nun freilich mit England und den bisherigen französischen Alliierten Schweden und Holland die drei führenden, sämtlich protestantischen nordwesteuropäischen Mächte eine Tripelallianz, um gemeinsam dafür zu sorgen, dass die Verluste der alten katholischen Vormacht Spanien, mit der jede von ihnen bereits Kriege ausgefochten hatte, begrenzt blieben. Ohne militärisch zu intervenieren, konnten sie als Vermittler am 2. Mai 1668 in Aachen einen Friedensschluss erreichen, der Frankreich zwar den Gewinn ökonomisch wichtiger Städte im flandrischen Grenzraum (darunter Lille, Tournai und Douai) einbrachte, aber weiter gehende Abtretungen Spaniens verhinderte und insbesondere die Restitution der bereits besetzten Franche-Comté vorsah.

Zur Verherrlichung seines Triumphs im Devolutionskrieg ließ Ludwig XIV. zahlreiche Feste wie das *Grand divertissement royal* in Versailles veranstalten. Maler wie Charles Le Brun wurden beauftragt, ihn als jene Person zu verherrlichen, die Europa den Frieden brachte. Doch ungeachtet des propagandistisch massiv ausgeschlachteten Erfolgs war der König mit dem Ergebnis des Krieges nicht restlos zufrieden. Regelrecht verbittert war er über die von ihm bis dahin als französischer Klientelstaat eingeschätzte Republik der Niederlande. Tatsächlich hatte Frankreich die Holländer seit 1568 in ihrem Kampf gegen den gemeinsamen Gegner Spanien unterstützt und noch unmittelbar zuvor auf ihrer Seite in den englisch-holländischen Seekrieg eingegriffen. Dass diese kleine Macht es nun wagte, als Vermittler aufzutreten und den König von Frankreich zum Frieden zu drängen, deutete Ludwig XIV. als Undankbarkeit, ja als Verrat.

In der Tat markiert der Devolutionskrieg einen tiefen Einschnitt im Verhältnis Frankreichs zu seinem traditionellen Verbündeten. Doch erst der von Ludwig XIV. eröffnete Holländische Krieg der Jahre 1672 bis 1679 sorgte dafür, dass die Republik der Niederlande in den folgenden Jahrzehnten durchweg auf der Seite der Gegner Frankreichs stand und zeitweise sogar das Zentrum der gegen die französische Expansionspolitik gerichteten Allianzen bildete. Fragt man nach den Motiven, die Ludwig XIV. veranlasst haben, diesen Krieg vom Zaun zu brechen, reicht der Hinweis auf die Verbitterung über den Vermittlungsversuch des Jahres 1668 nicht aus – genauer: er muss eingebettet werden in einen umfassenderen Motivkomplex, der geprägt war von Neid, Missgunst und Unverständnis gegenüber einem kleinen Land, dessen Schiffe zeitweise mehr als drei Viertel des Welthandels und große Teile des Seehandels Frankreichs bestritten (I.4.d). Dieses Land, dessen äußere Politik einer ganz anderen, primär von Handelsinteressen geprägten Rationalität folgte als jene Frankreichs und das nach französischem Verständnis keine Ehre, keinen Ruhm, sondern nur den wirtschaftlichen Vorteil kannte, sollte nach den Vorstellungen Ludwigs XIV. in die Schranken gewiesen werden. Ergänzt wurden diese Animositäten freilich durch strategische Überlegungen, die auf lange Sicht eine Verschiebung der französischen Nordgrenze bis ins Mündungsgebiet von Maas und Rhein vorsahen; ihre Verwirklichung setzte die militärische Konfrontation mit dem ehemaligen Verbündeten zwingend voraus. Ludwigs Ziele waren also machtpolitischer, strategischer und ökonomischer, aber eben auch symbolischer Natur – insofern, als hier eine unbotmäßige Macht abgestraft und so die natürliche Rangordnung innerhalb Europas wiederhergestellt werden sollte.

Holländischer Krieg

Am französischen Hof waren die Pläne und Ziele des Königs für einen Krieg gegen Holland nicht unumstritten, zumal nach den Erfahrungen des Devolutionskriegs nicht zu erwarten war, dass die übrigen europäischen Mächte einem französischen Angriff auf die Niederlande tatenlos zusehen würden. Um die Holländer gleichwohl möglichst weitgehend zu isolieren, wurde der Krieg sorgfältig diplomatisch vorbereitet. So schloss Ludwig XIV. mit dem Kaiser einen Neutralitätsvertrag, der ihn an einer Intervention zugunsten der Niederlande hindern sollte. Als zusätzliche Sicherheit sollte ein Vertrag mit dem Kurfürsten von Bayern dienen, der zusagte, den Durchmarsch kaiserlicher Truppen nicht zuzulassen. Bündnis- oder Neutralitätsabkommen wurden auch mit Savoyen und zahlreichen Reichsfürsten wie dem Kurfürsten-Erzbischof von Köln und dem Bischof von Münster geschlossen.

Als Ludwig XIV. 1672 den Krieg eröffnete, war er mit England und Schweden verbündet, während die Vereinigten Niederlande alleine standen. Dass sich der Krieg dennoch so lange hinzog, hatte damit zu tun, dass sich die meisten der zuvor sorgsam umworbenen europäischen Mächte mit Ausnahme Schwedens nach und nach auf die Seite der Vereinigten Niederlande schlugen. Nach einer breiten publizistischen Debatte, in der vielerorts die Hoffnung artikuliert wurde, *dass der Frantzösische Hahn aus dem Nest des [Reichs-]Adlers vollständig verstoßen und vertilget werde*, trat 1674 das Heilige Römische Reich, an sich aus strukturellen Gründen jeglicher Kriegführung abgeneigt, in den Krieg gegen Frankreich ein (die Frage, ob das Reich formell einen Reichskrieg erklärt hat, ist in der Forschung allerdings umstritten). Auch Spanien trat auf die Seite der abtrünnigen früheren Provinzen, und schließlich unterstützte sogar England die Vereinigten Niederlande. Der Holländische Krieg wurde so rasch zu einem europäischen Krieg, in dessen Rahmen etwa der Große Kurfürst von Brandenburg gegen das mit Frankreich verbündete Schweden kämpfte, dessen Heer er 1675 bei Fehrbellin schlug. Der französische Vormarsch wurde freilich auch durch das militärische Geschick der Niederländer erschwert, die nach den Anfangserfolgen der Franzosen die Deiche öffneten, um die Eroberung Amsterdams zu verhindern, was tatsächlich gelang. Als maßgeblich für den erfolgreichen Widerstand der Niederlande erwies sich neben dem Patriotismus der Holländer und den gesunden Finanzen der Republik das militärische und politische Geschick des 1672 auf Lebenszeit zum Statthalter gewählten Wilhelm III. von Oranien.

Friede von Nimwegen

Nach großen finanziellen und militärischen Anstrengungen vermochte Frankreich im Frieden von Nimwegen (1678/79) gleichwohl weitere Gebietsgewinne zu erzielen – allerdings weniger aufgrund seiner militärischen Erfolge, sondern weil es der französischen Diplomatie gelang, bei den Friedensverhandlungen die Front der Gegner zu spalten und separate Friedensverträge abzuschließen. Einzelne Gegner wie den Kurfürsten von Brandenburg konnte Frankreich sogar aus der gegnerischen Allianz herausbrechen und in sein eigenes Bündnissystem integrieren. Die französischen Gewinne gingen nicht zu Lasten der Vereinigten Niederlande, sondern erneut zu Lasten Spaniens, das neben der Freigrafschaft Burgund, an deren Eroberung Ludwig XIV. persönlich beteiligt gewesen war, weitere Städte und Festungen an der Nordgrenze Frankreichs abtreten musste.

Der Holländische Krieg hat deutlich die Risiken und Grenzen der expansiven Außenpolitik Ludwigs XIV. aufgezeigt. Der Krieg brachte nicht nur den unter Colberts Ägide sanierten Staatshaushalt erneut in eine Schieflage, er entwickelte sich ganz anders als erwartet und entglitt zeitweise sowohl in diplomatischer wie in militärischer Hinsicht weitgehend der Kontrolle der französischen Politik. Auch die ursprünglichen Kriegsziele wurden nicht erreicht, denn der Hauptgegner ging ohne Verluste aus dem Krieg hervor. Letztlich verdankte Ludwig XIV. den Sieg in diesem Krieg in erster Linie der unzureichenden Stabilität der Koalition seiner Gegner. Dennoch wurden die Ergebnisse dieses Krieges von der königlichen Propaganda – wie schon nach Breda – als überwältigender Erfolg dargestellt.

Reunionen

Das Ziel der Ausdehnung des Territoriums bildete auch in den folgenden Jahren den Kern der französischen Außenpolitik, die sich nun jedoch vorübergehend nicht kriegerischer, wenn auch kaum weniger gewaltsamer Methoden bediente. Im Zentrum stand dabei die territoriale und rechtliche Entwirrung der Besitzverhältnisse im Elsass – ein Problem, das 1648 im Westfälischen Frieden vertagt und auch 1678/79 in Nimwegen von der französischen Diplomatie bewusst ausgeklammert worden war. Die französische Politik hatte in der Grenzregion zum Reich z.T. bereits vor 1679 vollendete Tatsachen geschaffen. So war das Herzogtum Lothringen, das im Dreißigjährigen Krieg schon einmal okkupiert und erst 1661 geräumt worden war, 1670 erneut besetzt worden. 1673, noch vor dem Eintritt des Reichs in den Holländischen Krieg, hatten französische Truppen ohne Kriegserklärung die gewaltsame Eingliederung der zehn elsässischen Reichsstädte (*Dekapolis*) in die französische Monarchie vollzogen. Nach 1679 setzte Frankreich die Politik des völkerrechtlich ungedeckten Zugriffs auf umstrittene Gebiete im Elsass fort, wandte dabei aber ein neues, den Eindruck der Rechtsförmigkeit erweckendes Verfahren an: die „Reunionen". Dies meinte die Angliederung von Lehen jener Territorien des Heiligen Römischen Reichs, die seit dem 16. Jahrhundert an Frankreich gekommen waren, denn nach französischer Auffassung waren diese Lehen ebenfalls französisch. Zu diesem Zweck wurde in Metz eigens eine Reunionskammer eingerichtet, in Besançon eine Kammer des dortigen *parlement* und in Breisach der *conseil d'Alsace* mit entsprechenden Aufgaben betraut. Fanden sie Urkunden, die nach französischer Auffassung eine Zugehörigkeit des betreffenden Gebiets zu Frankreich belegten, wurde der betreffende Herr vor eine der Spruchkammern geladen, um einen Lehnseid auf Ludwig XIV. zu leisten. Erschien er nicht, was meist der Fall war, wurde das betreffende Territorium besetzt und an Frankreich angeschlossen (reuniert).

Auf diese Weise wurden zwischen 1679 und 1681 weite Teile des Elsass, Mömpelgard (Montbéliard) und Teile des Bistums Lüttich im Frieden in einem scheinbar rechtlichen Verfahren an Frankreich angegliedert; auf weitere Gebiete wie das Herzogtum Zweibrücken erhob der französische König ebenfalls Ansprüche. Im Verlauf dieser Unternehmungen wurde 1681 auch die Reichsstadt Straßburg – und zwar ohne rechtlichen Vorwand – besetzt und dem Königreich Frankreich einverleibt – ein Vorgang, der in der Öffentlichkeit auf massiven Protest stieß und dazu beitrug, dass im Reich eine Reorganisation der Reichsverteidigung umgesetzt wurde. 1684 schließlich ließ Ludwig XIV. auch Luxemburg und Trier besetzen.

Türkenkrieg und Regensburger Stillstand

Wenn es dennoch seitens des Kaisers zu keiner unmittelbaren Reaktion auf diese in den Augen der meisten Zeitgenossen unerhörten Vorgänge kam, so hatte dies maßgeblich damit zu tun, dass sich gegen Ende der 1670er Jahre an der Südostgrenze des Reichs erneut ein Krieg gegen die Osmanen abzeichnete. 1682 schließlich rückte eine osmanische Armee nach Westen vor – bis vor Wien, das 1683 belagert wurde. Zur Verteidigung Wiens sandten viele europäische Mächte beträchtliche Truppenkontingente. Ludwig XIV. hingegen signalisierte der Hohen Pforte, er erachte eine türkische Offensive als der Aufrechterhaltung des Friedens in Deutschland förderlich. Auch ohne französische Unterstützung gelang es den vereinigten christlichen Heeren, das türkische Belagerungsheer am 12. September 1683 am Kahlenberg bei Wien vernichtend zu schlagen und in der Folge weit nach Ungarn vorzudringen. Doch auch nach dem Sieg am Kahlenberg traute sich Kaiser Leopold einen Zweifrontenkrieg gegen das Osmanische Reich und Frankreich nicht zu. So kam es im August 1684 nach einem französischen Ultimatum zum Regensburger Stillstand, in dem das Reich und Spanien den französischen Besitz aller reunierten Gebiete, der Stadt Straßburg und Luxemburgs vorläufig auf 20 Jahre anerkannten. Gegen die Zusage, die Reunionspolitik aufzugeben, konnte Frankreich die Okkupationen der letzten Jahre also vorläufig behalten. Gewiss – diese Zugewinne waren prekär, da sie vorbehaltlich einer endgültigen Regelung anerkannt wurden. Gleichwohl markierte der Regensburger Stillstand einen neuen Höhepunkt der französischen Expansionspolitik.

Koloniale Expansion

Doch die Ausdehnung des französischen Herrschaftsbereichs blieb nicht auf Europa beschränkt. Vielmehr betrieb Frankreich während der Regierungszeit Ludwigs XIV. eine ambitionierte Kolonialpolitik, im Zuge derer nicht nur die im frühen 17. Jahrhundert im heutigen Kanada gegründete Kolonie Neufrankreich (*Nouvelle France*) 1663 in eine königliche Kolonie umgewandelt wurde, sondern in Indien (1673 Chadannager, 1674 Pondichéry), in Afrika (1642 Fort Dauphin auf Madagaskar, 1677 Senegal) sowie in der Karibik (1649 Grenada, 1650 Saint Lucia, 1660 Haiti, 1664 Martinique und Französisch-Guyana) zahlreiche neue Kolonien und Handelsstützpunkte entstanden. Nachdem in den 1680er Jahren eine erste französische Siedlung im (nach dem König Louisiana genannten) Mündungsgebiet des Mississippi gescheitert war, gelang dort ab 1699 die Etablierung einer Kolonie, von der aus die weitere Besiedlung nach Norden hin vorangetrieben wurde. In der Logik des von Colbert propagierten merkantilistischen Wirtschaftskonzepts (III.3.b) sollten die Koloniegründungen maßgeblich zur Versorgung der französischen Wirtschaft mit billigen Rohstoffen beitragen. Freilich wäre es falsch anzunehmen, dass den Entscheidungen über die Gründung neuer Kolonien jeweils differenzierte Berechnungen über die Kosten und den zu erwartenden Nutzen der neuen Besitzungen vorausgegangen wären. Sie folgten vielmehr einer durch die Konkurrenz der europäischen Kolonialmächte geprägten expansiven Logik, die sich nahtlos einfügte in die auf territoriale Ausdehnung abzielende Gesamtkonzeption der ludovizianischen Außenpolitik.

d) Frankreich und die europäische Koalition (1685–1715)

Augsburger Allianz

Die Mitte der 1680er Jahre als Beginn einer neuen Phase der französischen Außenpolitik zu betrachten, liegt nahe, weil zwischen 1685 und 1689 eine große europäische Koalition entstand, die sich fortan der expansiven Außenpolitik Ludwigs XIV. entgegenstellte. Ihren Ausgangspunkt nahm sie im Heiligen Römischen Reich, wo nach der Empörung über die französische Reunionspolitik die Revokation des Edikts von Nantes (III.4.a) und die durch sie bedingte Flucht Tausender Hugenotten bei den protestantischen Reichsständen, die lange in Frankreich einen natürlichen Verbündeten erblickt hatten, für neue Entrüstung sorgte. So wuchs ihre Bereitschaft, über die Konfessionsgrenzen hinweg mit katholischen Reichsständen und mit dem Kaiser zu kooperieren, um sich der französischen Expansion entgegenzustellen. Sichtbarster Ausdruck dieser Entwicklung war im Juli 1686 die Gründung der Augsburger Allianz, eines Zusammenschlusses des Kaisers mit protestantischen wie katholischen Reichsständen, dem Spanien, traditionell Vormacht des katholischen Europa, ebenso beitrat wie Schweden, die lange Zeit außenpolitisch eng mit Frankreich verbundene Schutzmacht der protestantischen Reichsfürsten, deren König zugleich Herzog von Pfalz-Zweibrücken und deshalb unmittelbar von den Reunionen betroffen war.

Dieses Bündnis war defensiver Natur und hätte mit Sicherheit keinen Krieg eröffnet, um die Reunionen oder andere französische Territorialgewinne seit 1648 zurückzuerobern – nach Abschluss der Verhandlungen in Augsburg hatte, mitten im Frieden, ein Teil der Allianzpartner den Vertrag nicht einmal ratifiziert. Doch Ludwig XIV. ließ sich nicht beirren und gab sich mit dem Erreichten nicht zufrieden. Als sich die nächste Gelegenheit bot, auf Kosten des Reichs Territorien zu beanspruchen, zögerte er keinen Moment. Sie bot sich, weil der 1685 verstorbene Kurfürst Karl II. von der Pfalz keine männlichen Erben hinterließ, wohl aber eine Schwester, Charlotte Elisabeth (Liselotte von der Pfalz), die mit dem Herzog von Orléans, dem Bruder des französischen Königs, verheiratet war. Nun war für die weltlichen Kurfürstentümer seit der Goldenen Bulle von 1356 die Primogeniturerbfolge und zugleich deren Unteilbarkeit festgelegt. Tatsächlich verlangte der französische König auch nicht, seiner Schwägerin das gesamte Kurfürstentum zu überlassen, aber er forderte doch (juristisch höchst fragwürdig) bedeutende Gebietsanteile.

Philipp Wilhelm, der neue Kurfürst von der Pfalz, der Reichstag wie auch der Kaiser verweigerten dieser Forderung ihre Zustimmung. Nach erfolglosen Verhandlungen, bei denen er auch die definitive Anerkennung der Reunionen forderte, ließ Ludwig XIV. im Herbst 1688 im Vertrauen auf die Handlungsunfähigkeit des weiterhin gegen die Türken Krieg führenden Kaisers seine Truppen im Rheinland, an der Mosel und am Oberrhein einmarschieren. Angesichts der Gewalttaten und der Zerstörungen, die sie anrichteten, erklärte zunächst Ende Oktober 1688 der Reichstag den Reichskrieg, Anfang Dezember schloss sich der Kaiser ungeachtet der mit einem Zweifrontenkrieg verknüpften Risiken an. Er hatte insofern Glück, als in den folgenden Monaten auch sämtliche Mitglieder der Augsburger Allianz in den Krieg gegen Frankreich eintraten, selbst der schwedische König, der nicht nur über die Reunionen erzürnt war, sondern wie der Kaiser den Verlust seiner Großmachtstellung fürchtete, falls Frankreich noch mächtiger würde. Hinzu kamen Savoyen und die Generalstaaten sowie – wegen seiner Finanzkraft für den Verlauf des Krieges von großer Bedeutung – England.

Dass nun auch England auf die Seite der Gegner Frankreichs trat, hatte maßgeblich damit zu tun, dass der frankreichfreundliche, katholische König Jakob II. im Zuge der unblutigen *Glorious Revolution* gestürzt und durch Wilhelm III. von Oranien, den Führer des antifranzösischen Widerstands der Niederlande im Devolutionskrieg, ersetzt wurde. Damit waren die Voraussetzungen geschaffen für jene große Koalition gegen Frankreich, die bis zum *Renversement des alliances* des Jahres 1756/57 die europäische Mächtepolitik maßgeblich prägte. Ihr gehörten als wichtigste Mitglieder der Kaiser bzw. Österreich, die Niederlande und England an, das seit 1688 v. a. das Ziel verfolgte, auf dem europäischen Festland eine *balance of power* aufrechtzuerhalten, um den eigenen Handels- und Kolonialinteressen möglichst ungestört nachzugehen. Der englisch-französische Gegensatz, der bald auch die Rivalität um Kolonien einschloss, bildete im Grunde bis zur *Entente cordiale* des Jahres 1904 eine Konstante der Mächtepolitik, die neben den jahrhundertealten habsburgisch-französischen Gegensatz trat, ja ihn allmählich in den Hintergrund drängte. Dieser Gegensatz schloss Phasen des Ausgleichs und der Kooperation (etwa in den Jahrzehnten nach dem Spanischen Erbfolgekrieg) nicht aus, doch wenn es zum Krieg kam, kämpften England und Frankreich stets gegeneinander. Für die französische Außenpolitik bedeutete das Hervortreten dieser neuen Mächtekoalition einen gravierenden Einschnitt, weshalb es sinnvoll scheint, die Jahrzehnte nach 1685 von der Außenpolitik der ersten Jahrzehnte der Selbstregierung Ludwigs XIV. abzugrenzen.

Pfälzischer Erbfolgekrieg

Der schließlich 1688 eröffnete Krieg wird in Deutschland als „Pfälzischer Erbfolgekrieg", in England als *Nine Years War* und in Frankreich als *Guerre de la Ligue d'Augsbourg* bezeichnet. Der letztere Begriff ist insofern unzutreffend, als er verdeckt, dass es Ludwig XIV. (und nicht die Augsburger Allianz) war, der diesen Krieg eröffnete; er ist aber insofern nicht unberechtigt, als der zügige Aufbau einer umfassenden antifranzösischen Koalition ohne die Augsburger Allianz nicht möglich gewesen wäre. Der Krieg selbst, der durch Stellungskämpfe und Belagerungen charakterisiert war, wurde v. a. im westlichen Reich geführt, wo französische Truppen schwere Verwüstungen anrichteten (u.a. Zerstörung des Heidelberger Schlosses und des Speyerer Doms), daneben aber auch im Alpenraum, in den Niederlanden und in Irland, wo Frankreich den (letztlich gescheiterten) Versuch des gestürzten Stuart-Königs unterstützte, mit Hilfe der dortigen katholischen Bevölkerung die grüne Insel zu erobern. Die Kriegführung zur See spielte eine wachsende Rolle – ein Kriegsschauplatz, auf dem Frankreich sich gegenüber den vereinigten „Seemächten" England und Holland meist als unterlegen erwies, während es zu Lande zeitweise Erfolge erzielen konnte. Der den Krieg beendende Frieden von Ryswik (1697) war dennoch der erste Friedensschluss, bei dem Ludwig XIV. keine eindeutigen Gewinne erzielte. Zwar konnte er die Anerkennung des Besitzes des Elsass einschließlich Straßburgs erreichen, auf die übrigen Reunionen hingegen musste er – ebenso wie auf seine Ansprüche auf die Pfalz und das seit 1670 besetzte Lothringen – verzichten.

Man mag darüber spekulieren, ob Ludwig XIV. nach dem für Frankreich keineswegs glänzenden Ergebnis des Pfälzischen Erbfolgekrieges (das in der Umgebung des Königs recht offen kritisiert wurde) auf weitere Kriege verzichtet hätte, wenn sich nicht eine Gelegenheit geboten hätte, bei der Frankreich nach dem Verständnis des Königs intervenieren musste, wollte es nicht seine Reputation als Großmacht gefährden: der Tod des spanischen Königs Karl II. im Jahre 1700.

Spanische Erbfolge

Dieser Fall war in Europa bereits seit Jahrzehnten ventiliert worden, zumal allgemein bekannt war, dass der regierende spanische König keine Erben zeugen konnte. Es waren auch (unter französischer Beteiligung) verschiedene Pläne entwickelt worden, wie dieser neuerliche dynastische Erbfall ohne kriegerische Auseinandersetzungen beigelegt werden könnte. Das zentrale Problem dabei war, dass die Hauptprätendenten den beiden führenden Fürstenhäusern des europäischen Kontinents, den Bourbonen bzw. den österreichischen Habsburgern, entstammten. Der Anfall Spaniens an die eine wie an die andere Dynastie hätte die europäische Mächtebalance entscheidend verändert und Habsburgern oder Bourbonen die Hegemonie in Europa verschafft. Alle in erster Linie von England initiierten Versuche, eine allseits akzeptable Lösung des bevorstehenden Erbfalls zu finden, scheiterten letztlich – u.a., weil ein ins Auge gefasster Erbe, der bayerische Prinz Joseph Ferdinand, 1699 starb. Der Spross der auf der europäischen Bühne nur zweitrangigen Wittelsbacher hätte den unschätzbaren Vorteil geboten, das europäische Gleichgewicht nicht zu gefährden.

Die Bemühungen um eine friedliche Lösung scheiterten aber auch deshalb, weil der spanische König Karl II. auf seinem Sterbebett unter dem Einfluss der profranzösischen Hofpartei ein Testament unterzeichnete, das Philipp von Anjou, einen Enkel Ludwigs XIV., zum alleinigen Erben einsetzte, sofern er auf seine Ansprüche auf den französischen Thron verzichtete (was an sich nach der *loi salique* nicht möglich war). In dieser Lage konnte Ludwig XIV. nach seinem Selbstverständnis kaum anders, als die Rechte seines Enkels zu unterstützen. Wenige Wochen nach dem Tod Karls II. „akzeptierte" er dessen Testament. Anfang 1701 machte sich Philipp nach Spanien auf, um sein Erbe in Besitz zu nehmen.

Nun war es der Kaiser, der den Krieg eröffnete; er wurde rasch von einer europäischen Koalition unterstützt, der England und die Vereinigten Niederlande angehörten, während Schweden im Norden und Osten Europas zeitgleich einen eigenen Krieg, den sogenannten Nordischen Krieg, führte, an dessen Ende die schwedische Großmachtstellung definitiv zerschlagen wurde. Savoyen kämpfte zunächst auf französischer Seite, wechselte aber 1703 auf die Seite der großen „Haager Koalition". Im Reich fand der Kaiser zwar Unterstützung, doch war sie weniger breit als im Pfälzischen Erbfolgekrieg, in dem Ludwig XIV. die Rechte vieler Reichsstände massiv verletzt hatte. Nun hingegen ging es um die mit Skepsis betrachteten dynastischen Interessen des Kaiserhauses. Einige Reichsstände kämpften sogar auf französischer Seite – allen voran der Kurfürst von Bayern, der in der Hoffnung auf eine souveräne Krone den Krieg im Reich eröffnete und so dazu beitrug, dass der Reichstag im Herbst 1702 nach einigem Zögern doch den Reichskrieg erklärte.

Mit dem Spanischen Erbfolgekrieg erreichte die Kriegführung insofern neue Dimensionen, als nie zuvor an so vielen verschiedenen Plätzen gekämpft wurde: in Italien, im Alpengebiet, im Reich, in den Niederlanden, in Spanien, aber auch intensiver als je zuvor in den Kolonien – v. a. in Nordamerika. Tatsächlich kam es während des Spanischen Erbfolgekrieges zu den größten Schlachten der vorrevolutionären Ära. 1709 etwa kämpften in der Schlacht bei Malplaquet etwa 170.000 Soldaten, 80.000 auf französischer und 90.000 auf alliierter Seite. Über 10.000 Soldaten fielen und 20.000 bis 30.000 wurden verletzt.

Betrachtet man den Kriegsverlauf, ergaben sich 1708/09 immer deutlichere Vorteile für die große Koalition, was u. a. daran deutlich wird, dass der alliierte Sieg bei Malplaquet 1709 auf französischem Staatsgebiet errungen wurde. Obwohl der französische König 1710/11 die letzten Ressourcen mobilisierte, rückte ein Verlustfrieden, bei dem Frankreich weitgehend auf das Philipp von Anjou zugedachte spanische Erbe und womöglich auch auf Straßburg und die Reunionen im Elsass verzichten musste, in greifbare Nähe. Doch dann starb Kaiser Joseph I. und der bisherige habsburgische Kronprätendent, Erzherzog Karl, wurde als Karl VI. zum Kaiser gewählt. Damit aber war zu erwarten, dass im Falle eines Sieges der Habsburger wie zu Zeiten Karls V. ein Riesenreich entstünde, das von Ungarn und Böhmen bis nach Südamerika reichen würde. Dies lag mitnichten im Interesse Englands; auch den Vereinigten Niederlanden war an einer solchen Lösung des Konflikts nicht gelegen.

Friedensschlüsse von Utrecht und Rastatt

Von 1711 an reduzierte England deshalb sein militärisches Engagement und suchte nach einem Kompromissfrieden, der schließlich im April 1713 in Utrecht geschlossen wurde (der Kaiser schloss erst 1714 in Rastatt Frieden). Philipp von Anjou wurde als spanischer König anerkannt. Zugleich wurde festgelegt, dass Spanien und Frankreich niemals vereinigt werden dürften. Spanien verlor zudem erhebliche Teile seines Kolonialbesitzes sowie die strategisch wichtigen Punkte Gibraltar und Menorca an England und musste die südlichen Niederlande, Mailand, Neapel und Sardinien an die österreichischen Habsburger abtreten. Frankreich wiederum verzichtete zugunsten Englands auf Neufundland, Akadien (Neuschottland) und die Gebiete um die Hudsonbai. Holland wurden einige Grenzfestungen (Barrierefestungen) in den südlichen Niederlanden zugesprochen. Der Herzog von Savoyen erhielt Sizilien als Königreich (er tauschte es wenige Jahre später gegen Sardinien). Preußen erlangte aus der oranischen Erbschaft Lingen (Ems),

Mörs (Niederrhein) und Neuchâtel (Schweiz) sowie die Anerkennung seines Königstitels. Sieht man von den erheblichen Gewinnen Englands ab, war diese Lösung nicht weit entfernt von Plänen, die bereits in den letzten Jahren des 17. Jahrhunderts zur friedlichen Lösung des erwarteten spanischen Erbfolgekonflikts ventiliert wurden, aber erst jetzt, nach ungeheuren Verlusten und Kosten, durchsetzbar waren, weil nun sowohl das Haus Habsburg wie das Haus Bourbon zu schwach waren, um sich dagegen zu wehren.

Versucht man die Ergebnisse dieses Krieges für Frankreich zu bilanzieren, kommt man trotz der Einsetzung eines Bourbonen auf dem spanischen Thron um ein negatives Ergebnis nicht herum. Denn der König hat für ein fragwürdiges dynastisches Ziel nicht nur schwere Leiden großer Teile der Bevölkerung in Kauf genommen, sondern auch das bis dahin ungebrochene militärische Prestige seiner Armeen zerstört. Das Ausmaß des französischen Machtverlusts wird freilich erst deutlich, wenn man es zum machtpolitischen Aufstieg Englands in Beziehung setzt. Der Spanische Erbfolgekrieg hat England erst den Aufstieg zur führenden Welt- und Kolonialmacht ermöglicht. Doch gerade diese Dimension des Konflikts hat Ludwig XIV. bis zuletzt unterschätzt, ja regelrecht übersehen.

Gewiss ist es nicht unproblematisch, ausgehend vom Wissen um die weitere historische Entwicklung ein strenges Urteil über die Entscheidungen und den Erwartungshorizont der Zeitgenossen zu fällen. Doch lässt dieser letzte Krieg Ludwigs XIV. die Grenzen einer Politik erkennen, die auf die kontinentaleuropäische Bühne und besonders auf den Gegensatz zu Habsburg fixiert war, die äußere Expansion dem inneren Machtausbau vorzog und die schließlich die dynastischen Interessen des Hauses Bourbon allzu selbstverständlich mit den Interessen Frankreichs gleichsetzte. In den beiden letzteren Punkten war Ludwig XIV. freilich ein recht typischer Vertreter der regierenden Fürsten seiner Zeit. Ungewöhnlicher war die fast zwanghafte Offensivität und Expansivität seiner Außenpolitik; im Streben um Ehre, Ruhm und Reputation agierte der König mit extrem hohem Einsatz, beinahe wie ein Glücksritter. Betrachtet man die Risiken, die er dabei einging, kann selbst der alles andere als gloriose Ausgang des Spanischen Erbfolgekriegs noch als ausgesprochen glücklich für Frankreich bewertet werden.

III. Innere Politik und Herrschaftspraxis

1. Das Erbe der Renaissancemonarchie (1598–1630)

a) Heinrich IV., der Wiederaufbau Frankreichs und die Stärkung der monarchischen Autorität

Nachruhm des Königs

Heinrich IV. gilt bis heute als Ausnahmefigur unter den französischen Königen. Er ist nicht weniger bekannt als Ludwig XIV., aber ungleich populärer. Tatsächlich ist es diesem König schon während der relativ kurzen Zeit seiner unangefochtenen Regierung (ca. 1598–1610) gelungen, ein positives, von zahllosen Legenden umranktes Image aufzubauen. Nach seinem gewaltsamen Tod folgte rasch seine Verklärung zur Lichtgestalt. Bezeichnenderweise ist Heinrich IV. der einzige französische König der Neuzeit, dessen Leistungen auch unter Anhängern der Französischen Revolution breite Anerkennung fanden. Das positive Bild, das Heinrich IV. hinterlassen hat, ist bemerkenswert, denn wohl kaum ein König wurde vor seinem Regierungsantritt und während der ersten Jahre seiner Regierung stärker angefeindet als er. Umso mehr ist zu fragen, worauf sich das positive Bild, das dieser Monarch hinterlassen hat, stützt.

Unzweifelhaft beruhte die Popularität dieses Monarchen nicht zuletzt auf der persönlichen Ausstrahlung eines Mannes, der sich nicht nur als *homme à femmes* einen Namen machte, sondern offenbar generell vermochte, Menschen für sich zu gewinnen, an sich zu binden und ihre Loyalität zu wahren. Heinrich war schlagfertig, sprachgewandt und hatte offenbar einen Sinn für einprägsame Formulierungen; er war leutselig, zugänglich, offen und unkompliziert im Umgang, ohne dabei je Zweifel an seiner Entschiedenheit, seiner Autorität und der Würde seines Amtes aufkommen zu lassen. Kurzum: Er verkörperte die Erwartungen vieler Franzosen an einen König, der seinem Volk nahe und dennoch erhaben war.

Zur Popularität Heinrichs trug auch sein ungewöhnlicher Lebensweg bei. Obwohl von königlicher Abstammung, lebte er von seiner Jugend bis in die 1590er Jahre nur selten in der für seine Standesgenossen üblichen höfischen Welt. Vielmehr war er an der Spitze seiner Truppen oder auf dem Weg zu Verhandlungen ständig auf Reisen, was ihm im Übrigen eine ausgezeichnete Kenntnis des Landes vermittelte, das er viele Male zu Pferde durchquert hatte, ehe er es regierte. Sein Lebensweg, der aus dem langjährigen Hugenottenführer schließlich den „ältesten Sohn der [katholischen] Kirche" (*fils aîné de l'église*) hatte werden lassen, wurde von vielen Franzosen gerade in seiner Unvorhersehbarkeit als Beleg für das Wirken der göttlichen Vorsehung gedeutet, als deren Instrument zur Wiederherstellung der Einheit Frankreichs er bald erschien.

Überwindung der Religionskriege

Heinrich IV. verkörperte nach 1598 die Überwindung der Bürger- bzw. Religionskriege. Die jüngere Forschung hat zu Recht betont, dass sich die Konflikte, die sich in diesen Kriegen entluden, nicht auf soziale Spannungen oder Interessenkonflikte reduzieren lassen, sondern aus genuin religiösen Motiven gespeist waren. Dabei wurde darauf hingewiesen, dass mit der religiösen Spaltung das aus dem Mittelalter überkommene, stark heilsgeschichtlich fundierte Verständnis des von Gott auserwählten französischen Volkes fundamental in Frage gestellt wurde. Zur Sprengkraft des religiös-konfessionellen Konflikts trug aber auch bei, dass er eng mit verfassungspolitischen Konflikten verknüpft war (II.1). Als besonders gefährlich für die Machtstellung der Krone wie für die Einheit des Landes erwiesen sich dabei insbesondere zwei Gruppen, die versuchten, ihre jeweiligen Vorstellungen von politischer Partizipation unter Rückgriff auf konfessionelle Argumente gegen die Krone durchzusetzen: der mehrheitlich auf hugenottischer Seite kämpfende Hochadel und die als Verteidiger der katholischen Sache auftretenden Obergerichte. Diese beiden Gruppen versuchten zwar auch noch im 17. Jahrhundert gelegentlich, ihre Mitspracheansprüche zur Geltung zu bringen, doch vermochten sie dies nun in weit geringerem Maße religiös zu legitimieren. Dass es Heinrich IV. gelang, den konfessionellen Konflikt zumindest für einige Jahre zu beenden und dessen Instrumentalisierung durch die Eliten zu unterbinden, ist fraglos seine größte innenpolitische Leistung.

Weshalb hatte er damit Erfolg, während seine Vorgänger scheiterten? Sein Erfolg liegt sicher nicht darin begründet, dass er eine grundstürzend neue Lösung des Konfessionskonflikts gefunden hätte. Diese bestand letztlich darin, die konfessionelle Frage zu entpolitisieren und von der Frage des Gehorsams und der inneren Ordnung (*police*) zu trennen. Vertreter der Krone wie Kanzler L'Hospital hatten dies im Grunde bereits vor Beginn der Religionskriege erkannt und versucht, zwischen religiösen und im weitesten Sinne politischen Anliegen zu unterscheiden. Bereits das sogenannte Januaredikt des Jahres 1562 hatte hugenottische Gottesdienste und Zusammenkünfte unter der Bedingung gestattet, dass die Hugenotten sich jeder politischen Betätigung enthielten. Dass dennoch fast vier Jahrzehnte Bürgerkrieg ins Land gehen mussten, ehe dieses Konzept durchgesetzt werden konnte, lag v.a. an der Schwäche der Krone unter den letzten Valois, deren Autorität nicht ausreichte, um eine stabile innere Ordnung ohne religiös-konfessionelle Einheit zu stiften.

Tatsächlich gingen die Bestimmungen des Edikts von Nantes kaum über das hinaus, was den Hugenotten von 1562 an mehrfach von der Krone zugestanden, dann aber unter dem Druck der katholischen Parteigänger jeweils widerrufen worden war. Auch dieses Edikt schuf keine wirkliche Gewissensfreiheit (so war es nicht möglich, sich als Atheist zu bekennen), sondern anerkannte lediglich die Existenz zweier Konfessionen, deren Zusammenleben rechtlich geregelt wurde. Dies bedeutete im Einzelnen: Kultfreiheit für Adelssitze, an bestimmten Sitzen der königlichen Verwaltung, ferner an jenen Plätzen, an denen in den beiden Vorjahren hugenottische Gottesdienste gehalten worden waren (nicht hingegen in Paris). Hinzu kamen die uneingeschränkte Rechtsfähigkeit der Hugenotten, ihr ungehinderter Zutritt zu allen Ämtern und die Einrichtung gemischtkonfessioneller Kammern (*chambres mi-parties*) an einigen Obergerichten.

Neu war, dass Heinrich IV. den Hugenotten in einem gesonderten Erlass zunächst auf acht Jahre 150 **Sicherheitsplätze** einräumte – und damit seine Absicht unterstrich, die Bestimmungen des Edikts auch wirklich durchzusetzen. Dass ihm dies anders als seinen Vorgängern gelang, hat freilich nicht nur mit seiner Entschiedenheit zu tun. Vielmehr war das Land nach Jahrzehnten des Bürgerkriegs innerer Konflikte überdrüssig; auch anerkannten die politischen Eliten nun nach und nach, dass die politische Einheit Frankreichs für die Wahrung ihrer eigenen Interessen von überragender Bedeutung war.

E

Sicherheitsplätze (*places de sûreté*) wurden den Hugenotten erstmals 1570 durch das den Dritten Religionskrieg beendende Edikt von Saint-Germain gewährt. In den Edikten von Beaulieu (1576) und Poitiers (1577) wurde diese Regelung aufgegriffen, im Edikt von Nantes schließlich auf 150 Plätze ausgedehnt. Sie standen unter protestantischer Verwaltung und waren durch eigene Garnisonen geschützt. Diese Regelung wurde 1615 ein letztes Mal um acht Jahre verlängert.

Neu war ferner die politische Geschicklichkeit, mit der Heinrich IV. der katholischen Partei, die seinem Königtum skeptisch gegenüberstand, den Wind aus den Segeln nahm. Nachdem er im Februar/März 1594, fünf Jahre nach der Ermordung seines Vorgängers und ein knappes Jahr nach seiner Konversion zum katholischen Glauben, zum König gekrönt und in Paris eingezogen war, vermied er die militärische Auseinandersetzung mit den verbliebenen Gegnern und erkaufte stattdessen deren Loyalität. Er nahm große Kredite auf (was angesichts der leeren Kassen nur zu hohen Zinsen möglich war), um nach und nach alle Führer der katholischen Partei in Einzelverhandlungen an sich zu binden. Nachdem er dies erreicht hatte, tolerierte Heinrich IV. freilich keine politischen Eigenmächtigkeiten mehr. Gegen eine Verschwörung in den Jahren 1602 bis 1606 ging er drakonisch vor; u. a. ließ er 1602 ihren Anführer, den Herzog von Biron, Marschall von Frankreich, hinrichten.

Unter der Federführung seines Gefolgsmanns Sully, der Hugenotte blieb, gelang es Heinrich IV., das Steueraufkommen zu erhöhen und schließlich auch die Schulden zu reduzieren. Dabei ging der König teilweise gegenüber seinen Kreditgebern eigenmächtig vor, indem er etwa Zinszahlungen einseitig reduzierte, Zinsrückstände nicht erstattete oder Renten und Anleihen unter Wert zurückzahlte. Er konnte sich dies leisten, weil die Geldgeber der Krone an deren neuerlicher Destabilisierung nicht interessiert waren und weil zudem die wirtschaftspolitische Bilanz insgesamt positiv war.

Wirtschaftliche Entwicklung und Steuerpolitik

Als Heinrich IV. 1594 zum König gekrönt wurde, hatten die Religionskriege schwere Verwüstungen hinterlassen. So war die Getreideproduktion massiv zurückgegangen, da angesichts marodierender Truppen, die Felder zerstörten, Bauern bedrohten und Transportwege unsicher machten, vielfach Felder unbebaut geblieben waren. Die Versorgungskrise und die hohe Steuerlast hatten zur Folge, dass es in den Jahren 1594 und 1595 in Südfrankreich zu größeren Bauernaufständen kam. Heinrich IV., der die Lebensverhältnisse der französischen Landbevölkerung gut kannte, versuchte, die Belastungen der Bauern zu reduzieren. Er verringerte die direkte *taille*, die v. a. von der Landbevölkerung getragen wurde, und erhöhte im Gegenzug die indirekten Steuern. Zusammen mit der bereits behandelten Einführung der *paulette*, mit der die systematische Erblichkeit der Kaufämter möglich wurde, ergab sich insgesamt eine Erhöhung der Einnahmen.

Die Steuerentlastung führte zu einer Verbesserung der Lebensbedingungen der Landbevölkerung. Dennoch darf man die von Heinrich IV. und seiner Umgebung gepflegte, ins populäre französische Geschichtsbild eingegangene Vorstellung vom König, der alles für die Landbevölkerung tat und dafür sorgte, dass jeder Bauer einmal in der Woche ein Hühnchen verspeisen konnte, nicht für bare Münze nehmen. Denn die Verbesserung der Lebensbedingungen der Bauern ging nur teilweise auf die Politik zurück. Verantwortlich dafür war nicht zuletzt die Tatsache, dass es zwischen 1598 und 1610 wegen günstiger Wetterbedingungen keine Missernten gab. Unumstritten ist indes, dass nach 1598 wegen der Beendigung der Kriegshandlungen eine deutliche Belebung der Agrarkonjunktur zu beobachten ist.

Kaum weniger erfolgreich war der König in seiner Gewerbe- und Handelspolitik. Auch die gewerbliche Produktion war in den letzten Jahren der Religionskriege stark zurückgegangen. Zumal im Textilbereich war die Produktion in den 1590er Jahren vielfach auf die Hälfte des um die Mitte des Jahrhunderts erreichten Niveaus gesunken. Hier entwickelten Heinrich IV. und seine Berater eine Politik, die bereits in mancher Hinsicht auf den Merkantilismus Richelieus und Colberts vorauswies (III.3.b). Tatsächlich haben viele wirtschaftspolitische Initiativen ihren Ursprung in der Regierungszeit dieses Königs – seien es nun der Kanalbau, die Förderung von Manufakturen oder die Unterstützung des Exports von Luxusgütern mit dem Ziel, eine positive Handelsbilanz zu erzielen.

Heinrich IV. und der Absolutismus

Was seinen Regierungsstil anbelangt, gilt Heinrich IV. als Monarch, der entscheidende Weichenstellungen in Richtung auf den Absolutismus vorgenommen hat. Richtig daran ist, dass er ein straffes Regiment führte und darauf achtete, wichtige Entscheidungen lediglich in einem kleinen Kreis loyaler Berater vorzubereiten und allein zu treffen. Zu jenen, die beanspruchten, gehört und beteiligt zu werden, suchte der König durchaus den Kontakt, ließ aber keinen Zweifel daran, dass er bei aller Offenheit für Rat und Konsultation nicht gewillt war, seine alleinige Entscheidungsgewalt in Frage stellen zu lassen. In dieses Bild passt auch, dass dieser König zwar Ende 1596 eine große Notabelnversammlung, aber keine Generalstände einberief.

Hat also Heinrich IV. das französische Königtum, wie man dies vielfach lesen kann, zum Absolutismus hin gelenkt? Solche Aussagen sind nicht unproblematisch, weil sie den Eindruck erwecken, als sei „der Absolutismus" ein feststehendes, in sich schlüssiges Regierungssystem gewesen, das von einzelnen Akteuren mehr oder minder erfolgreich verwirklicht worden sei. Dabei wird übersehen, in welch hohem Maße auch dieser König improvisiert, von Fall zu Fall entschieden und agiert hat, ohne sich dabei an einem klar umrissenen Plan zu orientieren. Heinrich IV. war fraglos ein starker König, der mit Geschick und Glück seinen Gestaltungsspielraum ausgeweitet und seine Prärogative gefestigt hat. Er hat aber kein System geschaffen, keinen neuen Verfassungstyp installiert – was auch daran deutlich wird, dass nach seinem Tod zunächst niemand seine Rolle ausfüllen konnte, weshalb die Autorität der Krone erneut schweren Anfechtungen ausgesetzt war.

Der gewaltsame Tod dieses Königs von der Hand eines katholischen Fanatikers im Mai 1610 (II.3.a) zeigt im Übrigen, dass er auch nach vielen erfolgreichen Regierungsjahren nie ohne Feinde war. Lange vermochte er diese Feinde in Schach zu halten – nicht zuletzt deshalb, weil in Frankreich kaum jemand die Rückkehr des Bürgerkriegs wünschte. Doch ganz auslöschen konnte auch Heinrich IV. das Erbe der Bürgerkriege nicht – 1610 wurde er ihr spätes Opfer.

b) Reform, Religion und Politik

Dass Heinrich IV. nicht dauerhaft die Weichen hin zum Absolutismus gestellt hatte, dass er auch viele der für die Religionskriege maßgeblichen Probleme nicht gelöst, sondern lediglich vorübergehend entschärft hatte, wurde bald nach seinem Tod deutlich. Für Heinrichs minderjährigen Sohn, Ludwig XIII., führte zunächst die Königin, Maria von Medici, die unmittelbar vor der Ermordung ihres Mannes zur Regentin ernannt und vom Pariser Obergericht bestätigt worden war, die Regentschaft.

Maria von Medici im Urteil der Forschung

Die ältere Forschung hat das politische Wirken Marias meist negativ gezeichnet, um im Kontrast dazu die Leistung Heinrichs IV. und Richelieus umso strahlender erscheinen zu lassen. Gewiss agierte die Regentin nicht immer geschickt. So war es angesichts der verbreiteten anti-italienischen Vorbehalte in der Bevölkerung und zumal im Hochadel nicht klug, italienischen Favoriten wie dem bald zu ihrem wichtigsten Minister aufgestiegenen und zum Marschall d'Ancre erhobenen Concino Concini großen Einfluss einzuräumen und sich von den alten Beratern ihres Mannes zu trennen. Deren Rückzug wiederum stand im Zusammenhang mit der Abkehr der Regentin von der antihabsburgischen Politik ihres Mannes (II.3.a). Auch diese Entscheidung ist kritisierbar – doch ist zu fragen, ob Maria als Regentin überhaupt in der Lage gewesen wäre, Heinrichs Politik fortzuführen.

Ob ohne die italienischen Favoriten die seit 1614 immer wieder aufflammenden Aufstände des Hochadels unter Führung des mittleren Condé hätten vermieden werden können, ist fraglich. Auch Heinrich IV. konnte den Hochadel nur mit Mühe in Zaum halten – dass dies seiner Witwe nicht gelang, ist nicht überraschend und kann jedenfalls nicht als Ausweis politischer Unfähigkeit gewertet werden. Auf den ersten großen Adelsaufstand im Frühjahr 1614 reagierte Maria von Medici im Übrigen durchaus geschickt: mit einer zusammen mit ihrem Sohn unternommenen Reise durch Frankreich und mit der im Zuge des Vertrags zur Beilegung dieses Aufstands festgehaltenen Entscheidung, unmittelbar nach der formalen Volljährigkeit Ludwigs XIII. im Oktober 1614 Generalstände abzuhalten. Damit knüpfte Maria von Medici an die Traditionen der Renaissancemonarchie des 16. Jahrhunderts an.

Generalstände von 1614

Die Krone hatte in der zweiten Hälfte des 16. Jahrhunderts mehrfach versucht, durch die Durchführung von Notabelnversammlungen und Generalständen ihren politischen Rückhalt in der Bevölkerung zu verbessern und die politische Initiative zurückzugewinnen. Die Einberufung der Generalstände von 1614 war für Maria von Medici insofern ein Erfolg, als die Ständevertreter fast unisono ihre uneingeschränkte Loyalität zur Krone und ihre Kritik an den Ambitionen des Hochadels zum Ausdruck brachten. Dem Argument der Hochadligen, einer allgemeinen Unzufriedenheit in der Bevölkerung Ausdruck zu verleihen, war damit zumindest kurzfristig die Grundlage entzogen.

Eine zweite, seit jeher mit der Einberufung von Repräsentativversammlungen verknüpfte Erwartung wurde freilich auch durch die von Oktober 1614 bis Februar 1615 tagenden Generalstände enttäuscht: die Hoffnung auf eine allgemeine *réformation du royaume*, auf eine umfassende Reform, im Zuge derer möglichst alle Missstände vom Amtsmissbrauch der *officiers* und der Umständlichkeit und Langsamkeit der Justiz über die schlechte Versorgung der Landpfarrer bis hin zu Mängeln der Zunftverfassung geregelt und am besten beseitigt werden sollten. Dabei wurde unter *réformation* nicht allein die Abstellung isolierter Missstände verstanden, sondern auch die moralische Umkehr aller Glieder des Gemeinwesens. Dass hier kein Fortschritt erzielt wurde, hatte freilich viele Gründe. Von erheblicher Bedeutung war, dass die Ständevertreter untereinander in einem bis dahin außerhalb religiöser Fragen unbekannten Maße zerstritten waren. Insbesondere die Gegensätze zwischen dem Schwertadel und den Angehörigen der *robe*, die unter den Deputierten des Dritten Standes zahlreich vertreten waren (I.3.b), verhinderten ein einheitliches Votum der Stände.

In den folgenden Jahren geriet aber auch die Handlungsfähigkeit der Krone mehr und mehr in Zweifel. Zwar gelang es Concini und Maria, die Zentralgewalt der Krone nach außen hin zu sichern, indem sie den Versuch des *parlement de Paris*, sich zum Sachwalter einer allgemeinen Reform aufzuwerfen, abwehrten und die Adelsaufstände im Lande niederwarfen, doch schon bald wurde das Verhältnis zwischen dem jungen, offiziell volljährigen König und seiner zusammen mit Concini weiterhin die operative Politik leitenden Mutter zunehmend gespannt. Im April 1617 schließlich musste Maria von Medici auf Weisung des Königs den Hof verlassen, während ihr Günstling mit Wissen des Königs ermordet wurde. Ludwig XIII. soll bei der Nachricht von der Ermordung ausgerufen haben, nun endlich sei er wirklich König. Concinis Ehefrau Leonora Galigaï, eine Ziehschwester der Königinmutter, wurde wenige Monate später wegen Hexerei hingerichtet.

Rekatholisierungspolitik und erneute Hugenottenkriege

Obwohl die Königinmutter 1618 bis 1620 mehrfach versuchte, mit Hilfe von Aufständen wieder zu Macht und Ansehen zu gelangen, blieb sie bis 1622 von jeder politischen Mitsprache ausgeschlossen. Die Führung der politischen Geschäfte übernahm Charles d'Albert de Luynes, bis 1617 Großfalkner Ludwigs XIII. (*grand fauconnier de France*). Vom jungen König unterstützt, verfolgte Luynes eine brachiale Rekatholisierungspolitik, im Zuge derer er etwa 1620 die Wiedereinführung des katholischen Kultus im Béarn, einer Provinz des bis dahin ausschließlich hugenottischen Königreichs Navarra durchsetzte. Bereits nach dem Tod Heinrichs IV. war unter den Protestanten die Sorge um ihre Sicherheit gewachsen. Nun griffen die Hugenotten im Südwesten zu den Waffen. Ein erster Religionskrieg in den Jahren 1621/22 endete mit einer Niederlage der Hugenotten, die nun in allen ihren Sicherheitsplätzen den katholischen Kultus zulassen mussten.

Obwohl Luynes Ende 1621 starb, blieb die Hugenottenfrage auch in den folgenden Jahren auf der Tagesordnung. Die Aufstände, bei denen wie in den Religionskriegen des 16. Jahrhunderts religiöse Motive und adliger Widerstandsgeist miteinander verwoben waren, bestärkten Ludwig XIII. und seine politischen Berater, zu denen seit Mitte der 1620er Jahre auch wieder seine Mutter und der 1624 in den königlichen Rat aufgenommene Kardinal Richelieu gehörten, in der Absicht, die Hugenotten militärisch und politisch zu entmachten. Nach erfolglosen Verhandlungen kam es zwischen 1626 und 1629 zu mehreren Operationen des königlichen Heeres gegen Sicherheitsplätze der Hugenotten, insbesondere gegen deren bedeutendste Festung, die am Atlantik gelegene Hafenstadt La Rochelle. Trotz der Unterstützung durch die englische Flotte musste La Rochelle, von Hunger und Seuchen gezeichnet, nach mehr als einjähriger Belagerung kapitulieren. Die militärische Macht der Hugenotten in Frankreich war damit gebrochen. Ludwig XIII. gewährte den Hugenotten 1629 im sogenannten Gnadenedikt von Alès zwar erneut jene Bestimmungen des Edikts von Nantes, die den Kultus und die rechtliche Gleichstellung betrafen, hob aber alle Sicherheitsplätze auf und untersagte jegliche militärische Organisation der Protestanten. Diese waren nun so weit geschwächt, dass die Entpolitisierung der konfessionellen Frage als Aufhebung ihrer politischen Organisation ins Werk gesetzt werden konnte.

Die Hugenottenkriege der 1620er Jahre zeigen, dass die Konfessionsfrage ähnlich wie auch die Frage des Verhältnisses von Krone und Hochadel oder auch zwischen Krone und Obergerichten unter Heinrich IV. nicht dauerhaft gelöst, sondern nur zeitweilig entschärft worden war. Es gibt deshalb Historiker, die der Auffassung sind, die französischen Religionskriege hätten nicht bis 1598, sondern bis 1629 angedauert. Tatsächlich waren diese Problemlagen durch den Einsatz militärischer Gewalt erst jetzt politisch dauerhaft beigelegt.

Leitbild der *réformation du royaume*

Doch auch jenseits der Konfessionsfrage wirkte das Erbe der Renaissancemonarchie bis etwa 1630 fort. Besonders deutlich wird dies an der Frage der *réformation du royaume*. Wie bereits erwähnt, hatte sich in der zweiten Hälfte des 16. Jahrhunderts die Praxis herausgebildet, im Anschluss an Repräsentativversammlungen umfassende Gesetze zu erlassen, die eine Reform der öffentlichen Ordnung bewirken sollten. Dazu war es 1614/15 nicht gekommen. Doch das Thema war nicht vom Tisch. 1617 machte man einen neuen Anlauf und berief eine Notabelnversammlung ein, die zentrale Fragen nochmals beraten sollte. Auf der Grundlage der Empfehlungen dieser Notabelnversammlung und der Beschwerden der Generalstände von 1614 erließ der König im Juli 1618 tatsächlich ein umfassendes Gesetz, das insofern sensationell war, als es die von der Mehrheit der Ständevertreter kritisierte Ämterkäuflichkeit und -erblichkeit weitgehend abschaffte. Doch just daran scheiterte das Gesetz, da die Obergerichte zur Erhaltung der eigenen Privilegien dessen Registrierung verweigerten und dem König durch die inneren Konflikte der folgenden Jahre die Hände gebunden waren.

Als die Krone in der zweiten Hälfte der 1620er Jahre wieder über größeren Handlungsspielraum verfügte, knüpfte sie erneut an das 1618 gescheiterte Vorhaben an. Ende 1626 wurde wieder eine Notabelnversammlung einberufen, deren Ratschläge schließlich zusammen mit den Beschwerden von 1614 und den Empfehlungen von 1617 in die künftige *ordonnance* einfließen sollten. Das unter Federführung des Siegelbewahrers Michel de Marillac erarbeitete, 461 Artikel umfassende Gesetz beinhaltete zwar nicht mehr die Abschaffung der Ämterkäuflichkeit, aber doch Bestimmungen, die – wie die Beschränkung der Zulassung mehrerer Angehöriger einer Familie an einem Gericht – den Obergerichten missfielen. Um dennoch ein rasches Inkrafttreten zu erzwingen, wurde das Gesetz im Januar 1629 im Rahmen eines *lit de justice* verkündet. Obwohl es immerhin 14 Jahre nach dem Ende der Generalstände erlassen wurde, nahm es im Titel wie in der Präambel ausdrücklich auf diese Generalstände (wie auch auf die Notabelnversammlungen) Bezug und entsprach auch dem inneren Aufbau nach dem Typus der großen *ordonnances de réformation* des 16. Jahrhunderts. Auch dieser letzte Versuch eines großen Reformgesetzes ist freilich gescheitert. Denn ungeachtet des *lit de justice*, durch das eine sofortige Registrierung erzwungen werden sollte, zögerten die Gerichte diese Registrierung monatelang hinaus und vollzogen sie schließlich widerwillig mit dem Zusatz, dazu gezwungen worden zu sein. Als Siegelbewahrer Marillac Ende 1630 in Ungnade fiel, gelang es dem Pariser *parlement*, die *ordonnance* in Anspielung auf seinen Vornamen als *code Michau* lächerlich zu machen – eine Bezeichnung, die sich bis heute gehalten hat. Obschon in mehreren Auflagen gedruckt, wurde die *ordonnance* von den Gerichten kaum angewandt.

Die *journée des Dupes*

Dies ist jedoch nur die eine Seite der Medaille. Denn die Reformgesetzgebung der 1620er Jahre scheiterte nicht nur am Widerstand der Obergerichte, sondern auch daran, dass die Krone das Interesse daran verlor. So fällt auf, dass Richelieu, der leitende Minister Ludwigs XIII., nichts unternahm, als das Pariser *parlement* die Registrierung hinauszögerte, und offenbar billigend in Kauf nahm, dass der Ruf des Siegelbewahrers zusehends litt. Hinter Richelieus Verhalten stand der Gegensatz zweier Minister, die über Jahre zusammengearbeitet hatten, deren politische Vorstellungen aber gegen Ende der 1620er Jahre zusehends auseinandergingen. Marillac, der den *dévots* zugerechnet wurde (I.5.a), trat dafür ein, die Stellung des Monarchen zunächst nach innen hin zu konsolidieren. Dazu gehörte für ihn die Zerschlagung der politischen Sonderrolle der Hugenotten, die Ende 1628 erreicht war, und die Unterstützung der katholischen Reform – durchaus mit dem langfristigen Ziel, die Hugenotten nach und nach mehr oder minder freiwillig zu bekehren. Dazu gehörte für ihn aber auch die Fortführung der inneren Reform, die Verbesserung der Wirtschaftskraft des Landes, die Einschränkung der Rechte der Obergerichte usw. Ende 1628 stimmte er deshalb im königlichen Rat gegen das von Richelieu vorgeschlagene Eingreifen Frankreichs in den Mantuanischen Erbfolgekrieg (II.3.b) und blieb dieser Haltung ungeachtet der gegenteiligen Entscheidung des Königs auch in der Folge treu.

Richelieu hingegen vertrat die Auffassung, die von ihm selbst betriebene Kriegspolitik müsse mit dem einstweiligen Verzicht auf innere Reformen erkauft werden. Damit richtete er sich gegen die *ordonnance* Marillacs, der inzwischen zu seinem gefährlichsten Rivalen geworden war. Bis Ende 1630 widersetzten sich mehrere einflussreiche Mitglieder des königlichen Rates dieser Linie. Neben Marillac waren dies insbesondere die wieder zu Einfluss gelangte Königinmutter, ferner der jüngere Bruder des Königs, Gaston d'Orléans, die Königin Anne d'Autriche, aber auch zahlreiche Angehörige des Hochadels. Sie bildeten, auch wenn dies im Nachhinein in der von Richelieu orchestrierten Propaganda so erscheint, keine wirkliche Partei, sind auch mit dem Etikett *dévots* nur unzureichend charakterisiert. Tatsache aber ist, dass es den gegen Richelieus Politik opponierenden Mitgliedern des *conseil* Anfang November 1630 in Abwesenheit des Kardinals gelang, den König zu einem außenpolitischen Kurswechsel zu überreden, der einen Friedensschluss und sogar ein Bündnis mit den Habsburgern vorsah. Um sicherzugehen und Richelieu die Rückkehr ins Zentrum der Macht im buchstäblichen Sinne zu verbauen, ließ man die Tore des Louvre verschließen. Richelieu gelang es aber doch, in den Palast vorzudringen, den König umzustimmen und die Entmachtung seiner politischen Gegner durchzusetzen. Mit diesem in Frankreich als *journée des Dupes* (Tag der Geprellten) bezeichneten spektakulären Erfolg setzte der Kardinal auch sein politisches Programm definitiv durch – ein Programm, das den militärischen Kampf gegen das Haus Habsburg und die Mobilisierung der dafür notwendigen Mittel zum Hauptziel der äußeren wie der inneren Politik erhob.

2. Das Regiment der Kardinalminister (1630–1661)

In den gut drei Jahrzehnten zwischen 1630 und 1661 bestimmten die Kardinäle Richelieu und Mazarin die Richtung der französischen Politik. Diese Jahre gelten weithin als Zeit, in der nach der Schwächephase, die auf die Ermordung Heinrichs IV. folgte, an die von ihm eingeleitete Politik des Ausbaus der königlichen Macht angeknüpft und der Weg zum Absolutismus geebnet wurde. Richtig ist daran, dass unter der Ägide der Kardinäle die Macht der Krone gesteigert und jenen Gruppen, die sie bis dahin immer wieder herausgefordert hatten, die Möglichkeit zu offenem Widerstand genommen wurde. Richelieu und Mazarin ging es dabei freilich weniger um die Verwirklichung eines absolutistischen Herrschaftsprogramms als um den Kampf gegen das Haus Habsburg – und um die Sicherung ihrer eigenen Stellung.

a) Staatsräson und Diktatur des Fiskus

Betrachten wir zunächst Richelieu, der bis zu seinem Tod im Dezember 1642 Erster Minister (*premier/principal ministre*) blieb. Obwohl er dieses Amt bereits 1624 übernommen hatte, wurde er erst mit der *journée des Dupes* zur beherrschenden Figur der französischen Politik, wobei dieser Einfluss nicht darauf beruhte, dass er Ludwig XIII. vom politischen Geschäft ferngehalten hätte. Vielmehr gelang es dem Kardinal, dauerhaft das Vertrauen dieses menschenscheuen, ja misanthropischen Königs zu gewinnen. Ludwig XIII. war also mehr als eine Marionette in Richelieus Händen. Er brachte seine politischen Vorstellungen und Anstöße ein, auch wenn Richelieu in diesem symbiotischen Verhältnis fraglos der konzeptionell prägende Kopf war.

Ausschaltung politischer Gegner

Nachdem die Hugenotten seit dem Fall von La Rochelle keine politische Partei mehr waren, richtete sich Richelieu nach 1630 v. a. gegen die Gegner seines Kurses und seiner Stellung sowie gegen den politischen Einfluss des Hochadels, der vor der *journée des Dupes* teilweise mit der Königinmutter oder mit Gaston d'Orléans gemeinsame Sache gemacht hatte. Besonders gegen die *dévots* ging er mit großer Härte vor. Sein Gegenspieler Michel de Marillac etwa starb 1632 unter ungeklärten Umständen im Gefängnis, dessen Bruder Louis, einer der führenden französischen Heerführer seiner Zeit, wurde trotz fehlender Beweise wegen Verschwörung hingerichtet. Maria von Medici ließ Richelieu zunächst unter Hausarrest stellen, ehe sie ins Exil nach Brüssel, später nach Köln ging. Bereits erwähnt wurde der Fall Heinrichs II. von Montmorency, der eine Revolte Gastons unterstützt hatte und 1632 hingerichtet wurde (I.6.d). In anderen Fällen nutzte Richelieu persönliches Fehlverhalten – etwa die Tatsache, dass sie sich ihrem Ehrenkodex entsprechend, aber gegen die königlichen Edikte duellierten –, um einzelne Hochadlige bestrafen und nicht selten hinrichten zu lassen. Auch Favoriten des Königs, die gegen Richelieu und seine Politik intrigierten, wurden gnadenlos verfolgt. So wurde im September 1642 der erst 22-jährige Marquis de Cinq-Mars zusammen mit seinem Freund de Thou öffentlich hingerichtet, weil er – unterstützt von Hochadligen – versucht hatte, Richelieu zu stürzen. Um adligem Widerstand die Basis zu entziehen, ließ Richelieu die meisten Burgen im Innern des Landes schleifen. Dem selbst einer alten Adelsfamilie entstammenden Kardinal ging es dabei nicht darum, den Status und die Privilegien des Adels insgesamt in Frage zu stellen; wohl aber bekämpfte er entschieden jeglichen Anspruch auf eine politische Sonderrolle dieses Standes.

Rigide Steuerpolitik

Von der Rücksichtslosigkeit der inneren Politik Richelieus unmittelbar betroffen waren freilich nicht nur Angehörige der Eliten, deren Mitspracheansprüche und Sonderrechte bekämpft wurden, sondern die gesamte Bevölkerung. Denn bedingt durch den Finanzbedarf, den der Einstieg Frankreichs in den Dreißigjährigen Krieg (II.3.a und II.3.b) verursachte, galt Richelieus innenpolitische Hauptsorge der Ausweitung des Steueraufkommens. Tatsächlich konnten zwischen 1623/24 und 1640 die Steuereinnahmen mehr als verdoppelt werden (I.6.e). Da die konjunkturelle Entwicklung alles andere als günstig war, konnte diese Erhöhung nur durch verschärfte Abschöpfung erreicht werden. So wurde die Steuerbelastung der Bauern fast verdreifacht, inflationsbereinigt immer noch mehr als verdoppelt – von etwa 6 % der Gesamterträge Anfang der 1620er Jahre auf gut 13 % um die Mitte des Jahrhunderts, womit nun die Steuerlasten für den König den Kirchenzehnten deutlich in den Schatten stellten. Doch auch steuerliche Privilegien von Städten und Korporationen wurden immer häufiger aufgehoben.

Diese rigide Steuerpolitik setzte den Ausbau und v. a. eine straffere Führung der königlichen Verwaltung voraus, deren wichtigstes Instrument, die Intendanten, bereits vorgestellt wurde (I.6.d). Weitere typische Instrumente dieser Politik waren die teilweise Ersetzung registrierungsbedürftiger Gesetze durch sofort exekutierbare Entscheidungen des königlichen Rats (*arrêts du conseil*) sowie die Ausweitung verschiedenster Formen kommissarischer Beauftragung von Amtsträgern zur kurzfristigen Durchsetzung meist fiskalischer Ziele unter Umgehung der bis dahin üblichen Verfahren.

Die Steigerung der Steuereinnahmen reichte im Übrigen nicht aus, um die gewachsenen Ausgaben der Krone zu finanzieren, sondern erforderte, wie gezeigt (I.6.e), die Ausweitung der Kreditaufnahme. Dies bedingte eine zweite Neuerung, die auf die Teilprivatisierung des königlichen Steuerregals hinauslief. Tatsächlich verpachtete der König einen erheblichen Teil seiner Steuereinnahmen, zumal im Bereich der indirekten Steuern, an Privatleute oder Konsortien, die ihm die Steuersummen in bar vorstreckten und sich dafür an den Untertanen schadlos halten durften, wobei sie in der Regel einen erheblichen Teil in ihre eigenen Taschen steckten und sich so bald den Hass der Bevölkerung zuzogen.

Staatsräson

Zur Rechtfertigung der drakonischen Politik im Innern (wie auch der umstrittenen Bündnisse mit protestantischen Mächten nach Außen) griffen Richelieu und seine publizistischen Helfer auf das Argument zurück, die **Staatsräson** (*raison d'État*) gebiete radikale Maßnahmen, die nicht an den überkommenen moralischen und rechtlichen Normen gemessen werden könnten. Die auf die Antike zurückgehende Vorstellung, wonach Not kein Gesetz kenne, war an sich seit langem im Grundsatz anerkannt und hatte auch Eingang in die seit dem Spätmittelalter verbreitete Vorstellung einer auf Notfälle beschränkten absoluten Gewalt des Königs gefunden. Seit dem Ende des 16. Jahrhunderts wurde – wie bereits dargestellt – dieses ältere Verständnis durch eine die Permanenz der absoluten Gewalt in den Mittelpunkt rückende Konzeption verdrängt (I.6.a.). Parallel dazu entwickelte sich eine kontroverse Diskussion um die Frage, ob die Notlage, angesichts derer der König berechtigt war, gegen Moral und Recht zu verstoßen, zumindest im Nachhinein offengelegt werden musste, oder ob er über solche Fragen das Geheimnis wahren durfte. Richelieu und seine Propagandisten traten entschieden für die letztere Auffassung ein. Die Sicherung und Ausdehnung der Herrschaft des Königs (dies, nicht einen Staat im modernen Sinne bezeichnete der Begriff *État*) wurden demnach zur höchsten, alle tradierten Normen außer Kraft setzenden politischen Maßregel erklärt und zugleich jeder öffentlichen Beurteilung entzogen. Der Rekurs auf die *raison d'État* und die *arcana imperii* sollte jegliche Maßnahme rechtfertigen und zugleich allein vom König und seinen engsten Beratern beurteilt werden.

E

Der Begriff **Staatsräson** (von it. *ragion di stato*) geht auf die italienische Renaissance zurück. Giovanni Botero, der 1589 die erste Monographie zu diesem Thema veröffentlichte, definierte sie als „Kunde von Mitteln, die geeignet sind, eine Herrschaft zu begründen, zu erhalten und zu erweitern". Dazu zählte er auch Herrschaftsmethoden, die gesellschaftlichen oder religiösen Moralvorstellungen widersprachen (etwa Vorgehen gegen die eigene Bevölkerung, Täuschung und Verrat). Der Begriff reflektiert den Versuch, im Zuge der Herrschaftsverdichtung und Staatsbildung erwachsende Probleme theoretisch zu durchdringen und die Eigengesetzlichkeit des Politischen zu legitimieren. Er wurde im Laufe der Frühneuzeit sehr kontrovers diskutiert.

In der Praxis waren *raison d'État* und Stärkung der Machtposition der Kardinalminister weitgehend dasselbe. So bedeutete der Versuch, Eigenmächtigkeiten des Hochadels zu unterbinden, gewiss eine Stärkung des Königs und begünstigte langfristig die Ausprägung staatlicher Souveränität. Doch ging es Richelieu und Mazarin zunächst um die Wahrung ihrer eigenen Position. Nicht ausgeblendet werden sollte auch, dass beide Kardinalminister ihr Amt nutzten, um sich hemmungslos zu bereichern und ihren jeweiligen Familien große Vorteile zu verschaffen. Gewiss war dies üblich, in gewissen Grenzen wohl auch notwendig, um in einem maßgeblich auf klientelären Strukturen beruhenden politischen System, in dem Gunst und Loyalität oft mit Geld erkauft werden mussten, bestehen zu können – doch ergeben sich auch hier Abstriche gegenüber dem in der älteren Literatur vorherrschenden Bild eines ganz an der objektiven „Staatsräson" orientierten politischen Wirkens.

Tatsächlich ergab sich die Räson, der die französische Politik unter den beiden Kardinälen folgte, v.a. aus deren Interesse am Erhalt ihrer eigenen Macht und aus der Logik eines Krieges, der Frankreich nicht aufgezwungen, sondern von Richelieu herbeigeführt worden war. Die Räson des Krieges und die damit verknüpfte Räson der Ausplünderung des Landes hat die Geschichte Frankreichs von 1630/35 an bis zum Ende der hier behandelten Zeit geprägt, denn die ursprünglich als vorübergehend eingeführten Notmaßnahmen verfestigten sich angesichts der bis zum Tode Ludwigs XIV. beinahe ohne Unterbrechung geführten Kriege nach und nach zu dauerhaften Strukturen. Man mag hier von der Etablierung eines neuen, absolutistischen Systems sprechen, muss aber ergänzen, dass dieses System nicht mehr war als die Perpetuierung eines durch den Krieg gerechtfertigten Ausnahmezustandes.

b) Die Delegitimierung der Monarchie: populäre Revolten und Fronde

Die Begründungen, mit denen Richelieu und seine Propagandisten immer neue Belastungen rechtfertigten, vermochten freilich die wachsende Not der Bevölkerung nicht zu lindern. So kam es parallel zur Ausweitung der Steuerlast zu immer zahlreicheren Revolten. Aufstände verschiedenster Art hatte es in Frankreich seit dem Spätmittelalter immer wieder gegeben. Ihre Träger waren häufig Bauern gewesen, die unter der Belastung durch Kirchenzehnt, Feudalabgaben, Pachtzinsen und Steuern zu leiden hatten. Nicht selten war es auch in größeren Städten zu Unruhen gekommen, getragen v. a. von den städtischen Unterschichten, gelegentlich auch von kleinen Handwerkern. In der Regierungszeit Ludwigs XIII. und zumal in den Jahren nach 1630 kann man eine extreme Häufung solcher Revolten beobachten, die sich im Einzelnen kaum aufzählen lassen. Größere Revolten fanden 1630 in Burgund, 1631 in der Provence, 1632 in Lyon, 1633 und 1635 in der Guyenne, 1636 im Angoumois, in der Saintonge und im Poitou, 1639 in der Basse-Normandie und 1643 in der Auvergne statt.

Ungewöhnlich an diesen Revolten war nicht nur ihre schiere Zahl, sondern auch die Tatsache, dass sie sich fast ausschließlich gegen die königlichen Steuereinnehmer, Steuerpächter und die Verwalter der königlichen Salzdepots richteten, die für die Eintreibung der direkten und indirekten Steuern verantwortlich waren, während früher des Öfteren die adligen Grundherren oder die kirchlichen Zehnteinnehmer die Zielscheibe der Empörung gebildet hatten. Neu war schließlich, dass sich das soziale Spektrum der Aufständischen deutlich erweiterte. Es revoltierten nicht nur Bauern, städtische Unterschichten und kleine Handwerker, sondern auch Angehörige der Mittelschicht, lokale Notabeln und kleine Adlige. Da sie in der Regel lokal begrenzt waren, konnten die Revolten meist rasch niedergeschlagen werden, zumal die Aufständischen anders als bei den Revolten des Hochadels in der Regel nicht oder nur schlecht bewaffnet waren. Die politische Signalwirkung dieser Aktionen sollte dennoch nicht unterschätzt werden. Man wird ohne Übertreibung sagen können, dass Richelieu gegen Ende seiner Amtszeit der unbeliebteste Mann des Königreichs war.

Mazarin

Der Höhepunkt der allgemeinen Unzufriedenheit war damit jedoch noch nicht erreicht. Denn erst Richelieus Nachfolger Mazarin bekam die angestaute Wut in ihrer ganzen Wucht zu spüren. Anders als sein Vorgänger hatte er keine konsolidierte königliche Autorität im Rücken, denn nur sechs Monate nach Richelieu, im Mai 1643, starb auch Ludwig XIII. Der Thronfolger, Ludwig XIV., war zu diesem Zeitpunkt gerade einmal sechs Jahre alt. Regentin wurde seine Mutter, Anne d'Autriche. Erneut, wie schon 1560 und 1610, erlebte Frankreich also eine Regentschaft, und wie in den Fällen zuvor war auch sie eine Zeit politischer und verfassungsrechtlicher Unsicherheit. Hinter Mazarin, der von Richelieu aus päpstlichen Diensten abgeworben, als Nachfolger aufgebaut und schließlich auf dem Totenbett dem König empfohlen worden war, stand schon bald nach seinem Amtsantritt nur Anne d'Autriche, die als Spanierin ebenso unpopulär war wie er als gebürtiger, erst 1639 naturalisierter Italiener.

Fronde

Um zur Fortsetzung des Krieges überhaupt noch Geld aufzutreiben, belastete Mazarin nun auch jene, die bislang weitgehend Schonung genossen hatten: die (traditionell steuerlich relativ gut gestellten) Städte, den Handel, die Hausbesitzer und die *officiers*. Deren Verärgerung entlud sich in der *Fronde* (wörtlich: „Schleuder") der Jahre 1648 bis 1653. Charakteristisch für diesen Aufstand war insbesondere die Vielfalt seiner Träger. In den verschiedenen Phasen der *Fronde* rebellierten ganz unterschiedliche Gruppen mit recht unterschiedlichen politischen Zielvorstellungen gegen die Krone – auch Seitenwechsel waren (gerade beim Hochadel) keine Seltenheit.

Charakteristisch für diesen Aufstand ist ferner, dass er begleitet war von einem regelrechten Propagandakrieg der Gegner Mazarins. Tatsächlich ließen diese (v. a. in Paris) Tausende Flugschriften drucken (noch heute lassen sich mehr als 5.000 nachweisen), die später – nach dem Titel einer 1651 erschienenen Schrift – als *Mazarinades* bezeichnet wurden. In diesen Texten wurde gegen Mazarin gewendet, was man nur gegen ihn vorbringen konnte: seine italienische Herkunft, sein Einfluss auf den jungen König, seine (angeblich auch intime) Beziehung zu Anne d'Autriche, die von ihm zu verantwortende Steuerlast, seine Neigung zum Luxus, seine Vorliebe für italienische Opern, schließlich – alles andere als unberechtigt – seine skrupellose Bereicherung. Tatsächlich hatte Mazarin nicht nur zahllose weltliche Herrschaften erworben, sondern auch – entgegen den Bestimmungen des Tridentinums – zahllose Pfründen kumuliert. Als er 1661 starb, hinterließ er das größte Vermögen, das überhaupt ein Franzose des 17. Jahrhunderts angesammelt hat: 35 Mio. *livres*.

Ihren Ausgang nahm die *Fronde* bei hohen Amtsträgern der Krone. Im April 1648 wurde der Plan der Regierung ruchbar, vier Jahre lang keine Gehälter zu bezahlen. Daraufhin verweigerten die Mitglieder der Obergerichte einschließlich des Pariser *parlement*, das sich gerade während einer Regentschaft berufen fühlte, die überkommene Rechtsordnung zu wahren, die Fortführung der Amtsgeschäfte; dies schloss die Weigerung ein, königliche Gesetze zu registrieren. Trotz des Verbots der Regentin konstituierten sie sich als Versammlung und entwarfen ein Reformprogramm, das u. a. vorsah, durch die strikte Anwendung des Remonstranzrechts das Steuerwesen wieder unter ihre Aufsicht zu stellen. Ihr Ziel war es, die unter den Kardinalministern vorangetriebene Entwicklung einer zentralisierten Verwaltung zu stoppen und zugleich ihre eigene verfassungsrechtliche wie materielle Stellung zu verteidigen. Die neu eingesetzten Intendanten waren ihnen ein Dorn im Auge, aber auch die unverkennbare Tendenz der Krone, zum Zwecke der Geldbeschaffung immer neue Ämter einzurichten und damit notwendigerweise den Wert der bereits bestehenden zu mindern. Die Obergerichte hatten im Grunde konservative Ziele; sie beriefen sich auf die Tradition der gemäßigten Monarchie, in der freilich nicht den Generalständen, sondern ihnen selbst die maßgebliche Rolle als Bremse der absoluten Gewalt des Königs zukommen sollte. Sie stilisierten sich denn auch nicht ohne Erfolg als die Hüter der wahren Traditionen der französischen Monarchie.

Im Vertrauen auf seine Erfolge bei den Verhandlungen zum Westfälischen Frieden ließ Mazarin Ende August 1648 die Wortführer der streikenden Obergerichte verhaften. Die Folge war ein Aufstand der Pariser Bevölkerung, der bald auch vom *parlement* nicht mehr zu kontrollieren war. Um dem Ruf nach Absetzung Mazarins nicht nachgeben zu müssen, war die Regentin bereit, die Forderungen der Obergerichte zu erfüllen. Ende Oktober 1648 übernahm ein Gesetz alle ihre Vorschläge. Die Intendanten wurden abgeschafft, die Verträge der Finanzpächter gekündigt, was die wichtigsten Geldgeber der Krone verprellte. Frankreich war nun an sich eine konstitutionelle Monarchie. Auf dieser Grundlage konnte die Krone die Unterstützung der Obergerichte wiedergewinnen, und so kam Anfang April 1649 in Saint Germain ein Friedensschluss zustande.

Die *Fronde* war damit allerdings nicht zu Ende. Dies hatte v.a. zwei Ursachen. Zum einen hatten die Aufstände in Paris in die Provinzen ausgestrahlt, wo nun – teilweise unterstützt von den jeweiligen *gouverneurs* – neue Revolten ausbrachen. Zum anderen aber forderten jene Hochadligen, die Mazarin und Anne d'Autriche während der ersten *Fronde* militärisch unterstützt hatten, ihren Lohn – allen voran der Vetter des jungen Königs, der erste Prinz von Geblüt, Louis de Condé. 1621 geboren, hatte er sich trotz seines jungen Alters bereits als Sieger gegen die Spanier hervorgetan; mutig und selbstbewusst, verkörperte er die Ideale des Adels. Condé forderte nicht nur das *gouvernement* mehrerer Provinzen, sondern darüber hinaus die Regentschaft, zumindest aber das Recht, anstelle Mazarins die Gesamtverantwortung für die Leitung der französischen Politik zu übernehmen. Nach Monaten des Hin und Her versuchte Mazarin sich durch einen Handstreich seines Rivalen zu entledigen und ließ ihn am 18. Januar 1650 als Verschwörer festnehmen. Doch Condé verfügte über eine mächtige Familie mit einer riesigen, einflussreichen Klientel. In kürzester Zeit kam es überall in den Provinzen zu Adelsrebellionen, ja einzelne Adlige wandten sich sogar an den König von Spanien, mit dem sich Frankreich im Krieg befand. Doch damit nicht genug: Auch die Obergerichte fühlten sich nun z.T. nicht mehr an den Frieden von Saint Germain gebunden und schlossen sich Condé an, ebenso wie der Onkel des Königs, Gaston d'Orléans, der bereits Anfang der 1630er Jahre gegen Richelieus Einfluss rebelliert hatte, und Paul de Gondi, der Koadjutor des Pariser Erzbischofs.

Anfang 1651 musste Mazarin nachgeben, Condé freilassen und seinerseits unter dem Spott der Pariser Bevölkerung, der sich in unzähligen Pamphleten artikulierte, ins Exil nach Köln ausweichen – von wo aus er freilich weiterhin brieflich Einfluss auf die Politik der Regentin nahm, die mit dem König als Gefangene Condés in Paris blieb. Doch schon bald danach begann der Niedergang der *Fronde*, zunächst durch die politische Uneinigkeit ihrer wichtigsten Exponenten. Während Gaston und Gondi die Generalstände einberufen wollten, lehnten die Obergerichte und Condé dies ab. Gondi, der sich v.a. seinem eigenen Ehrgeiz verpflichtet wusste, wechselte schon bald die Seiten, nachdem Mazarin ihn mit der Aussicht auf einen Kardinalshut gelockt hatte; auch hohe Adlige wie Turenne gingen auf die Seite Mazarins über. Während die Spannungen unter den Führern der *Fronde* weiter zunahmen, verlor Condé rasch seinen Nimbus. Zumal seine Bereitschaft, mit Spanien einen Vertrag zu schließen und gegen die Zahlung von Subsidien für die Werbung neuer Truppen einen französischen Hafen auszuliefern, wurde ihm zum Vorwurf gemacht.

Nachdem es Anne d'Autriche gelungen war, mit dem jungen König aus Paris zu fliehen, in Poitiers ihre Residenz aufzuschlagen und Mazarin zurückzurufen, marschierten die königstreuen Truppen im Sommer 1652 unter Turennes Führung gegen Paris, was wiederum Condé veranlasste, in der Hauptstadt eine Diktatur einzurichten, die sich rasch so unbeliebt machte, dass die Bevölkerung aufbegehrte. Nachdem Condé schließlich zu den Spaniern geflohen war, zog am 21. Oktober 1652 Ludwig XIV. unter dem Jubel der Bevölkerung wieder in Paris ein. Der Aufstand brach nun in sich zusammen, obwohl die Ursachen der *Fronde* nicht beseitigt waren. Erst mit dem Ende des Krieges gegen Spanien im Pyrenäenfrieden des Jahres 1659 trat eine vorübergehende Verbesserung der fiskalischen und ökonomischen Lage ein.

Eine Revolution?

Die *Fronde* war die letzte große Aufstandsbewegung vor der Französischen Revolution. Hier traten tendenziell revolutionäre Bestrebungen zutage, wie sie zuletzt in der Spätphase der Religionskriege zu beobachten gewesen waren – und dann erst wieder 1789. Betrachtet man die *Fronde* in sozialgeschichtlicher Perspektive, ist nicht zu übersehen, dass sie u.a. deshalb nicht zur Revolution wurde, weil ihr eine Massenbasis fehlte. Denn große Teile der bäuerlichen Bevölkerung, die in den Vorjahren erfolglos revoltiert hatte, blieben der *Fronde* letztlich fern. Dennoch wiesen die sich an der *Fronde* beteiligenden Gruppen eine bemerkenswerte soziale Bandbreite auf. Am Anfang stand ein Aufstand königlicher Amtsträger, die ihre verfassungsrechtliche und ökonomische Stellung bedroht sahen. Doch sie blieben nicht allein, weil sich ihnen sowohl die Pariser Bürger, die unter der verschärften Steuerlast litten, als auch unterbürgerliche Schichten, denen die allgemeine Wirtschaftskrise zu schaffen machte, anschlossen. Auch der Pariser Klerus spielte, geführt durch Gondi, bei der Mobilisierung gegen Mazarin und Anne d'Autriche zeitweise eine beträchtliche Rolle.

Die Ausdehnung der Agitation in die Provinz erklärt sich einerseits aus dem Versuch vieler Provinzstädte, dem Pariser Vorbild nachzueifern, andererseits aus der Wirksamkeit der Netzwerke, Klientel- und Verwandtschaftsverbände von Hochadligen. Obwohl die konfessionelle Frage in der *Fronde* keine große Rolle mehr spielte und viele Adlige inzwischen zum katholischen Glauben übergetreten waren, erinnern die sozialen Strukturen, die für die Adelsrebellion der Jahre 1648 bis 1653 verantwortlich waren, an die Religionskriege. Gerade im Südwesten Frankreichs ergibt sich auch eine personale bzw. familiäre Kontinuität zwischen den Trägern der hugenottischen Revolten des 16. und frühen 17. Jahrhunderts und den Frondeuren der Jahre 1648 bis 1653.

Mit der maßgeblichen Beteiligung weiter Teile des höheren Adels ist auch zu erklären, dass die *Fronde*, anders als die Revolten der Richelieu-Ära, nicht rasch niedergeschlagen werden konnte; denn die Adligen verfügten vielfach über Truppen, die sie in der Regel auf eigene Rechnung angeworben hatten und die ihnen entsprechend loyal folgten. Die *Fronde* war also nicht nur eine besonders prominente unter den zahllosen Revolten in der

Ära der Kardinalminister; sie war vielmehr ein Bürgerkrieg, in den mit Spanien auch eine auswärtige Macht einzugreifen versuchte.

Grenzen der *Fronde*

Diesen Faktoren, die dafür sprechen, die Tragweite der *Fronde* wie auch ihre Bedrohlichkeit für die Krone nicht zu unterschätzen, stehen freilich andere gegenüber, an denen die Grenzen dieser Aufstandsbewegung und die Ursachen ihres Scheiterns erkennbar werden. Dies wird besonders beim Blick auf die Beweggründe der sie tragenden Gruppen und Personen deutlich. Sieht man ab von den persönlichen Ambitionen einiger Führer wie Gondi und Condé, war den sich in der *Fronde* artikulierenden Motiven zweierlei gemeinsam: einerseits die Feindschaft gegen Mazarin, der als Sündenbock für sämtliche angeblichen, letztlich mit Zentralisierung, Bürokratisierung und Steigerung der Abgabenlast zusammenhängenden „Fehlentwicklungen" der französischen Monarchie verantwortlich gemacht wurde; andererseits die Tatsache, dass sämtliche Gruppen angaben, einen idealen früheren verfassungsrechtlichen Zustand der Monarchie wiederherstellen zu wollen. Kein Frondeur stellte also – dies verdeutlicht die Grenzen des revolutionären Geistes dieser Bewegung – die traditionelle Monarchie in Frage. Hier endeten jedoch die Gemeinsamkeiten. Wie die beschworene gute französische Monarchie konkret aussehen sollte, wurde höchst unterschiedlich – jeweils mit Blick auf den besonderen Rechtsstatus der eigenen Gruppe – ausgeführt.

Ging es den Aufständischen in den großen Städten v. a. um die Autonomie ihrer jeweiligen Stadt und deren möglichst weitgehende Herauslösung aus den Verwaltungsstrukturen der Monarchie, stand für den kleineren Adel, aber auch für manche Stadtbewohner das Ziel im Vordergrund, die Macht der Steuerpächter und *financiers* zu brechen. Für die hohen *officiers* wiederum ging es hauptsächlich um ihre Einnahmen, ihre Privilegien und ihre Mitspracherechte. Um politische Mitsprache ging es auch dem Hochadel, doch stand dabei nicht das Registrierungs- und Remonstranzrecht im Mittelpunkt, sondern die Zugehörigkeit zum *conseil* und der Zugang zu lukrativen Posten, etwa als *gouverneurs*. Wie uneinheitlich die Ziele der Frondeure waren, zeigt sich am Verhältnis zu den *financiers*. Zwar kritisierten alle Frondeure deren „Tyrannei"; in Wirklichkeit ging es manchen Hochadligen und vielen Parlamentsräten aber darum, am Geschäft mit den Steuern beteiligt zu werden. Die Frondeure verfolgten also je eigene, standesspezifische Ziele. Zwar wollten alle mehr Freiheit, aber eben nicht für alle, sondern – ganz im Sinne der ständischen Gesellschaft – als Privileg ihres jeweiligen Standes bzw. ihrer jeweiligen Korporation.

Zu bedenken ist schließlich ein letztes Charakteristikum der *Fronde*, auf das jüngst aufmerksam gemacht worden ist und das v. a. die Vorstellungswelt der adligen Frondeure betrifft. Viele Protagonisten der *Fronde* haben Lebenserinnerungen hinterlassen, denen häufig eine beachtliche literarische Qualität nicht abzusprechen ist. Liest man diese Texte, so erscheinen darin die Kämpfe der *Fronde* weniger als rationale, von Interessen und politischen Überzeugungen bestimmte Entwicklungen, denn als Folge von Intrigen, spektakulären Aktionen und glänzenden Taten. Gewiss wird man berücksichtigen müssen, dass diese Texte sämtlich nach dem Sieg der Krone verfasst wurden und sich die Autoren deshalb bemüht haben mögen, ihren früheren Widerstand nicht mit klar reflektierten politischen Motiven zu erklären, sondern sie eher als Szenen eines bunten, von Emotionen und dem Streben nach *belles actions* bestimmten Schauspiels zu deuten.

Vielleicht steckt in diesen Memoiren aber doch mehr als der nachträgliche Versuch, die politische Harmlosigkeit des eigenen Anteils an der *Fronde* zu betonen. Dafür spricht die Beobachtung, dass das von der neustoischen Bewegung formulierte und gegen Ende der Religionskriege unter den Eliten Frankreichs breit rezipierte Ideal des Gleichmuts, das auf die Zügelung der Affekte und die Zurücknahme der eigenen Person abzielte (I.5.a), seit den 1640er Jahren an Attraktivität verlor. Man entdeckte die Affekte neu und bewertete sie positiv. Gerade unter dem Adel gewann die Vorstellung, das Selbst müsse sich spektakulär entfalten, breite Resonanz – umso mehr, als es mit traditionellen adligen Leitbildern wie ostentativer Tapferkeit und Ehre vereinbar war. Es spricht also einiges für die Vermutung, dass gerade die Rolle der adligen Aufständischen in der *Fronde* zu einem erheblichen Teil aus dieser Verknüpfung traditioneller Ehr- und Tugendvorstellungen mit dem neuen Verhaltensleitbild des seinen Emotionen Raum gebenden, sich in spektakulären Aktionen selbst verwirklichenden Menschen zu erklären ist – und nicht allein mit einem im engeren Sinne politischem Kalkül. Wie dem auch sei – entscheidend ist, dass es den Frondeuren nicht gelang, ein von allen getragenes, pragmatisches Programm zu entwickeln. So kämpften zwar alle gegen einen, aber doch jede Gruppe für sich und ihre Interessen – hier liegt wohl der entscheidende Grund für ihr Scheitern.

Folgen der *Fronde*

Längerfristig hatte die *Fronde* v. a. zwei Folgen. Für all jene, die mit der Stärkung der Krone und der rücksichtslosen Indienstnahme der Ressourcen des Landes nicht einverstanden waren, bedeutete ihr Misserfolg die bittere Lektion, dass sie der seit den 1630er Jahren gewaltsam vorangetriebenen Stärkung der Kronautorität kein realistisches und weithin akzeptables Gegenmodell entgegenzusetzen hatten. Auf ganz andere Weise zog der junge König, der die *Fronde* aus nächster Nähe erlebt hatte, daraus seine Konsequenzen. Nicht nur, indem er die führenden Frondeure zeitlebens seine Ablehnung spüren ließ, sondern auch dadurch, dass er größten Wert darauf legte, den politischen Einfluss des Hochadels zu brechen, indem er ihn an die Krone band. Zugleich aber sorgte die königliche Propaganda dafür, dass der Sieg der Krone über die *Fronde* schon bald als endgültige Überwindung des Chaos und Beginn einer neuen, glänzenden Ära, eines goldenen Zeitalters gefeiert wurde.

c) Die Überwindung der „Unordnung"

Auch wenn in den Jahren zwischen dem Ende der *Fronde* und dem Beginn der persönlichen Regierung Ludwigs XIV. keine spektakulären innenpolitischen Ereignisse zu verzeichnen sind, sollte man diese letzten Jahre der Ära Mazarin in ihrer Bedeutung nicht unterschätzen, da sie in mancher Hinsicht grundlegend waren für die spätere Politik des Sonnenkönigs.

Dies gilt zunächst für die Persönlichkeit und den politischen Stil Ludwigs XIV. Seine traumatischen Erfahrungen als zeitweiliger Gefangener der Frondeure haben fraglos seine Entschlossenheit befördert, alles zu tun, um in niemandes Abhängigkeit zu geraten und nach Möglichkeit alle Entscheidungen selbst zu treffen. Umso bemerkenswerter, dass er – obschon seit 1651 formal volljährig – nach dem Ende der *Fronde* Mazarin nicht entließ, um unabhängig zu regieren, sondern ihn hielt, um von seiner Erfahrung zu profitieren. Zeitgenossen beschreiben den jungen König dieser Jahre als ungemein wissbegierigen Menschen, der seine Minister über die kleinsten Details der von ihnen bearbeiteten Dossiers befragte, sich von den Räten der Obergerichte noch die kompliziertesten Verfahrensfragen und juristischen Kontroversen erläutern ließ, sich für entlegene Prozesse interessierte und zugleich bei Hofe eine kaum stillbare Neugier für Theorie und Praxis der Galanterie entwickelte. Hier legte Ludwig XIV. nicht nur die Grundlagen für seine breite Kenntnis des politischen Geschäfts, die ihm später sein ganz auf seine Person zugeschnittenes persönliches Regiment ermöglichte. Hier entwickelte er auch ein eisernes Arbeitsethos, das er bis in die letzten Jahre seiner Regierung aufrechterhielt.

Grundlegend für die Jahre der Selbstregierung war die späte Ära Mazarin aber auch deshalb, weil es der Krone nun definitiv gelang, den während der *Fronde* noch einmal aufblühenden Widerstandsgeist der Eliten für lange Zeit zu brechen. Weshalb dies gelang, ist nicht mit letzter Sicherheit geklärt. Eine Rolle spielte sicher die desillusionierende Erfahrung der *Fronde*. Eine Rolle mag auch gespielt haben, dass die Krone bei den (nicht allzu zahlreichen) Ansätzen widerständigen Verhaltens entschieden reagierte und der junge König bei diesen Gelegenheiten seine Fähigkeit unter Beweis stellte, seinen Anspruch auf unbedingten Gehorsam wirkungsvoll zu inszenieren.

Unterwerfung als Inszenierung

Ein typisches Beispiel für dieses Gespür ist ein Auftritt im Frühjahr 1655 vor dem *parlement de Paris*, das gewagt hatte, über Steuergesetze zu beraten, denen er durch ein *lit de justice* bereits Rechtskraft verliehen hatte. Erbost über die Eigenmächtigkeit des Gerichts, platzte der Sechzehnjährige im Jagdkostüm, mit der Peitsche in der Hand, in dessen Sitzung und wies die von der Würde ihres Amtes durchdrungenen Räte in unflätiger Weise zurecht – ein gezielter Verstoß gegen jahrhundertealte Zeremonialregeln, der den Anspruch des Königs, jegliches auf Menschen zurückgehende Recht jederzeit verändern zu können, weit effektiver verdeutlichte, als es noch der brillanteste absolutistische Traktat eines Juristen vermocht hätte.

Nicht weniger ostentativ reagierte Ludwig XIV., als die Stadt Marseille sich Ende der 1650er Jahre weigerte, ein Gesetz über die Versorgung der königlichen Truppen zu befolgen. Der König ließ die Stadt von 20 Elitekompanien besetzen, alle Bürger entwaffnen, richtete zur Verurteilung der „Aufständischen" eigens ein Sondergericht ein und ordnete persönlich die Zerstörung von Teilen der Stadtmauer und die Schleifung des wichtigsten Stadttores an, das bis dahin das lateinische Wort *libertas* (Freiheit) geziert hatte. Als das Tor zerstört war, ließ Ludwig es sich nicht nehmen, durch die Bresche nach Art eines Eroberers in die Stadt einzuziehen (2. März 1660). Schließlich wurde (wie in anderen widersetzlichen Städten auch) eine neue königliche Zitadelle in unmittelbarer Nachbarschaft errichtet, die jeden Gedanken an Unbotmäßigkeit von vornherein zerstreuen sollte. Trotz solcher Akte spricht vieles für die Vermutung, dass die nach der *Fronde* allenthalben zu beobachtende Bereitschaft zum Gehorsam nicht so sehr das Ergebnis gewaltsamer Unterdrückung war, sondern bis zu einem gewissen Grad freiwillig gelebt wurde. Pointiert könnte man formulieren: Gehorsam wurde, wie schon einmal nach den Religionskriegen, eine sozial akzeptierte Haltung, ja er wurde regelrecht Mode.

3. Der Glanz des Sonnenkönigs (1661–1685)

Zu den hervorstechenden Charaktermerkmalen Ludwigs XIV. gehörte sein ständiges Bestreben, seine Zeitgenossen zu beeindrucken. Dies ist ihm zweifellos in den ersten Jahren seiner persönlichen Regierung gelungen. Bis in die 1680er Jahre erzielte der König nicht nur große außenpolitische Erfolge (II.3.c), er wies die Partizipationsansprüche des Hochadels und der Obergerichte in die Schranken und prägte mit der Pracht und dem Glanz seiner Hofhaltung einen neuen europäischen Standard. Sein Land war im Innern weitgehend befriedet, die Wirtschaft fasste Fuß und die Finanzen konnten zumindest zeitweise konsolidiert werden. Auch wenn nicht alle diese Erfolge allein auf die Politik des Königs zurückgingen, war der von vielen Zeitgenossen bezeugte Eindruck eines erfolgreichen, glanzvollen Königtums doch nicht unberechtigt.

a) Persönliches Regiment und ‚travail du roi'

Als Kardinal Mazarin am 9. März 1661 starb, teilte Ludwig XIV. seinen Ministern seine Entscheidung mit, fortan ohne Premierminister regieren zu wollen. Diese Entscheidung war in vielerlei Hinsicht bedeutsam. Sie bildete zunächst die Voraussetzung dafür, dass Ludwig XIV. die Regierungsspitze umbilden und ganz auf seine Person ausrichten konnte. In den engen königlichen Rat berief er nur wenige ihm persönlich verbundene, hoch qualifizierte, dem Amtsadel entstammende Minister (I.6.c).

Die Führung der politischen Geschäfte mit einem kleinen Kreis fachkundiger Minister erforderte intensive Arbeit – nicht nur von den Ministern, sondern auch vom König. Ludwig XIV. hat tatsächlich während seiner gesamten Regierungszeit neben dem (durchaus anstrengenden) Hofleben fast täglich viele Stunden mit der Erledigung des politischen Tagesgeschäfts, dem *travail du roi*, verbracht. Er unterzog sich einem eingehenden Aktenstudium, um anschließend, in der Regel im Zweiergespräch mit dem jeweils zuständigen Minister oder Ressortleiter, die zur Entscheidung anstehenden Fragen zu besprechen. Meist wurden nur Angelegenheiten, die im direkten Gespräch nicht geklärt werden konnten, vor den *conseil* gebracht, dort diskutiert und zur Abstimmung gestellt. Hatte der Rat sein Votum abgegeben, zog sich der König meist zurück, um dem zuständigen Minister seine Entscheidung mitzuteilen, die in der Regel dem Votum des Staatsrats folgte. Mit Ausnahme Karls V. (König 1364–1380) hat sich wohl kein französischer König davor und danach ähnlich intensiv mit seinen Regierungsaufgaben befasst wie Ludwig XIV. Andererseits ist das in der älteren Literatur begegnende Bild des einsam entscheidenden Königs zu korrigieren. „Der König" – dies war mit den Worten Emmanuel Le Roy Laduries auch weiterhin „eine Art kollektiver, sich in Diskussions- bzw. Entscheidungsgruppen aufteilender König". Beratschlagung und Debatte waren durch die Verkleinerung des Rates keineswegs aus dem Regierungsalltag verbannt; sie wurden vielmehr sachkundiger und intensiver geführt als je zuvor.

Einige Minister übernahm Ludwig XIV. von Mazarin, darunter Außenminister Hugues de Lionne, den für das Kriegswesen zuständigen Staatssekretär und späteren Kanzler Michel Le Tellier, der zusammen mit seinem Sohn, zeitweiligen Kollegen und Nachfolger Louvois maßgeblichen Anteil am Ausbau der französischen Armee hatte, v.a. aber Jean-Baptiste Colbert, der bald nach der Übernahme der Selbstregierung Generalfinanzkontrolleur wurde (III.3.b). Die Erfolge des Königs in den ersten beiden Jahrzehnten seiner persönlichen Regierung sind schwerlich ohne den kleinen Kreis unbedingt loyaler Minister vorstellbar. Wie eng ihre Bindung an den König war und welch zentrale Bedeutung andererseits auch in dieser höchsten Regierungssphäre dem Moment der verwandtschaftlichen Beziehung zukam, wird daran deutlich, dass wenige Ministerfamilien wie die Phélypaux, die Le Tellier und die Colbert zahlreiche Minister und Staatsekretäre stellten.

Die persönliche Regierungsführung Ludwigs XIV. zeigt im Übrigen, dass der König die Lektion der *Fronde* gelernt hatte. Diese hatte sich – wie fast alle Revolten zuvor – nicht gegen den König, sondern gegen die Macht seiner Berater gewandt. Ludwig XIV. hatte die Gefahren, die von der mangelnden Präsenz und Sichtbarkeit des Königs ausgingen, erkannt und war entschlossen, die Lenkung der Regierung für alle sichtbar allein zu übernehmen. Er hat die sich aus dieser Rolle ergebenden Chancen optimal zur Selbstdarstellung und Selbstüberhöhung genutzt (III.3.c). Die persönliche Regierung erlaubte schließlich auch die unmittelbare Verteilung der für die Stabilität der Monarchie unerlässlichen Gnaden- und Gunsterweise. Je unmittelbarer der König sie verteilen konnte, desto unmittelbarer stifteten sie Loyalität zu seiner Person und nicht zur Person des vermittelnden Ministers.

Ludwig XIV. konnte in den ersten 20 Jahren seiner Selbstregierung wichtige innenpolitische Erfolge erzielen. Sein wichtigster Erfolg war es, große Teile der Eliten, die in der *Fronde* revoltiert hatten, von der Legitimität seiner Regierungsführung (*gouvernement*) zu überzeugen und so ihre Loyalität zu sichern. Dies war insofern nicht selbstverständlich, als Ludwig XIV. in vielen Bereichen an die Politik der Kardinalminister anknüpfte und sie weiterführte – so etwa bei den Intendanten, die von Richelieu eingesetzt und dann unter dem Druck der *Fronde* wieder abgeschafft wurden, um nun neuerlich als wichtigstes Instrument der Krone bei der Verwaltung der Provinzen flächendeckend eingeführt zu werden.

Auch die Obergerichte, deren politische Mitsprachemöglichkeiten bereits von Richelieu und Mazarin eingeschränkt worden waren, wurden unter Ludwig XIV. weiterer Prärogative beraubt. 1665 wurde ihnen die Bezeichnung als *cours souveraines* entzogen, was dem Bedeutungswandel des Begriffs der Souveränität Rechnung trug und deutlich machen sollte, dass diese Gerichtshöfe, die traditionell beanspruchten, am Amt und an der Würde des Königs teilzuhaben, keinen Anteil an der königlichen Souveränität hatten. Zugleich wurde ihnen auferlegt, königliche Gesetze umgehend und ohne Debatte in die Gerichtsregister einzutragen; sie konnten also auch bei Bedenken deren Inkrafttreten nicht einmal mehr hinauszögern. 1673 schließlich wurde sogar ihr Remonstranzrecht, also das Recht, ihre Bedenken gegen

Gesetze vorzutragen, auf eine Frist von einer Woche bzw. bei den Obergerichten der Provinz von sechs Wochen nach deren Verkündung begrenzt. Die Zahl der von ihnen vorgelegten Remonstranzen blieb dennoch beachtlich.

Dass die Obergerichte angesichts der Beschneidung ihrer Kompetenzen anders als 1648 keinen neuerlichen Aufstand versuchten, lag sicherlich an den wenig ermutigenden Erfahrungen der *Fronde*. Der König verstand es aber auch, das Interesse der Obergerichte an einem Erfolg der Krone zu fördern, indem er ihre Einkünfte an den von ihnen gezeichneten Anleihen und Rentenpapieren ungeschmälert ließ. Unter Ludwig XIV. entwickelten sich nicht wenige Mitglieder der Obergerichte zu erfolgreichen Geschäftsleuten, die nicht nur an den von ihnen gezeichneten Staatspapieren gut verdienten, sondern auch als Aufkäufer überschuldeter Güter des Landadels, der Bauern und mancher Städter glänzende Gewinne erwirtschafteten. Während Ludwig XIV. also einerseits die politischen Mitspracherechte der Obergerichte einschränkte, war er bemüht, den wirtschaftlichen Interessen ihrer Mitglieder zumindest teilweise entgegenzukommen.

Zugleich versuchte er, der in der *Fronde* geäußerten Kritik an den *financiers* und Steuerpächtern wenigstens symbolisch Rechnung zu tragen. Obwohl die Verpachtung der Steuern im Prinzip beibehalten wurde, distanzierte Ludwig XIV. sich von der Steuerpraxis der Mazarin-Ära. Diesem Ziel diente eine der ersten Amtshandlungen des jungen Königs, der spektakuläre Sturz und die Verhaftung des zunächst von Mazarin übernommenen Oberintendanten der Finanzen, Nicolas Fouquet, im September 1661. Fouquet, der sich nicht nur als Förderer der 1660 aufgelösten, von Ludwig XIV. abgelehnten *Compagnie du Saint-Sacrement* (I.5.a), sondern auch als Kunstmäzen einen Namen gemacht hatte, wurde von Ludwig auch deshalb gestürzt, weil er ihm zu reich und zu mächtig erschien. Wenige Wochen vor seinem Sturz hatte er dem König auf seinem Schloss Vaux-le-Vicomte einen derart prächtigen Empfang gegeben, dass dieser sich in seiner Ehre gekränkt fühlte. Der Garten von Vaux-le-Vicomte beeindruckte Ludwig XIV. so sehr, dass er Fouquets Gartenarchitekten Le Nôtre übernahm und ihn mit der Gestaltung der Gärten in Versailles beauftragte. Fouquet indes, dem die Richter auch nach drei Jahren Prozess den ihm vorgeworfenen Hochverrat nicht nachweisen konnten, wurde auf den persönlichen Befehl des Königs hin auf der Festung Pignerol jenseits des Alpenhauptkamms gefangen gesetzt, wo er 1680 starb.

b) Colbert und der Colbertismus

Kein anderer Minister Ludwigs XIV. wird so sehr mit den Erfolgen des Königs während der ersten Jahrzehnte seiner persönlichen Regierung identifiziert wie Jean-Baptiste Colbert, der von 1661 bis zu seinem Tod 1683 zunächst als *intendant des finances*, später als *contrôleur général des finances* fungierte. Die Geschichtsschreibung hat freilich lange ein schiefes Bild dieses Ministers gezeichnet. Den bürgerlichen Historikern des 19. Jahrhunderts erschien Colbert als typischer Vertreter des Bürgertums, als Mann, der allein dank seiner Tüchtigkeit und seines Fleißes zu einem der wichtigsten Minister des Ancien Régime geworden war. Colbert fungierte damit als Kronzeuge für die These eines gegen Adel und Klerus gerichteten Bündnisses zwischen absoluten Fürsten und Bürgertum.

Aufstieg der Familie Colbert

Heute ist nicht nur die Bündnis-These gründlich widerlegt, die neuere Forschung hat auch gezeigt, dass Jean-Baptiste Colbert keineswegs aus dem Nichts kam, sondern einer Familie entstammte, deren Aufstieg bis ins Spätmittelalter zurückverfolgt werden kann. Die Vorfahren des Ministers bauten im 14. und 15. Jahrhundert als Maurer ein erfolgreiches Unternehmen auf, ehe sie im 16. Jahrhundert als große Händler ihr Vermögen mehrten und sich zunehmend aufs Bankgeschäft verlegten, um schließlich im 17. Jahrhundert als *financiers* königliche Ämter zu kaufen und in den Amtsadel aufzusteigen – eine durchaus typische Entwicklung, die einherging mit der kontinuierlichen Pflege eines sozialen Netzwerks, das um die Mitte des 17. Jahrhunderts beeindruckende Dimensionen angenommen hatte und enge Kontakte zu lokalen Adligen ebenso einschloss wie Heiratsbeziehungen zur Familie Le Tellier, die unter Ludwig XIV. ebenfalls zahlreiche Minister und Staatssekretäre stellen sollte. Dank dieser Beziehungen wurde Jean-Baptiste zunächst *conseiller d'État*, dann *commissaire ordinaire des guerres*. Bald darauf trat er in die Dienste Mazarins, der ihn zum Verwalter seines immensen persönlichen Vermögens bestellte. Mazarin empfahl dem König den begabten, fleißigen Finanzfachmann, der sich von 1659 an durch Kritik an Fouquet zu profilieren suchte; auch an dessen Sturz 1661 war er aktiv beteiligt, wissend, dass ihm die Nachfolge zufallen würde. Colberts persönliche Karriere bildete also den Höhepunkt des Aufstiegs einer Familie, ohne deren Netzwerk sie nicht möglich gewesen wäre – was freilich der Tüchtigkeit des Ministers keinen Abbruch tut.

Im Übrigen hat Colbert tatsächlich die Regierung Ludwigs XIV. in den ersten beiden Jahrzehnten geprägt wie kein anderer Minister. Welch großen Einfluss er hatte, zeigt ein Blick auf die Fülle seiner Aufgaben. Im Laufe der 1660er Jahre übernahm er neben der Verantwortung für die Finanzen auch die Ämter des Oberintendanten für das Bauwesen, für Handwerk und Manufakturen und die Staatssekretariate für die *Maison du roi* und die Marine. Darüber hinaus verschaffte er Verwandten wichtige Ämter. Die Forschung spricht von einem Clan, dessen Macht gewiss noch weiter gewachsen wäre, hätte nicht der Clan der Le Tellier (zu dem die Beziehungen seit Ende der 1650er Jahre deutlich abgekühlt waren) ein Gegengewicht gebildet und den König in die Lage versetzt, beide Ministerdynastien gegeneinander auszuspielen. Trotz dieser Konkurrenz unterstanden Colbert weite Bereiche der inneren Politik. Auf das Kriegswesen (die Domäne der Le Tellier) und die Außenpolitik hingegen hatte er keinen unmittelbaren Zugriff.

Ohne Colberts Wirken im Einzelnen vorstellen zu können, seien hier die wichtigsten Ergebnisse (mit Ausnahme der im nächsten Abschnitt vorzustellenden Kulturpolitik, III.3.c) kurz charakterisiert. Colbert nutzte seine umfassenden, breit gestreuten Kompetenzen und seine Beziehungen in die Wirtschafts- und Finanzwelt aller französischen Provinzen für ein umfassendes Reformprogramm, das er und seine Mitarbeiter mit Hilfe zahlreicher Gesetzgebungsvorhaben zu verwirklichen suchten.

Justizreformen

Sein besonderes Augenmerk galt dabei dem Justizwesen, das nach traditionellem Verständnis im Zentrum der inneren Politik stand. Obwohl für die Justiz eigentlich der Kanzler zuständig war, übernahm auch hier Colbert die

Federführung. Dank seiner Initiative gelang es erstmals seit der gescheiterten *ordonnance* von 1629, wieder umfassende *grandes ordonnances* zu verabschieden. So wurden etwa 1667 das Zivilprozessrecht (*ordonnance civile*) und 1670 das Strafprozessrecht (*ordonnance criminelle*) neu geordnet und systematisiert; 1669 erging eine umfassende *ordonnance des Eaux et Fôrets*, die u.a. die Nutzung der französischen Wälder für den Schiffsbau regeln sollte. Mit Blick auf die handelspolitischen Ambitionen Frankreichs folgten 1673 und 1680 große *ordonnances* zum Handel und zur Handelsschifffahrt sowie schließlich – wahrlich kein Ruhmesblatt – der für die Kolonien vorgesehene *Code Noir*, der die Sklaverei zum Bestandteil der französischen Rechtsordnung machte und von der Religion über die Nahrung bis zur Kleidung den Alltag der Sklaven minutiös regelte.

Finanzpolitik

Was die Finanzpolitik anbelangt, wurden unter Colberts Federführung nicht nur die Anhänger und Nutznießer Fouquets und seiner Finanzierungsmethoden verfolgt, sondern das System der öffentlichen Finanzen grundlegend reformiert. So gelang es Colbert durch eine Neuorganisation der Steuerverpachtung, die insbesondere die pauschale Verpachtung aller Steuereinkünfte in einem bestimmten Gebiet vorsah (*ferme générale*), die Gewinne der *financiers* und Steuerpächter zu beschneiden, das Verhältnis zwischen Brutto- und Nettosteuerertrag zu verbessern und zugleich die Steuerbelastung der Untertanen zu senken. Zudem wurden Schuldverschreibungen der Krone, die in den Krisenzeiten der 1640er und 1650er Jahre zu horrenden Zinsen ausgegeben worden waren, zurückgekauft, ebenso Ämter, die lediglich aus Gründen der kurzfristigen Finanzbeschaffung eingerichtet worden waren. Ergänzt wurde diese Politik durch die bereits dargestellte Kampagne gegen Versuche „falscher" Adliger, sich Steuerfreiheit zu erschleichen. Was die Verteilung der Steuerlasten angeht, veranlasste Colbert (wie schon Sully) eine Reduzierung der direkten *taille* und eine Erhöhung der indirekten Verbrauchssteuern, was ähnlich wie bereits um 1600 zu einer Reduzierung der Abgabenlast der Bauern und zur Verbesserung der Agrarkonjunktur beitrug. Kurzfristig hatte diese Politik insoweit Erfolg, als Ende der 1660er Jahre ein ausgeglichener Haushalt erzielt werden konnte.

Colbertismus

Nach Colberts Vorstellungen, die er 1670 in einem umfassenden Memorandum an den König systematisch darlegte, sollte die Konsolidierung des Steuer- und Finanzwesens eingebettet sein in ein umfassendes Paket wirtschaftspolitischer Maßnahmen, die der Leistungsfähigkeit der französischen Wirtschaft aufhelfen, den Zustrom von Edelmetallen fördern und deren Abfluss nach Möglichkeit verhindern sollten. Die Forderung nach einer aktiven Wirtschaftspolitik wie auch Colberts Ziel einer – modern formuliert – positiven (Edelmetall-)Handelsbilanz waren weder neu noch originell; sie waren vielmehr großenteils Gemeingut und fanden sich in Ansätzen seit dem 15. Jahrhundert in den Beschwerdeheften der Generalstände. Bereits 1470 hatte König Ludwig XI. versucht, die durch Krieg und Pest geschwächte Wirtschaft des Landes durch eine aktive Wirtschaftspolitik nach dem Vorbild der italienischen Stadtstaaten zu konsolidieren und in diesem Zusammenhang u. a. in Lyon eine Seidenproduktion aufbauen lassen, um den Abfluss von Gold und Silber ins Ausland zu unterbinden. Spätestens seit der Regierungszeit Heinrichs IV. waren gezielte Maßnahmen der Wirtschaftsförderung wie die Verbesserung der Infrastruktur oder die Einrichtung bzw. Förderung von Manufakturen durchaus üblich. Colbert hat diese später als merkantilistisch bezeichneten Ansätze und Erfahrungen aufgegriffen, systematisiert und durch die relativ breite Erhebung wirtschaftlicher Daten auf eine solidere empirische Grundlage gestellt – er gilt bis heute als der wichtigste Theoretiker der spezifisch französischen Ausprägung des Merkantilismus, der deshalb oft als Colbertismus bezeichnet wird.

In der Praxis versuchte Colbert insbesondere die Einfuhr hochwertiger Waren durch Zölle zu erschweren, die Produktion solcher Waren (etwa durch den Aufbau von Manufakturen) zu fördern und deren Export zu unterstützen – sei es durch die Schaffung von Außenhandelskompanien, die Förderung des Schiffbaus und der Gründung von Kolonien oder durch „auswärtige Kulturpolitik": die Verbesserung der Reputation Frankreichs (und damit französischer Wirtschaftsgüter) im Ausland. Ergänzt werden sollte diese Politik durch Maßnahmen zur Vereinheitlichung des auch weiterhin sehr zerklüfteten Wirtschaftsraums, durch die Verbesserung der Verkehrswege und (auch dies eine alte Forderung der Generalstände) die Vereinheitlichung von Maßen und Gewichten.

Colberts Projekt war in sich kohärent, aber nicht frei von Schwächen, die allen merkantilistischen Ansätzen der Zeit gemeinsam waren. So zeigte etwa auch Colberts Projekt wenig Interesse für die Landwirtschaft und die Nahrungsmittelproduktion und teilte die Grundannahme aller wirtschaftstheoretischen Überlegungen der Zeit, wonach Wohlstand und Macht eines Staates nur durch die Verminderung des (v. a. an der Verfügung über Edelmetalle gemessenen) Wohlstands anderer Staaten zu mehren, der zwischenstaatliche Handel also eine Art Nullsummenspiel sei, bei dem ein Staat nur Vorteile erringen konnte, indem er andere übervorteilte. Dementsprechend konnte das von Colbert vorgesehene Außenhandelssystem auch in der Theorie nur so lange funktionieren, wie andere Staaten nicht dieselbe Politik betrieben. Dass zwischenstaatlicher Handel allen Partnern Vorteile bringen konnte, war unvorstellbar. Wie alle merkantilistischen Ansätze wies auch Colberts Konzept dem sich entwickelnden Staat eine entscheidende Rolle im Wirtschaftsleben zu – er sollte die Rahmenbedingungen wirtschaftlicher Tätigkeit verbessern, Warenströme, Warenqualität und Produzenten kontrollieren, durch seine Zollpolitik, durch Subventionen und Privilegien, aber auch unmittelbar als Unternehmer aktiv gestaltend am Wirtschaftsprozess teilnehmen. Verglichen mit anderen Staatswesen des 17. Jahrhunderts waren die Voraussetzungen für ein solches Engagement des Staates in Frankreich vergleichsweise gut.

Bilanz der Colbertschen Wirtschaftspolitik

Dennoch ist die Bilanz der unter Colbert verfolgten französischen Wirtschaftspolitik nicht glänzend. Zwar ist in den 1660er Jahren eine vorübergehende wirtschaftliche Erholung nachweisbar, doch ist fraglich, inwieweit sie durch die Wirtschaftspolitik induziert war. Gewiss ist es gelungen, der französischen Textil- und Luxusproduktion eine führende Stellung in Europa zu sichern, wenn auch manche unter Colberts Ägide gegründete Manufaktur nicht lange überlebte. Die Versuche zur Verbesserung der Infrastruktur haben langfristig das Zusammenwachsen Frankreichs gefördert, obwohl sie bald mangels finanzieller Mittel nur noch langsam vorankamen und im Straßenwesen erst im 18. Jahrhundert deutliche Fortschritte erreicht wurden. Zudem hat Colberts Politik dazu beigetragen, das in der Zentralverwaltung verfügbare Wissen über das Land deutlich zu erweitern.

Die Außenhandels- und Kolonialpolitik Colberts war im Wesentlichen erfolglos. Zwar konnte die Zahl seetüchtiger Schiffe unter französischer Flagge gesteigert werden, doch waren die neu gegründeten Handelskompanien u. a. wegen ihrer direkten Abhängigkeit von der königlichen Zentralverwaltung zu schwerfällig und unflexibel, um den niederländischen und englischen Gesellschaften ernsthaft Konkurrenz zu machen. Das französische Kolonialreich lieferte bei weitem nicht die erhofften Rohstoffmengen, in den französischen Kolonien in Nordamerika kam es anders als in den englischen Kolonien kaum zu Siedlungstätigkeit. Die unstete, wirtschaftspolitisch blinde Kolonialpolitik der französischen Regierung sorgte zudem bereits in den 1670er Jahren für das Scheitern der hochfliegenden Pläne Colberts. Was die Zollpolitik angeht, gelang es immerhin, zwölf Provinzen (zu denen später noch das nördliche Elsass kam) zu einem einheitlichen Zollgebiet zusammenzufassen; die übrigen Provinzen (darunter die Bretagne und der gesamte Süden des Landes) blieben *provinces réputées étrangères*, wurden also zollrechtlich wie Ausland behandelt; Straßen- und Brückenzölle (*péages*) blieben ohnehin im ganzen Land bestehen. Auch der Schutzzollpolitik nach außen war nur begrenzter Erfolg beschieden. So gelang es zwar, bis zum Ende des Ancien Régime eine positive Handelsbilanz im Verhältnis zu den Territorien des Reichs zu erzielen. Gegenüber den Niederlanden und England indes mussten die hohen Außenzölle bereits Ende der 1670er Jahre aufgehoben werden. Andere, grundlegende Probleme wie die extreme Überlastung der Bauern, das Fehlen eines entwickelten Finanzmarkts und den Mangel risikobereiter, vom Staat unabhängiger Investoren hat Colberts Politik nicht zu beseitigen vermocht, ja sie hat sie womöglich verstärkt.

Bei der Bilanzierung der Colbert'schen Politik ist freilich zu bedenken, dass sein Einfluss wie seine Erfolge in dem Maße verblassten, wie die französische Außenpolitik seit den 1670er Jahren den Weg des Krieges beschritt. Als Colbert 1683 starb, hatte die Außenpolitik seinen Reformen bereits erheblichen Schaden zugefügt. Maßgeblich wurde nun der *secrétaire d'État à la guerre* François-Michel Le Tellier, Marquis de Louvois, der bis zu seinem Tode 1691 nicht nur die äußere, sondern auch die innere Politik Frankreichs entscheidend bestimmte. So verbindet sich mit Colberts Namen bis heute v. a. die Tatsache, dass kein anderer Flächenstaat der Frühneuzeit sich so breit und nachdrücklich im Wirtschaftsleben engagiert haben dürfte wie Frankreich. Wer das heutige Frankreich kennt, weiß, dass diese Tradition noch immer nachwirkt.

c) Inszenierung, Stilisierung, Übersteigerung: Der König als kulturelle Konstruktion

Will man verstehen, weshalb es Ludwig XIV. gelang, so viele Zeitgenossen zu beeindrucken, genügt es nicht, die langfristigen Auswirkungen, Erfolge und Misserfolge seiner inneren und äußeren Politik nüchtern zu bilanzieren. Will man diesem König gerecht werden, muss man vielmehr die öffentliche Darstellung seiner Person und seiner Politik sowie die davon ausgehenden kurzfristigen Effekte untersuchen. Dieser Blickwinkel sollte schon deshalb nicht vernachlässigt werden, weil er dem Blickwinkel des Königs nahekommt. Für wirtschaftliche Fragen hatte Ludwig XIV. kein Interesse – für finanzpolitische

v. a. in der Perspektive, kurzfristig ausreichende Finanzmittel zur Verfügung zu haben; wie diese Mittel aufgebracht wurden, war ihm an sich gleich. Ruhm, Ehre, Reputation, Größe seiner Person, seiner Dynastie, seines Königreichs – dies waren die Hauptparameter seines politischen Handelns. Auch in seiner Innenpolitik spielten diese Parameter und damit die Repräsentation seiner Stellung als König eine entscheidende Rolle – und damit war er zumindest in den ersten zweieinhalb Jahrzehnten seiner persönlichen Regierung außerordentlich erfolgreich, ja er schuf ein Modell der Herrscherrepräsentation, das schon zu seinen Lebzeiten in ganz Europa nachgeahmt wurde.

„Öffentlichkeitsarbeit"

Wie keiner seiner Vorgänger hat Ludwig XIV. verstanden, dass es nicht genügte, ein guter König zu sein, sondern dass es noch wichtiger war, als erfolgreicher König zu erscheinen. Keine französische Regierung zuvor hat so bewusst und erfolgreich „Öffentlichkeitsarbeit" geleistet. Die Forschung hat sich in jüngerer Zeit intensiv mit der Stilisierung und Inszenierung des Königs auseinandergesetzt. Wolfgang Schmale hat Ludwig XIV. als „Megastar" bezeichnet, der die ganze Monarchie zum „Medienspektakel" gemacht habe. Dies bezeichnet in der Sprache unserer Tage recht exakt, was dem König vorschwebte. Sein Ziel war es, der Bevölkerung und zumal den Eliten Frankreichs immer neu das Gefühl zu vermitteln, in einer besonderen Monarchie zu leben, die von einem außerordentlichen König regiert wurde. Diese Politik sollte die Bewunderung der Untertanen und besonders der Eliten für ihren König stärken und die Akzeptanz der königlichen Politik ungeachtet schwerer Entbehrungen und Hungersnöte, der Steuerlast und mancher politischer Zumutungen sichern sowie eine Wiederkehr von Unruhen wie zu Zeiten der *Fronde* verhindern.

Diesem Ziel diente eine intensive Informations- und Nachrichtenpolitik, die Nachrichtensperren ebenso kannte wie die gezielte Verherrlichung auch noch der kleinsten Großtaten des Königs, die auch noch so fragwürdige Erfolge als glänzend darstellte und sogar die Bevölkerung der peripheren Provinzen mit den Großereignissen der Monarchie konfrontierte, indem sie Siege öffentlich ausrufen und mit dem *Te Deum* im Gottesdienst feiern ließ. Zwar kannte in Frankreich die starke symbolische und mediale Präsenz des Königtums im öffentlichen Leben eine lange, bis ins Spätmittelalter zurückgehende Tradition (I.5.d). Doch hat man nie zuvor so intensiv versucht, durch Medaillen, Denkmäler, Einblattdrucke und Kupferstiche, durch Triumphbögen und andere Baudenkmäler, durch öffentliche Ansprachen und Inschriften die Taten des Königs, der von den 1670er Jahren an konsequent als „der Große" tituliert wurde, ins Bewusstsein der Bevölkerung zu rücken.

Propagandamethoden

Wichtigster Mitarbeiter des Königs bei dieser Öffentlichkeitsarbeit war während der ersten beiden Regierungsjahrzehnte Colbert, dem neben seinen anderen Funktionen auch die Verbreitung des königlichen Ruhms durch den systematischen Einsatz der Künste oblag. Da er selbst an bildender Kunst, Musik oder Literatur kaum interessiert war, umgab er sich mit einem Beraterstab, zu dem der renommierte Maler Charles Le Brun, der Dichter und Theatertheoretiker Jean Chapelain sowie der Schriftsteller und Architekturkenner Charles Perrault gehörten. Colberts Ämter auf diesem Gebiet spiegeln seine Machtfülle, aber auch das breite Aktionsspektrum der königlichen Imagepolitik im Bereich der Wissenschaften und Künste wider: Er war nicht nur seit 1664 Oberintendant des königlichen Bauwesens, er hatte auch die

Aufsicht inne über die seit 1648 existierende königliche Akademie für Malerei und Skulptur, über die 1666 gegründete Akademie Frankreichs in Rom, über die 1671 geschaffene Architekturakademie und über die königliche Druckerei, die zahlreiche prachtvolle Druckwerke über den König veröffentlichte. Er beaufsichtigte ferner die staatliche Gobelinmanufaktur, die Wandteppichserien mit den Taten Ludwigs XIV. herstellte, die 1666 geschaffene Akademie der Wissenschaften und die 1663 eingerichtete *Petite Académie*, die beauftragt war, ein Programm für die öffentliche Darstellung des Königs zu entwickeln – u. a. durch die Ausarbeitung und Begutachtung von Bilderzyklen, Inschriften und Medaillenserien. Zusammen mit der seit Richelieus Zeiten bestehenden *Académie Française* und der 1672 gegründeten *Académie Royale de Musique* unter der Leitung des Komponisten Jean-Baptiste Lully sollten diese Institutionen dafür sorgen, dass die „heroischen Taten" des Sonnenkönigs in allen Kunstformen und Gattungen angemessen verherrlicht wurden.

In der Tradition der Richelieu'schen Kulturpolitik band Colbert Autoren und Künstler durch regelmäßige Zahlungen an die Krone. 1662 beauftragte er Jean Chapelain, eine 90 Autoren umfassende Liste möglicher Zahlungsempfänger zu erstellen, von denen 38 ausgewählt wurden, die fortan nicht nur regelmäßig Zahlungen erhielten, sondern auf Kosten des Königs publizieren konnten und mit den königlichen Akademien eine Plattform für ästhetische Debatten geboten bekamen. So stellten Corneille, Racine, Molière und andere Künstler von Rang ihr Talent in den Dienst der königlichen Propaganda. Doch auch renommierte Wissenschaftler wie der italienische Astronom Gian-Domenico Cassini oder Kunsthandwerker wie der Möbelmacher André-Charles Boulle wurden durch großzügige Förderung an den Hof gebunden, damit sie zum Ruhm der französischen Monarchie beitragen konnten.

Colbert knüpfte ferner an die von Richelieu mit Blick auf die *Gazette de France* (I.5.c) begonnene Förderung von Zeitschriften an. Das 1665 erstmals erschienene *Journal des Sçavans* und der von 1672 an publizierte *Mercure galant* vermittelten ihren jeweiligen Lesern (ebenso wie weiterhin die *Gazette*) durchweg ein eminent positives Bild des Königs und seiner Politik. Eine wichtige Rolle bei der medialen Distribution der königlichen Propaganda kam neben diesen Periodika den von 1669 an in sechs Städten gegründeten Provinzakademien und den Jesuitenkollegien zu. Das Publikum, an das sich die Darstellungen des Königs richteten, war vielfältig; es schloss Handwerker und andere Angehörige der städtischen Mittelschichten ebenso ein wie Adlige. Besonders groß war die Nachfrage nach Repräsentationen des Königs bei den städtischen Eliten. Die bäuerliche Bevölkerung hingegen scheint, soweit man dies den Quellen entnehmen kann, in geringerem Maße im Blickfeld der von Colbert organisierten Propaganda gestanden und deren Produkte auch kaum nachgefragt zu haben. Gewiss – auch auf dem Land wurden die bereits beschriebenen traditionellen Wege der Informationspolitik intensiver genutzt als je zuvor; doch hielten Colbert und seine Mitstreiter Ruhm und Ehre des Königs wohl nicht zu Unrecht für Themen, die Bauern nur in begrenztem Umfang zu faszinieren vermochten.

Herrschaftsikonographie

Betrachtet man die komplexe Herrschaftsikonographie Ludwigs XIV., lassen sich zwei Phasen unterscheiden, die durch eine Zäsur Mitte der 1670er Jahre voneinander getrennt sind. In der ersten Phase standen die bildlichen

Repräsentationen der königlichen Macht im Zeichen der Allegorie. Unter Verweis auf die antike Mythologie, die seit dem Renaissaincehumanismus den unerschöpflichen Fundus für die allegorische Überhöhung politischer Herrschaft bildete, wurde Ludwig XIV. als der Musiker-Heros Orpheus, als der Kriegergott Mars oder als Jupiter, der Herrscher des Olymp, ins Bild gesetzt. Beliebt war auch der Rückgriff auf den in den Götterhimmel aufgenommenen Helden Herkules, der in Gestalt des *Hercule Gaulois* als eine Art heidnischer Schutzpatron der Bourbonen-Könige fungierte. Am bekanntesten ist jedoch die – ursprünglich v.a. mit Blick auf die Rolle des Monarchen als oberster Richter gebrauchte – Parallelisierung des Königs mit der Sonne und dem Sonnengott Phöbus-Apollon, die Ludwig XIV. auch bei der Illustrierung seines Wahlspruchs *Nec paribus impar* („auch einer großen Zahl nicht unterlegen") aufgriff und beim großen öffentlichen *Carrousel* des Jahres 1661 auf kunstvolle Weise in Szene setzen ließ. Darüber hinaus bestimmte die Sonnensymbolik das ursprüngliche ikonographische Programm des Schlosses und der Parkanlage von Versailles, die bis ins kleinste Ausstattungsdetail als „Ruhesitz Apolls" konzipiert wurden.

Doch der antike Mythos verschwand in den 1670er Jahren aus Versailles und wurde dort durch ein neuartiges, vom König persönlich angeordnetes Dekorationsprogramm ersetzt. Insbesondere die von Le Brun ausgeführten Freskenzyklen in den Repräsentationsräumen des Schlosses (*Grande Galerie, Salons de Guerre et Paix, Grand Degré du Roi)* machten die historischen „Großtaten" Ludwigs XIV. seit seiner Thronbesteigung zum Thema, wobei der König mit seinen eigenen individuellen Gesichtszügen inmitten komplexer allegorischer Kompositionen erschien. Diese Darstellungsweise, die auf der programmatischen Verschmelzung von Geschichte und Fabel beruhte, korrespondierte einem neuen Repräsentationskonzept: Ludwig XIV. ließ sich offenbar nur durch sich selbst repräsentieren. Auf der Ebene der Herrscherbilder und Herrschaftskonzepte bedeutete dies den Bruch mit dem Dualismus der „zwei Körper des Königs" (I.6.a), indem der natürliche, historische Körper des Monarchen seinen unsterblichen politischen Körper vollständig absorbierte und damit zur einzig denkbaren Inkarnation der königlichen Würde wurde. Auf dieser Basis wurde ein veritabler Kult um das Bildnis des Königs in Szene gesetzt, der den absoluten Herrschaftsanspruch Ludwigs XIV. auf dem Gebiet der bildlichen Repräsentation umfassend und konsequent realisierte.

Der Wandel der Herrschaftsrepräsentation und der Siegeszug der „realen Allegorie" schlossen indes andere Spielarten der Darstellung nicht aus. Vielmehr lässt sich ein Ausdifferenzierungsprozess beobachten, in dessen Folge drei grundlegend unterschiedliche Repräsentationsmodi verschiedenen Bildergattungen zugeordnet wurden. War der historisch-allegorische Darstellungstypus für die „großen Anlässe" wie monumentale Freskenzyklen sowie Staatsporträts und Standbilder des Monarchen vorgesehen, blieb die traditionelle Allegorie und Emblematik im Bereich der Münzen- und Medaillenproduktion präsent. Die kostbaren Teppiche der königlichen Gobelin-Manufaktur wie etwa die berühmte Teppichserie *L'Histoire du Roi* wiederum dienten als bevorzugtes Medium für die Darstellung denkwürdiger Ereignisse aus der Regierungszeit Ludwigs. Im Gegensatz zur allegorischen Überhöhung der königlichen Triumphe bestand ihre Funktion darin, den authentischen

Charakter der abgebildeten Geschehnisse durch eine realistisch-detaillierte Darstellungsweise zu unterstreichen.

Ähnlich wie bei den theoretischen Begründungen des Absolutismus, die ein breites Spektrum disparater und einander z. T. widersprechender Positionen einschlossen, lässt sich aus der Fülle bildlicher Repräsentationen Ludwigs XIV. kein geschlossenes Herrscherbild bzw. Herrschaftsprogramm ableiten. Dennoch verweist die auf den ersten Blick eklektische Vielfalt unterschiedlicher Darstellungs- und Symbolisierungsformen auf ein differenziertes System komplementärer Repräsentationsmodi, die einen wichtigen Beitrag zur Durchsetzung und Anerkennung der Herrschaftsansprüche Ludwigs XIV. leisteten und den Modellcharakter der französischen Hofkultur in ganz Europa mitbegründeten.

Höfische Repräsentation

Neben der Entwicklung origineller Formen der „Staatskunst" im Dienste der monarchischen Repräsentation stellte auch der ludovizianische Hof eine europäische Ausnahmeerscheinung dar. Die Inszenierung der Herrschaft Ludwigs XIV. wurde bereits von Zeitgenossen oftmals mit einer theatralischen Darbietung verglichen. In jüngerer Zeit haben Historiker den sich entwickelnden frühneuzeitlichen Staat allgemein unter Rückgriff auf einen von dem Ethnologen Clifford Geertz geprägten Begriff als „Theaterstaat" bezeichnet, um zu verdeutlichen, welch große, nicht selten überragende Bedeutung frühneuzeitliche Herrschaftsträger der symbolischen Repräsentation ihrer Herrschaftsansprüche beimaßen – ein Ansatz, der so lange weiterführt, wie man daraus nicht vorschnell auf die Wirkungslosigkeit ihrer Herrschaft schließt.

Ludwig XIV. hat den Hof (I.6.b) als zentrale Bühne des französischen „Theaterstaats" erheblich ausgebaut und virtuos genutzt als „kultische[n] Raum und Bühne, auf der im feierlichen Vollzug des Zeremoniells die Sakralität und Omnipotenz des Herrschers in Szene gesetzt wurde" (Johannes Kunisch). Die Funktion des ludovizianischen Hofes ist von der Forschung unterschiedlich gedeutet worden. Die französische Historiographie vertrat seit dem Ende des 19. Jahrhunderts überwiegend die Auffassung, die entscheidende Leistung Ludwigs XIV. bestehe darin, mit Colberts Hilfe einen starken Staat als Grundlage des modernen, zentralisierten Frankreich aufgebaut zu haben. Den Hof Ludwigs XIV. interpretierte sie als bedauerlichen Anachronismus oder aber als raffiniertes, besonders an den Adel adressiertes Ablenkungsmanöver von den eigentlich modernen Zielen seiner Regierung. Ähnlich argumentierte die in Deutschland lange prägende Deutungstradition, die Norbert Elias mit seiner Studie „Die höfische Gesellschaft" begründete. Elias zufolge diente der Hof v. a. der Zähmung des politischen entmachteten Adels. Ludwig XIV. habe den Adel gezähmt, indem er ihn zu einer ruinösen Existenz bei Hofe gezwungen und ihn mit absurden Ehrenämtern beschäftigt habe. Daran ist richtig, dass der Hochadel alle wichtigen Funktionen in der Zentralverwaltung an Angehörige des Amtsadels verloren hat. Doch wurde der Adel tatsächlich insgesamt, wie man dies – Elias vereinfachend – bis heute lesen kann, „verhoft" und damit politisch kaltgestellt – und lässt sich die Funktion des Hofes auf die politische Zähmung des Adels reduzieren?

Die jüngere Forschung hat bestätigt, dass Ludwig XIV. die Anwesenheit vieler Hochadeliger in seiner Umgebung brauchte und nutzte, um seine eigene Stellung sichtbar zu machen. Von sozialhistorischer Seite wurde freilich herausgearbeitet, dass von einer generellen Entmachtung des Adels nicht die Rede sein kann. Gerade jene Adligen, die hohe Chargen am Hof Ludwigs XIV. innehatten, verfügten über erheblichen politischen Einfluss, weil sie Zugang zum König hatten und Zugang zu ihm verschaffen konnten. Gewiss: das Interesse des Adels an Sachpolitik im modernen Sinne trat dabei zurück hinter dem Streben nach optimaler Versorgung und dynastischer Verewigung des eigenen Hauses durch die Übernahme von Rängen, Zeremonialprivilegien, Hofämtern, sowie von Gouvernements, Militärkommandos, Pensionen, Geschenken, Chargen, Titeln und geistlichen Pfründen. Die Nähe zum König bei Hofe war für Adlige aber durchaus lukrativ, weshalb der Hof des Sonnenkönigs für den Schwertadel als wichtige Instanz dessen gelten kann, was die Forschung als ludovizianischen Elitenkompromiss bezeichnet hat. Er trug maßgeblich dazu bei, dass der Hochadel, der sich noch in der *Fronde* in großen Teilen gegen den König gestellt hatte, integriert und zur Loyalität gewonnen werden konnte.

Doch damit nicht genug: Von einem kulturhistorischen Standpunkt aus ist in jüngerer Zeit gezeigt worden, dass die höfische Inszenierung Ludwigs XIV. nicht nur in materieller, sondern auch in kultureller Hinsicht für den französischen Adel attraktiv war. So betont etwa Gerrit Walther, wie sehr sich Ludwigs Selbstinszenierung von der bis dahin üblichen monarchischen Tradition abhob. Selbst das um 1700 entstandene Staatsporträt Hyacinthe Rigauds verbinde „exzentrisches Pathos und ostentative Nonchalance zu einem Repräsentationshabitus [...], der in seiner provokanten Extravaganz mehr an [...] Rockstars erinnert als an jede monarchische Tradition". Doch gerade dank der Extravaganz seiner Inszenierungen sei es dem König gelungen, die durch einen ausgeprägten Hang zu übersteigert-outrierter Theatralik geprägten Ausdrucksformen des Adels, wie sie in der *Fronde* zutage getreten seien, zu treffen und an seinem Hof weit attraktiver zu inszenieren, als es dem Adel bis dahin je gelungen sei. So habe es Ludwig vermocht, Gesten und Rituale der Opposition in solche der Loyalität, des Dazugehören-Wollens, umzuschmelzen.

Kulturelle Hegemonie

Auf jeden Fall ist unverkennbar, dass es Ludwig XIV. während der ersten Jahrzehnte seiner Regierung gelungen ist, seinen extravaganten Stil nicht nur zum europäisch nachgeahmten Modell der Herrscherstilisierung zu machen, sondern auch nach innen hin gegenüber den Eliten des eigenen Landes Stil, Geschmack und Ausdrucksformen vorzugeben. Diese Dominanz, die man mit einem Begriff des italienischen Philosophen Antonio Gramsci als „kulturelle Hegemonie" bezeichnen kann, trug sicher nicht unerheblich dazu bei, dass der König sich die Loyalität der Eliten und zumal des Adels sichern konnte.

4. Die Last einer langen Regierung (1685–1715)

Wie jede Periodisierung ist auch die Unterscheidung zwischen einer Phase des Glanzes und einer Phase, in der die Last der langen Regierungszeit Ludwigs XIV. zutage trat, dem Bemühen um Verständlichkeit geschuldet. Sie besagt nicht, dass in der Mitte der 1680er Jahre ein eindeutiger Einschnitt festzumachen wäre zwischen einer erfolgreichen und einer erfolglosen Phase der ludovizianischen Regierung. Selbstverständlich hat es in der Herrschaftszeit dieses Königs auch vor 1685 Misserfolge und auch nach 1685 Erfolge gegeben. Im Grundsatz ist sich die historische Forschung indes weitgehend einig, dass im Laufe der 1680er Jahre ein Wandel einsetzte, in dessen Folge sich Ludwig XIV. innen- wie außenpolitisch zunehmenden Schwierigkeiten gegenübersah.

a) Die Einheit des Glaubens und ihre Grenzen

Die Religionspolitik der französischen Krone war bereits lange vor Ludwig XIV. komplex und nicht frei von Spannungen und Widersprüchen. Denn auf der einen Seite beruhte die Legitimation des französischen Königtums auch nach den Religionskriegen auf seiner spezifisch katholisch geprägten Sakralität – ein Umstand, der zumal beim *sacre* deutlich zum Ausdruck kam. Auf der anderen Seite verstießen die französischen Könige der Frühneuzeit nicht nur in ihrer persönlichen Lebensführung, sondern auch in ihrer Politik immer wieder gegen die Prinzipien der katholischen Kirche.

Politik und Konfession

Was die äußere Politik angeht, zeigen sowohl die Kooperation mit dem Osmanischen Reich als auch die Unterstützung protestantischer Mächte, dass die französische Regierung anders als etwa die spanische nicht versuchte, eine konsequent „katholische" Politik zu betreiben. Unter den Kardinälen Richelieu und Mazarin setzte sich vielmehr eine Linie durch, die den Kampf gegen das katholische Haus Habsburg ins Zentrum der außenpolitischen Doktrin stellte – einen Kampf, der nur im Verein mit protestantischen Mächten erfolgreich geführt werden konnte (II.3.b). Wie weit die französischen Könige von einer „katholischen" Politik entfernt waren, zeigt auch die Tatsache, dass ihr Verhältnis zum Papsttum seit dem Spätmittelalter immer wieder von Konflikten belastet war. Auch unter Ludwig XIV. kam es zum Streit, obwohl das Konkordat von 1516 das Verhältnis des französischen Königtums zum Papsttum an sich auf eine für den französischen König vorteilhafte Weise geregelt hatte. Er verfügte seither über das Präsentationsrecht für die überwiegende Zahl der hohen geistlichen Pfründen, das heißt, er benannte die Kandidaten, während dem Papst lediglich die geistliche Einsetzung blieb. Waren hohe Pfründen unbesetzt, kamen dem König deren Einkünfte zu. Diese Regelung dehnte Ludwig XIV. nun auch auf jene Diözesen aus, die seit 1516 an Frankreich gekommen oder aus anderen Gründen im Konkordat nicht erwähnt worden waren. Unterstützt von der Mehrheit des gallikanisch eingestellten französischen Klerus, nahm der König in dieser Frage einen grundsätzlichen Konflikt in Kauf, in dessen Verlauf er sogar zeitweise von Papst Innozenz XI. exkommuniziert wurde, ehe er in den 1690er Jahren von seiner bisherigen Politik abrückte.

Doch nicht nur in der Frage der gallikanischen Freiheiten, auch in der Behandlung der Hugenotten verfolgten die französischen Könige lange eine von der offiziellen Lehre der Kirche unabhängige Politik. Das Edikt von Nantes wurde gegen den Einspruch des Papstes in Kraft gesetzt, und selbst nach 1629, als die Krone die politische Macht der Hugenotten zerschlagen hatte, erwog sie jahrzehntelang nicht, deren prinzipielle Zulassung aufzuheben.

Was die persönliche Lebensführung anbetrifft, missachtete die Mehrzahl der französischen Könige der Frühneuzeit insbesondere die kirchlich propagierte Eheauffassung und Sexualmoral. Heinrich IV. war notorischer *homme à femmes*, Ludwig XIV. nicht weniger. Er hatte zahlreiche Mätressen; mit der bekanntesten, der Marquise de Montespan, hatte er sechs Kinder, die nicht etwa verheimlicht, sondern am Hofe erzogen und später gut verheiratet wurden. Auch sonst war das Leben am Hofe Ludwigs XIV. mit seinen Kostümbällen, Theater- und Ballettaufführungen, mit seiner von Zeitgenossen als durchaus erotisch charakterisierten Atmosphäre, mit seiner Vorliebe für Spott und intellektuelle Libertinage weit entfernt von jenen Formen der Lebensführung, die von der Kirche gemeinhin propagiert wurden. In gewisser Weise gehörte die Abgrenzung von der Lebensweise der gewöhnlichen Leute sogar zum funktionalen Kern einer Hofgesellschaft, der es ja nicht zuletzt darum ging, die Außerordentlichkeit ihrer Mitglieder und des Königs zu unterstreichen. Dabei war Ludwig XIV. persönlich durchaus fromm – er beanspruchte aber, seiner Stellung entsprechend, zahlreiche Ausnahmen von den für andere Sterbliche geltenden Regeln. Betrachtet man die religiös-sakrale Überhöhung des französischen Königtums im Lichte der Konflikte und Spannungen mit der Papstkirche, erscheint sie nicht zuletzt als eine Möglichkeit, die Unabhängigkeit des französischen Königs von deren Leitlinien zu begründen.

Frankreich war im 17. Jahrhundert freilich auch geprägt durch eine breite katholische Erneuerungsbewegung (I.5.a). Sie hatte bereits zu Beginn des Jahrhunderts Teile des Hofs erfasst. Unter der Ägide der beiden Kardinalminister wurde sie gefördert, zugleich aber darauf geachtet, dass die operative Politik der Monarchie von devot-frommen Einflüssen frei blieb. Auch Ludwig XIV. stand diesen Tendenzen in den ersten Jahrzehnten seiner Regierung distanziert gegenüber und setzte die unter Richelieu und Mazarin verfolgte Linie fort. Gleichwohl haben dezidiert fromme Personen in der engeren Umgebung des Königs seit den späten 1670er Jahren erheblichen Einfluss gewonnen.

Bossuet

Zwei Exponenten dieser Entwicklung seien genannt. Jacques Bénigne Bossuet, ein zunächst der geheimen, später von Mazarin verbotenen *Compagnie du Saint-Sacrément* nahestehender Kleriker, machte sich seit Ende der 1650er Jahre einen Namen wegen seiner rhetorisch geschliffenen Predigten und verkehrte bald bei Hofe. Der König war von Bossuet so beeindruckt, dass er ihn 1669 zum Bischof von Condom in der Gascogne und 1671 zum Erzieher des Dauphin bestimmte. Zeitgleich wurde der Prinzenerzieher in die *Académie Française* aufgenommen. Bossuet, der sich auch als Kontroverstheologe einen Namen machte und seit 1681 das etwa 50 Kilometer von Paris entfernt gelegene Bistum Meaux leitete, hatte im Konflikt mit dem Papst maßgeblichen Anteil daran, dass sich der französische Klerus 1682 hinter den König stellte. Von Anfang der 1680er Jahre an kann sein Einfluss auf die Religionspolitik des Königs kaum überschätzt werden.

Madame de Maintenon

Ein zweites Beispiel ist ausgerechnet die letzte Mätresse Ludwigs XIV., Françoise de Maintenon. Sie war die Enkelin des hugenottischen Dichters Agrippa d'Aubigné und Tochter eines Abenteurers, der zum Zeitpunkt ihrer Geburt im Gefängnis saß. Nach dem frühen Tod ihres Vaters zunächst protestantisch erzogen, wurde sie unter dem Einfluss einer Patin auf eine Ursulinenschule geschickt, wo sie eine strikt katholische Erziehung erfuhr. Um dem Kloster zu entgehen, heiratete sie mit 16 Jahren einen über 40 Jahre älteren, gelähmten Dichter, Paul Scarron, der während der *Fronde* mit einer Schmähschrift der Gattung der *Mazarinades* ihren Namen gab. Mit Scarron unterhielt Françoise de Maintenon einen glanzvollen literarischen Salon. Nach dessen Tod wandte sie sich der katholischen Reform zu und wurde von Madame de Montespan als Erzieherin ihrer Kinder eingestellt. In dieser Rolle gewann sie die Sympathie des Königs, und als es um 1680 zwischen dem König und Madame de Montespan zum Bruch kam, wurde sie endgültig zur Mätresse des Königs, der sie nach dem 1683 erfolgten Tod der Königin sogar heimlich heiratete. Über ihren Einfluss auf die Politik des Königs wird bis heute gestritten, doch die Tatsache, dass der König sich regelmäßig mit seinen Ministern bei ihr traf, spricht dafür, dass er nicht gering war. Anhand der Biographien Bossuets und de Maintenons wird deutlich, auf welch vielfältigen Wegen der Einfluss der katholischen Reformbewegung wirksam wurde und letztlich auch die Politik des Königs direkt beeinflusste.

Edikt von Fontainebleau

Tatsächlich vollzog die königliche Religionspolitik in den 1680er Jahren eine Wende, die in der Revokation des Edikts von Nantes durch das am 18. Oktober 1685 erlassene Edikt von Fontainebleau ihren deutlichsten Ausdruck fand. Das Edikt hob die rechtliche Gleichstellung der Hugenotten auf, verwies sämtliche hugenottischen Pastoren des Landes und untersagte allen anderen Angehörigen dieser Konfession, weiterhin protestantische Gottesdienste abzuhalten. Der Übertritt zur katholischen Kirche wurde offiziell nicht vorgeschrieben, eine Flucht war untersagt.

Das Edikt von Fontainebleau kam insofern nicht überraschend, als sich königliche Amtsträger, gedeckt von der Krone, schon seit Ende der 1670er Jahre durch die restriktive Handhabung des Edikts von Nantes hervorgetan hatten. Auch der König selbst hatte an seiner Absicht, den Freiraum dieser Glaubensgemeinschaft einzuschränken, keinen Zweifel gelassen. Der Zugang von Hugenotten zu königlichen Ämtern, aber auch zu den freien Berufen war eingeschränkt, ja faktisch aufgehoben worden, die *chambres mi-parties* traten nicht mehr zusammen. Exponierte Hugenotten wurden mit Versprechungen, aber auch unter Druck zur Konversion bewegt. Jesuiten, Ursulinen und andere Ordensgemeinschaften, die besonderen Wert auf die Bekehrung von Protestanten legten, wurden von Angehörigen des Königshauses massiv unterstützt. Seit etwa 1680 kam es zudem immer häufiger zu Versuchen, Hugenotten durch Repressalien zur Konversion zu bewegen. Ein beliebtes Mittel war die Einquartierung von Soldaten, die nicht selten durch Übergriffe die Bereitschaft ihrer unfreiwilligen Gastgeber zum Übertritt zu befördern versuchten. Das gesetzliche Verbot protestantischer Religionsausübung war also das Schlussglied einer langen Reihe ähnlich gerichteter Maßnahmen.

Dieses Verbot erging offensichtlich unter der Annahme, die Hugenottenfrage habe sich mehr oder minder erledigt. Aus der Perspektive des Hofes mochte es angesichts der Erfolge der katholischen Reform und der Übertritte prominenter Hugenotten scheinen, als sei mit einem Festhalten der Protestanten an ihrem Glauben kaum mehr zu rechnen, als hinderten sie allein noch ihre Pastoren an einem Übertritt in die katholische Kirche. Tatsächlich waren die katholischen Bekehrungserfolge zwar unleugbar, aber gerade in der Provinz weit weniger überragend als angenommen.

Betrachtet man die Motive Ludwigs XIV., ist ferner zu bedenken, dass der Konflikt mit dem Papst in der Regalienfrage wie auch die Absprache mit den Osmanen und das Fernbleiben französischer Truppen bei der Verteidigung Wiens 1683 (II.3.c) dem Argument Nahrung gegeben hatten, der französische König komme seinen Pflichten als allerchristlichster König und erster Sohn der Kirche nicht nach. Vor diesem Hintergrund erblickte Ludwig XIV. in der Revokation des Edikts von Nantes offensichtlich eine Möglichkeit zu unterstreichen, dass er trotz aller Konflikte mit dem Papst und aller außenpolitischen Fehden mit dem Hause Habsburg ein Verteidiger der Kirche war. Fast alle katholischen Zeitgenossen begrüßten das Edikt von Fontainebleau als Großtat, es war also durchaus populär – populärer, als das Edikt von Nantes es jemals gewesen war. Bossuet kommentierte das Ereignis mit der Bemerkung, Ludwig XIV. sei ein „neuer Konstantin", der die Einheit des Glaubens in seinem Reich wiederherstelle. Nur wenige Pragmatiker wie der schon erwähnte Marschall Vauban warnten, das Verbot der Hugenotten werde das Land schwächen.

Vauban sollte recht behalten. Trotz des offiziellen Auswanderungsverbots wanderten bis 1690 mindestens 150.000 Hugenotten aus Frankreich aus – etwa ein Drittel in die Niederlande, die traditionell als *refuge* der Hugenotten in Phasen der Verfolgung dienten, ein weiteres Drittel nach England, das restliche Drittel in Territorien des Heiligen Römischen Reichs und die Schweiz. Rechnet man jene hinzu, die angesichts der Schikanen bereits vor 1685 das Land verlassen hatten und zwischen 1690 und 1700 auswanderten, kommt man auf über 200.000 Personen. Dies war etwa ein Viertel der vor Beginn der Repressionen in Frankreich lebenden Hugenotten. Für frühneuzeitliche Verhältnisse war dies eine gewaltige Wanderungsbewegung. Es war jedoch nicht allein die absolute Zahl der Auswanderer, die Frankreich schwächte, sondern auch die Tatsache, dass unter ihnen viele hoch qualifizierte und entsprechend schwer zu ersetzende Personen aus technischen, kaufmännischen und handwerklichen Berufen waren. Doch auch das Ziel, den protestantischen Glauben in Frankreich auszurotten, hat Ludwig XIV. nicht erreicht. Denn viele Hugenotten gingen in den Untergrund, trafen sich zu geheimen Gottesdiensten oder nahmen zumindest nicht an katholischen Messen teil. Der französische Protestantismus hat also trotz des Edikts von Fontainebleau und scharfer Verfolgungen (gegen die es 1702–1704 in den Cévennen sogar zu brutal niedergeschlagenen Aufständen kam) überlebt, ja er ist durch die Verfolgung gestärkt worden. Die Bilanz der Hugenottenpolitik Ludwigs XIV. ist demnach – trotz des Beifalls vieler Zeitgenossen – in jeder Hinsicht negativ.

Jansenismus

Die Hugenottenfrage bildete freilich nicht das einzige religionspolitische Problem, das die späteren Regierungsjahre Ludwigs XIV. überschattete. Denn auch innerhalb des Katholizismus wurden einzelne Richtungen als sektiererisch verfolgt – insbesondere der Jansenismus (I.5.a). Ludwig XIV. und seinen religionspolitischen Beratern war der Jansenismus bereits in den 1660er Jahren ein Dorn im Auge, weil sie in ihm eine Gefahr für die innere Einheit und Geschlossenheit der französischen Kirche erblickten. Nachdem der Konflikt Ende der 1660er Jahre durch Vermittlung des Papstes noch einmal entschärft worden war, ging der König seit Beginn der 1680er Jahre entschieden gegen die Jansenisten vor, die ihrerseits den Papst im Konflikt um die Regalien unterstützten. Nachdem Ludwig XIV. dem Papst in den 1690er Jahren in der Regalienfrage entgegengekommen war und Papst Clemens XI. 1705 und 1713 die Jansenisten in den Bullen *Vineam Domini* und *Unigenitus* eindeutig verurteilt hatte, solidarisierten sich jene gallikanischen Teile des Klerus mit ihnen, die für die Unabhängigkeit der französischen Kirche vom Papsttum eintraten. So gelang es dem König zwar letztlich, den äußeren Widerstand der Jansenisten (u.a. durch die Zerstörung des Klosters Port Royal 1711) zu brechen, doch das Weiterleben des Jansenismus im 18. Jahrhundert konnte er nicht verhindern. Insgesamt wuchs sich das Verhältnis zwischen König, Papsttum, gallikanischem Klerus und Jansenisten in den letzten Jahren der Regierung zu einem gravierenden Problem aus, das der Akzeptanz des Königs im Klerus wie unter den Gebildeten erheblich schadete. Die Bestrebungen Ludwigs XIV., durch Repression die konfessionelle Einheit und die religionspolitische Geschlossenheit Frankreichs zu sichern, führten somit bei Weitem nicht zu dem erstrebten Ergebnis. Langfristig beförderten sie das Gegenteil, zumal die jansenistischen Schriften gegen die Bulle *Unigenitus* und die damit verbundenen staatlichen Verfolgungsmaßnahmen zur „Entsakralisierung" (Dale K. van Key) und allgemeinen Delegitimierung der französischen Monarchie entscheidend beitrugen und schließlich den Boden für die radikale Systemkritik der „Patriotenpartei" im Vorfeld der Französischen Revolution bereiteten.

b) Wirtschaftskrise, Verlust der kulturellen Hegemonie, Kritik

Für Unzufriedenheit sorgte nicht nur die ludovizianische Religionspolitik. Vielmehr lässt sich seit dem Ende der 1680er Jahre ein genereller Stimmungsumschwung zuungunsten der Krone beobachten. Er ist u.a. daran ablesbar, dass ungeachtet strenger Zensur und drakonischer Strafen (I.5.c) die Zahl regierungskritischer Flugschriften nach 1685 stark anwuchs. Sie kritisierten den Ehrgeiz und die Skrupellosigkeit des Königs, geißelten seine Selbstsucht, beschuldigten ihn der Irreligion und der Tyrannei und spotteten über seine Schwäche. Während des Spanischen Erbfolgekrieges verschärfte sich die Stimmung; nun wurde in Flugblättern sogar gelegentlich unter Hinweis auf die englische *Glorious Revolution* der Sturz des Königs gefordert. Auch erhebliche Teile der Eliten rückten nun innerlich vom König ab, ohne offen zu revoltieren.

Kritik an der Krone

Maßgeblich für diese Entwicklung waren ganz unterschiedliche Faktoren, die nicht sämtlich vorgestellt werden können. Dazu gehörten die im Pfälzischen Erbfolgekrieg erstmals greifbaren außenpolitischen Misserfolge ebenso wie die wachsende Eigenmächtigkeit und die zahllosen Übergriffe der königlichen Verwaltung in den Provinzen, denen die Bevölkerung schutzlos ausgeliefert war. Der Akzeptanz der königlichen Politik abträglich war aber auch die seit dem Ende des 17. Jahrhunderts vielerorts in Europa zu beobachtende Krise der traditionellen Glaubens- und Wertevorstellungen (Paul Hazard sprach in diesem Zusammenhang von der *crise de la conscience européenne*), die den Glauben an die Sakralität des französischen Königtums zu untergraben begann.

Zur sinkenden Akzeptanz des königlichen *gouvernement* trug ebenfalls bei, dass die französische Wirtschaft nach dem Aufschwung der 1660er und

1670er Jahre in eine lange Krise geriet, die bis zum Ende der Regierung des Königs andauerte. Die königliche Politik war an dieser negativen Entwicklung keineswegs unschuldig, denn spätestens mit der Eröffnung des Pfälzischen Erbfolgekriegs im Jahre 1688 beschritt sie in der Finanz- und Wirtschaftspolitik einen Weg, der die Erfolge der Reformpolitik der 1660er und 1670er Jahre systematisch untergrub. Colberts Reform- und Konsolidierungsprogramm (III.3.b) setzte voraus, dass Frankreich keine (oder bestenfalls kurze) Kriege führte. Je intensiver und länger das Land Krieg führte, desto weniger war an innere Konsolidierung und Reform zu denken. Angesichts der negativen gesamtwirtschaftlichen Rahmendaten stellte die Finanzierung der ungeheuren Kriegskosten ein regulär nicht zu lösendes Problem dar. Ludwig XIV. und die meisten seiner Minister zögerten indes keinen Moment, zu jenen Formen der Kriegsfinanzierung zurückzukehren, die Colbert verurteilt hatte. Man erhöhte die Steuern, führte neue ein (insbesondere die 1695–1697 und ab 1701 erhobene *capitation*, I.6.e), schuf und verkaufte unnötige Ämter, Titel und Privilegien aller Art (die langfristig durchweg hohe Kosten bzw. Einnahmeausfälle verursachten) und gab hochverzinsliche Renten und Anleihen aus, um überhaupt noch an Kredite zu kommen. Um wiederum deren Rückzahlung zu erleichtern, griff man 1689 erstmals seit Richelieu auch wieder zu geldpolitischen Maßnahmen und reduzierte den Silbergehalt der umlaufenden Münzen, schuf also bewusst Inflation.

Diese Politik hatte u.a. den Nebeneffekt, dass Steuerpächter und *financiers* erneut enorme Gewinne erwirtschafteten und ihren wirtschaftlichen Aufstieg rasch durch heiratspolitische Erfolge zu konsolidieren wussten, indem sie – obschon sie selbst bestenfalls dem Amtsadel oder gar der *roture* entstammten – in den höchsten Adel einheirateten. Auf der anderen Seite setzte eine breite Verelendung der französischen Gesellschaft ein. Zumal die beiden Hungerwinter der Jahre 1693/94 und 1709/10, in denen über 2 bzw. 1,5 Mio. Franzosen zu Tode kamen, führten diese Entwicklung drastisch vor Augen.

Vauban, der als Verantwortlicher für den Festungsbau mehr als alle anderen politischen Berater des Königs im Land herumkam, hat sich eingehend mit dieser Problematik auseinandergesetzt. In einem seit den 1690er Jahren konzipierten Memorandum, das er 1707, kurz vor seinem Tod, anonym veröffentlichte, analysierte er die wirtschaftliche Lage der französischen Bevölkerung. Etwa 10% waren nach seiner Einschätzung auf Betteln angewiesen und 50% diesem „Elendszustand um Haaresbreite nahe". Weitere 30% sah er zwar nicht direkt von Armut bedroht, aber von Schulden und Prozessen bedrängt und in ihrer wirtschaftlichen Existenz nicht gesichert. Wirklich gut gehe es nur etwa 10% der Bevölkerung, darunter den Inhabern von Chargen und höheren Ämtern sowie den von ihren Renten lebenden Finanzleuten und den Großkaufleuten – Vauban skizziert hier den Personenkreis, dem jene angehörten, die eng mit dem Königtum und dessen Finanzsystem verbunden waren. Als Lösung empfahl Vauban, alle Arten von Einkommen gleichermaßen mit einer zwischen 5 und 10% zu veranschlagenden Einkommenssteuer, der *Dîme Royale*, zu besteuern, statt den überwiegenden Teil der Steuerlast den Bauern aufzubürden. Auch andere Personen in leitenden Funktionen formulierten ähnliche Reformvorschläge und äußerten sich kritisch zur königlichen Politik. In Frage gestellt wurde dabei nicht nur die

Steuerpolitik, sondern auch die expansive Außenpolitik des Königs, die etwa der dem Hochadel entstammende Bischof von Cambrai und zeitweilige Erzieher des Enkels Ludwigs XIV., François de Fénelon, 1694 in einem anonymen Memorandum scharf verurteilte.

Verlust der kulturellen Hegemonie

Gewiss – Ludwig XIV. hatte sich in den ersten Jahrzehnten seiner Regierung eine so unanfechtbare Stellung gesichert und die traditionellen Träger von Revolten, insbesondere den Hochadel und die Obergerichte, so weit der Fähigkeit zu offener Opposition beraubt, dass seine Herrschaft bis zu seinem Ende niemals gefährdet war. Doch spätestens im Laufe der 1690er Jahre schwand allmählich die für die ersten Jahrzehnte seiner Selbstregierung charakteristische Fähigkeit des Königs, Trends, Moden und Überzeugungen zu bestimmen – jene „kulturelle Hegemonie" also, die dafür gesorgt hatte, dass sich weite Teile der französischen Eliten und wahrscheinlich sogar große Teile der einfachen Bevölkerung mit ihrem König und seinem politischen Handeln einig gewusst hatten.

Wenige Beispiele mögen genügen, um den allmählichen Einflussverlust der Krone zu illustrieren. So verlor von den 1690er Jahren an das Leben bei Hofe allmählich seine Spritzigkeit und Attraktivität. Die Atmosphäre in Versailles wurde von Höflingen als drückend empfunden, das Leben bei Hofe war nun eher ein Pflichtprogramm, das man wahrnahm, um seine Machtchancen zu wahren, nicht aber, weil es als Ereignis attraktiv gewesen wäre. Dies hing gewiss mit dem Alter des Königs zusammen, aber auch mit einer gewissen Tendenz zur Bigotterie, die unter dem Einfluss Bossuets und der Marquise de Maintenon in der Umgebung des Königs Einzug gehalten hatte. Es ist in diesem Zusammenhang bezeichnend, dass Bossuet in den 1690er Jahren in einem längeren Traktat das Schaffen Molières verurteilte, jenes Schriftstellers, dessen Stücke maßgeblich zum Glanz des ludovizianischen Hofs der früheren Jahre beigetragen hatten.

Im Verhältnis der Krone zu den Schriftstellern vollzog sich bereits nach Colberts Tod (1683) ein Wandel. Der nun für das Image des Königs verantwortliche Kriegsminister Louvois knüpfte zwar an Colberts Konzept an, setzte aber doch andere Akzente, indem er zumal den Ruhm des Königs als Heerführer und Eroberer in den Vordergrund rückte. Die von Colbert geknüpften engen Beziehungen zu zahlreichen Schriftstellern vermochten Louvois und seine Nachfolger indes nur z. T. fortzuführen.

Querelle des Anciens et des Modernes

Dass die Krone nun auch die literarischen Debatten weniger zu prägen vermochte als zuvor, wird an einem erbitterten Streit deutlich, der in den letzten Jahren des 17. Jahrhunderts die französischen Schriftsteller in zwei Lager spaltete: der *Querelle des Anciens et des Modernes* („Streit der Alten und der Modernen"). Ihren ersten öffentlichen Ausdruck fand der Streit ausgerechnet bei einem Anlass, der die enge Verbindung zwischen Schriftstellern und Königtum unterstreichen sollte: in einer Sitzung der *Académie Française* Anfang 1687, bei der die Genesung des Königs von einer Krankheit akademisch gefeiert werden sollte. Bei dieser denkwürdigen Sitzung wurde zu Ehren des Rekonvaleszenten ein Gedicht verlesen, das den Titel *Le siècle de Louis le Grand* („Das Jahrhundert Ludwigs des Großen") trug. In ihm feierte sein Verfasser, Charles Perrault, die Leistungen der französischen Künstler der Gegenwart, die inzwischen jene der Antike in den Schatten stellten – eine These, die bei anderen Mitgliedern der Akademie wie Bossuet, Racine und Boileau auf erregten Widerspruch stieß. Die folgende, sich über Jahre hinziehende Debatte ist nicht nur deshalb interessant, weil sie zeigte, dass die Krone, anders als etwa in den 1630er Jahren bei der Auseinandersetzung über Corneilles Tragikomödie *Le Cid*, keinen maßgeblichen Einfluss auf diesen literarischen Streit zu nehmen vermochte, sondern auch deshalb, weil die von Perrault eingeführte Argumentation letztlich das für die ludovizianische Kunstpolitik bis dahin grundlegende „klassische" Stilideal unterminierte. Langfristig von Bedeutung war aber v.a., dass im Zuge der *Querelle*, mit der sich bald auch eine Auseinandersetzung über die Teilhabe von Frauen am geistigen Leben ihrer Zeit verband, eine Form historischen Denkens in die Debatte eingeführt wurde, die es möglich machte, auch die Gegenwart als veränderbar aufzufassen. Denn die von den Wortführern der *Modernes* eingeführte Kategorie des Fortschritts schloss nicht aus, dass die historische Entwicklung über den unter dem Sonnenkönig erreichten Stand hinaus voranschritt. Nicht zufällig hat Bernard le Bouvier de Fontenelle, vom konkreten Anlass der *Querelle* ausgehend, eine umfassende Theorie des Fortschritts in der Geschichte entwickelt, die für das Geschichtsverständnis der heraufziehenden Aufklärung maßgeblich wurde.

Hofcliquen

Ludwig XIV. hat den allmählichen Verlust der kulturellen Hegemonie wahrscheinlich kaum wahrgenommen, zumindest nicht verarbeitet, was nicht zuletzt daran zu erkennen ist, dass er dazu neigte, die in seiner Umgebung geäußerte Kritik als Illoyalität zu deuten. Andererseits stand der König selbst in der Hofgesellschaft nicht mehr unangefochten im Zentrum. Vielmehr bildeten sich um 1710 in Versailles drei gegeneinander intrigierende Hofcliquen (*cabales*), die sich um die Vertreter dreier Generationen des Hauses Bourbon gruppierten: um den König selbst, um den als *Grand Dauphin* bezeichneten Thronfolger Ludwig von Bourbon und um dessen Sohn, den Herzog von Burgund.

Zur ersten, sich um den König und Madame de Maintenon scharenden Gruppe, die meist als *cabale des seigneurs* bezeichnet wird, gehörten v.a. Mitglieder des Clans Le Tellier-Louvois, ferner der Marschall von Boufflers und der Herzog von Harcourt mit ihren Anhängern. Sofern man diesen *cabales*, denen es ja zuallererst um die Sicherung von Einfluss und den Zugriff auf lukrative Chargen ging, überhaupt ein politisches Programm zuschreiben kann, lautete es bei der *cabale des seigneurs* schlicht: „Weiter so!" Der Krieg sollte trotz der unermesslichen Leiden der Bevölkerung fortgeführt und der absolute Herrschaftsanspruch des Königs um jeden Preis aufrechterhalten werden. Die als *cabale de Meudon* bezeichnete Gruppe um den *Grand Dauphin*, der u.a. der Bruder des Thronfolgers, die Prinzen von Geblüt aus dem Hause Condé-Conti und der Herzog von Vendôme angehörten, verfügte abgesehen von der entschiedenen Verteidigung der gallikanischen Freiheiten der Kirche über ein eher unklares politisches Profil.

Programmatisch interessanter ist die dritte Gruppe, die sich um den von Fénelon erzogenen Enkel Ludwigs XIV. scharte. Dieser *cabale des ministres* gehörten neben den Herzögen von Beauvillier und von Chevreuse zwei Schwiegersöhne Colberts und einige andere Mitglieder des Colbert-Clans an, darunter Jean-Baptiste Colbert de Torcy, ein Neffe Colberts, der nun Außenstaatssekretär war, und der aktuelle Generalkontrolleur Nicolas Desmarets, aber auch Fénelon, der beim König in Ungnade gefallen war. Im Zentrum der außenpolitischen Zielsetzung dieser Gruppe, die sich mehrheitlich aus papsttreuen Anhängern der katholischen Reform zusammensetzte, stand der Verzicht auf jede Form äußerer Expansion und die Sicherung eines dauerhaften Friedens – ein Programm, das bei den französischen Eliten ein breites Echo fand und sich in der *Ode des malheurs du temps* des jungen Voltaire ebenso niederschlug wie im großen Friedensprojekt (*Projet pour rendre la paix perpétuelle en Europe*) des Abbé de Saint-Pierre. Doch auch im Innern strebte die *cabale des ministres* eine grundlegende Reform an. Sie sah die Beschneidung der königlichen Gewalt zugunsten der General- und Provinzialstände, aber auch zugunsten des alten Adels vor. Andererseits sollte die Steuerlast gerechter verteilt und größere wirtschaftliche Freiheit ermöglicht werden. Dieses Programm griff Elemente des Colbert'schen Konzepts auf und verknüpfte sie mit älteren Vorstellungen der aristokratisch gemäßigten Monarchie und einer umfassenden, auch moralischen Reform, wie sie von der Liga und den *dévots* der ersten Hälfte des 17. Jahrhunderts verfochten worden waren. Dass die Angehörigen dieser Gruppe damit einige liberale Vorstellungen verknüpften, sollte nicht über deren großenteils rückwärtsgewandt-aristokratischen Horizont hinwegtäuschen.

Nach dem Tod des Grand Dauphin im Jahr 1711, durch den der Herzog von Burgund zum Thronfolger aufrückte, sahen sich die der *cabale des ministres* nahestehenden Höflinge wie auch viele andere Kritiker der ludovizianischen Politik beinahe am Ziel ihrer Wünsche. Doch auch diese Hoffnung zerplatzte, denn schon ein Jahr nach seinem Vater starb auch der Herzog von Burgund. Ludwig XIV. überlebte damit auch seinen letzten erbberechtigten Enkel. Als er schließlich nach 54 Jahren der Selbstregierung 1715 starb, kam es erneut, wie schon 1643 bei seinem eigenen Regierungsantritt und 1610 beim Regierungsantritt seines Vaters, zu einer Regentschaft, denn sein Urenkel Ludwig XV. war erst fünf Jahre alt. Unter dieser Regentschaft zeigte sich dann freilich rasch, wie sehr sich insbesondere die kulturellen und intellektuellen Bedingungen in Frankreich verändert und wie sehr sich das Regime dieses Königs überlebt hatte.

IV. Zusammenfassung

Frankreich 1715

Die Forschung zeichnet in der Regel ein düsteres Tableau der Lage Frankreichs beim Tode Ludwigs XIV. Tatächlich kann nicht bezweifelt werden, dass das Land 1715 durch Kriege, Wirtschaftsabschwung und Hungerkrisen schwer gezeichnet war, dass zumal die Bauern unendlich gelitten und selbst die Eliten die letzten Jahre der Regierung des Sonnenkönigs als bleierne, bedrückende Zeit empfunden hatten. Ebenso wenig kann man übersehen, dass die französische Monarchie ihr zeitweilig großes Prestige bei anderen Mächten (und zumal im Reich) durch die aggressive Außenpolitik Ludwigs XIV. weitgehend verspielt hatte. Bemerkenswerterweise blickte der König selbst auf seinem Totenbett kritisch auf sein Lebenswerk und ermahnte seinen Urenkel, ihm in seiner übertriebenen Liebe für den Krieg nicht nachzueifern (*J'ay trop aimé la guerre. Ne m'imitez pas en cela*).

Versucht man eine Bilanz, stellt die kolossale, 1715 auf 3,5 Milliarden *livres* angewachsene Staatsschuld die schwerste Hypothek dar, die Ludwig XIV. dem Land hinterließ. Sie konnte während des gesamten 18. Jahrhunderts nicht mehr entscheidend reduziert werden und trug schließlich dazu bei, dass die Krone Ende der 1780er Jahre zahlungsunfähig wurde und Generalstände einberufen musste – mit dem bekannten Ergebnis. Allerdings führt kein direkter Weg von der Finanzkrise am Ende der ludovizianischen Ära zum Staatsbankrott im Vorfeld der Französischen Revolution, denn die Schulden wurden im Laufe des 18. Jahrhunderts nicht entschieden bekämpft, sondern weiter vergrößert durch das militärische Engagement Frankreichs im Österreichischen Erbfolgekrieg, im Siebenjährigen Krieg und im Amerikanischen Unabhängigkeitskrieg.

Dass kein direkter Weg von der Krise des Jahres 1715 zur Krise des Jahres 1789 führte, wird noch deutlicher, wenn man die wirtschaftliche und soziale Lage des Landes betrachtet. Denn Frankreich war 1715 trotz der Krise ein entwickeltes, fruchtbares und bevölkerungsreiches Land, dessen Ökonomie sich nach dem Tod Ludwigs XIV. binnen kurzem erholte. Die demographischen Verluste der Kriegsjahre wurden rasch überwunden, und dank günstigerer klimatischer Bedingungen und der Steigerung der landwirtschaftlichen Erträge kam es in der Folge zu einem kontinuierlichen Bevölkerungsanstieg. Auch die gesamtwirtschaftliche Lage besserte sich, die gewerbliche Produktion stieg, der Binnenhandel entwickelte sich positiv und die Einkommen weiter Teile der Bevölkerung wuchsen. Erst in den 1770er Jahren trübte sich die wirtschaftliche Lage wieder deutlich ein.

Erst recht verdeutlicht ein Rückblick auf die Lage Frankreichs im Jahre 1598, dass die Bilanz der französischen Geschichte des „langen" 17. Jahrhunderts weniger negativ ist, als dies der Blick auf die Krise der letzten Regierungsjahre Ludwigs XIV. suggeriert. Das Land hatte zwischen 1598 und 1715 im Innern zweifellos einen bedeutenden Ausbau erfahren. Zwar waren manche der unter Colbert geschaffenen Manufakturen eingegangen, doch jene, die überlebt hatten, produzierten europaweit nachgefragte Waren; die Verbesserung des Straßennetzes war in Angriff genommen und kam nach 1715 nicht zuletzt dank der Vorarbeiten des 17. Jahrhunderts zügig voran;

Kanäle waren gebaut worden und verbesserten die Versorgung zumal der großen Städte; eine Handelsflotte war entstanden, die zwar weit hinter jener der Seemächte zurückblieb, aber doch wenigstens den Namen verdiente; tatsächlich erlebte die französische Handelsschiffahrt im weiteren 18. Jahrhundert einen bedeutenden Aufschwung. Das Land war 1715 auch besser verwaltet als 1598. Gewiss – auch im 17. Jahrhundert waren zahlreiche nutzlose Ämter geschaffen worden. Doch die meisten Amtsträger übten ihre Ämter tatsächlich aus, und so dürfte es um 1715 kaum irgendwo sonst in Europa eine so differenzierte Gerichtslandschaft, eine so gut funktionierende innere Verwaltung und eine so leistungsfähige Militäradministration gegeben haben wie in Frankreich.

Veranschlagt man territoriale Gewinne und Machtsteigerung positiv, so kann sich auch die außenpolitische Bilanz Frankreichs im „langen" 17. Jahrhundert sehen lassen. Nach Norden und Osten, in geringerem Maße auch nach Süden zu den Pyrenäen hin hat das Königreich erhebliche Gebiete hinzugewonnen, die der Krone nicht nur beträchtliche Steuermehreinnahmen einbrachten, sondern – bewehrt durch den Vauban'schen Festungsgürtel – auch die Sicherheit der französischen Grenzen erheblich verbesserten. Anders als 1598 war Frankreich im Jahre 1715 – auch wenn es den Zenit seiner außenpolitischen Macht bereits überschritten hatte und im Hinblick auf die Kolonien gegen England ins Hintertreffen geraten war – unangefochten die führende europäische Kontinentalmacht und blieb es bis zum Ende des Ancien Régime.

Hinzu kommt, dass Frankreich 1715 auch kulturell in Europa den Ton angab. Anders als in der Mächtepolitik war auf diesem Gebiet der Höhepunkt des französischen Einflusses noch nicht überschritten. Seine Hofkultur, seine Mode, seine Luxusprodukte, seine Literatur, seine Sprache (die gerade das Latein als wichtigste Verkehrssprache in der Diplomatie ablöste) sicherten dem Land eine Reputation und eine Ausstrahlung, die maßgeblich dazu beitrug, dass die französischen *philosophes* jahrzehntelang eine führende Rolle in der Aufklärungsbewegung spielten, die aber ebenso in handels- und machtpolitische Vorteile umgemünzt werden konnte.

Schließlich – und dies war eine entscheidende Voraussetzung der vorgenannten Erfolge: In Frankreich herrschte 1715 innerer Friede. 1598 war hier lediglich ein erster wichtiger Schritt erreicht, der konfessionelle Konflikt, die Ambitionen des Hochadels und die Ansprüche der Obergerichte waren indes noch nicht dauerhaft entschärft – sie haben sich in den 1610er und 1620er Jahren und zuletzt in der *Fronde* noch einmal mit großer Wucht entladen. Nach der *Fronde* hingegen hat es keine *guerres civiles* mehr gegeben. Selbst in den letzten Regierungsjahren Ludwigs XIV. blieben die bis dahin in Krisenzeiten stets wiederkehrenden inneren Aufstände des Hochadels und der Obergerichte aus, blieb das Land politisch bemerkenswert stabil. Dies ist fraglos die größte Leistung Ludwigs XIV., wie auch immer man sonst seine Regierung bewerten mag.

Kompromiss mit den Eliten

Ludwig XIV. hat den inneren Frieden allerdings nicht allein dank seines Durchsetzungsvermögens und seiner Machtvollkommenheit gesichert, er hat ihn vielmehr, an die Politik seiner Vorgänger und besonders Heinrichs IV. anknüpfend, mit einem sozialen Kompromiss erkauft. Dieser Kompromiss beruhte darauf, dass der Hochadel von den Zumutungen bürokratischer Herrschaft ebenso verschont blieb wie von größeren steuerlichen Belastungen, dass er zudem seine Ämter und Chargen und alle damit verbundenen sozialen Privilegien mit wenigen Ausnahmen vererben durfte und dafür im Gegenzug bereit war, auf eigenständige politische Ambitionen zu verzichten und sich zum Komplizen einer überspannten höfischen Repräsentation zu machen. Was die Obergerichte und die übrigen hohen Amtsträger der Krone anbelangt, war der Kompromiss fragiler. Er schloss die weitgehende Befreiung von bürokratischen und fiskalischen Belastungen und nicht selten auch die Partizipation am staatlichen Kredit- und Rentengeschäft ein – seinen Kern bildete aber ebenfalls die Vererblichkeit der betreffenden Ämter. Die erbliche Ämterkontinuität als zentrales Element dessen, was die Forschung heute als ludovizianischen Elitenkompromiss bezeichnet, trug schließlich dazu bei, dass der königliche Hof und die Obergerichte im 18. Jahrhundert zu Bastionen des Traditionalismus wurden, an denen alle Reformversuche abprallten.

Ein „Zeitalter des Absolutismus"?

Die französische Geschichte des „langen" 17. Jahrhunderts und zumal die Regierungszeit Ludwigs XIV. wird bis heute oft als „Zeitalter des Absolutismus" dargestellt. Ist diese Epochensignatur angemessen? Angesichts der Unschärfe des Absolutismus-Konzepts lässt sich die Frage nur beantworten, wenn man vorab definiert, was man unter Absolutismus versteht und woran man ihn festmacht.

Betrachten wir zunächst das in Deutschland lange vorherrschende Konzept. Ihm zufolge ist unter Absolutismus eine auf unumschränkte monarchische Herrschaft angelegte Staats- bzw. Herrschaftsform zu verstehen, die – legitimiert durch Gottesgnadentum, dynastisches Erbrecht und die Gewährleistung von Sicherheit und Wohlstand durch den Monarchen – tiefgreifend auf die entsprechend regierten Gesellschaften eingewirkt und einen weitgehend einheitlichen Untertanenverband geschaffen hat. Versucht man die französische Herrschaftspraxis mit Hilfe dieses Konzepts zu analysieren, ergeben sich Übereinstimmungen, aber auch erhebliche Schwierigkeiten.

Einerseits kann kein Zweifel bestehen, dass das französische Königtum im 17. Jahrhundert seine Herrschaftsrechte und seine Steuerungsmöglichkeiten erheblich ausgeweitet hat. Dabei hat es bis dahin übliche Herrschaftsgrenzen überschritten, überkommene Rechte und Privilegien missachtet, tradierte Verfahren suspendiert und die Mitspracheansprüche insbesondere von Ständevertretungen und Obergerichten übergangen. Auch wird niemand leugnen, dass das Königtum im 17. Jahrhundert den Ausbau der Verwaltung und die Zentralisierung Frankreichs maßgeblich vorangetrieben hat.

Andererseits weist die Herrschaftspraxis der französischen Könige des 17. Jahrhunderts Züge auf, die mit dem Absolutismuskonzept nicht angemessen erfasst werden können. Dazu gehören

- die (trotz ostentativ drakonischer Entscheidungen in Einzelfällen) bemerkenswert weit gehende Bereitschaft und Fähigkeit zum Kompromiss mit den Eliten, ohne deren Akzeptanz auch Ludwig XIV. nicht regieren konnte;
- die große Bedeutung persönlich-klientelärer Loyalitäten für die Stabilität der politischen Ordnung – ein Sachverhalt, der mit dem gängigen Bild des auf niemanden Rücksicht nehmenden, von niemandes Zustimmung abhängigen absoluten Monarchen nicht vereinbar ist;
- die ständige Akzeptanz- und Legitimationsbedürftigkeit des Königtums, die allein den Aufwand zu erklären vermag, den es im Bereich der Informations-, Image- und Kulturpolitik getrieben hat;

- die Tatsache, dass die königliche Politik zwar unabhängig von der Standeszugehörigkeit von allen Franzosen Gehorsam forderte, ansonsten aber an der überkommenen Ständeordnung festhielt, weshalb von einem einheitlichen Untertanenverband schwerlich die Rede sein kann;
- eine ausgeprägte Tendenz zu Improvisation und Notlösungen (v. a. mit Blick auf die Kriegsfinanzierung), der insofern konstitutive Bedeutung zukam, als akute Notlagen zur Begründung der Verletzung überkommener Rechte herangezogen wurden;
- schließlich – als logische Konsequenz der vorgenannten Beobachtungen – das weitgehende Fehlen eines geschlossenen, von der Herrscherpersönlichkeit und der jeweiligen politischen Konjunktur unabhängigen, langfristig stabilen „absolutistischen" Herrschaftssystems – ein Befund, der im Übrigen erklärt, weshalb nach dem Tod Ludwigs XIV. (ähnlich wie schon nach dem Tod Heinrichs IV.) ein deutlicher Wandel der Herrschaftspraxis zu beobachten ist, die nun hauptsächlich von der Allmacht der königlichen Verwaltung (auch gegenüber der Krone) geprägt war (Frankreich wird im 18. Jahrhundert zur *monarchie administrative*).

Angesichts dieser Beobachtungen ist zu bezweifeln, dass das Absolutismus-Konzept es erlaubt, die Herrschaftspraxis des französischen Königtums im 17. Jahrhundert angemessen zu erfassen.

Versteht man Absolutismus indes im kulturgeschichtlichen Sinn als sozial und kulturell konstituierte, das Idealbild unumschränkter monarchischer Herrschaft entwerfende Vorstellungswelt, in der Einflussmöglichkeiten und Herrschaftsansprüche symbolisch repräsentiert wurden, erscheint evident, dass die französische Monarchie des 17. Jahrhunderts vom Absolutismus geprägt war. Betrachtet man die Selbstdarstellung und Selbstreflexion der Monarchie, die medialen Repräsentationen des Königtums, die juristischen Traktate über die Herrschaftsordnung und das Rechtssystem Frankreich, die großen Zeremonien und erst recht die Inszenierungen auf der Bühne des Hofes, kann kein Zweifel bestehen, dass diese Repräsentationen und Performanzen fast ausnahmslos im Zeichen einer beinahe grenzenlosen Überhöhung des Monarchen standen.

Verständnis und Wahrnehmung der Zeitgenossen

Dass die französischen Könige des 17. Jahrhunderts beanspruchten, absolute Monarchen zu sein, kann ebenso wenig bezweifelt werden wie die Tatsache, dass sie einen erheblichen Aufwand betrieben, um diesen Anspruch möglichst eindrücklich und vielfältig möglichst vielen Zeitgenossen zu kommunizieren. Soweit wir dies anhand der Quellen feststellen können, waren sie damit zumindest bei jenen Zeitgenossen, die sich zu politischen Fragen äußern konnten, bemerkenswert erfolgreich. Gewiss gab es in bestimmten Phasen (nach 1610, während der *Fronde*, gegen Ende der Herrschaft Ludwigs XIV.) deutliche Kritik an der konkreten Regierungsführung, doch wurde kaum je in Frage gestellt, dass der französische König über absolute Gewalt verfügte und nur Gott gegenüber verantwortlich war – und dass er vermöge seiner über alle Untertanen erhabenen Stellung berufen war, neuerliche Religions- und Bürgerkriege zu verhindern und die Einheit der französischen Gesellschaft zu gewährleisten.

Zu berücksichtigen ist freilich, dass die zeitgenössische Vorstellungswelt „Absolutismus" keine in sich geschlossene, kohärente Konstruktion darstellte. Zwar waren sich die meisten Franzosen einig, dass der französische

König ein absoluter Monarch war. Was dies indes im Einzelnen bedeutete, war durchaus umstritten. So waren etwa Bodin und Bossuet, die beiden wichtigsten französischen Theoretiker des Absolutismus, in der zentralen Frage der Bindung des Monarchen an die Gesetze gegensätzlicher Auffassung. Solche Inkohärenzen und inneren Widersprüche haben freilich die Attraktivität der mit dem Begriff „Absolutismus" assoziierten Vorstellungen nicht geschmälert – im Gegenteil: Sie haben wahrscheinlich dazu beigetragen, dass diese Vorstellungswelt so breit akzeptiert war.

Repräsentationen und Herrschaftspraxis

Fragt man nach der Signatur dieser Epoche der französischen Geschichte, sollte man demnach deutlich unterscheiden zwischen den der Vorstellungswelt „Absolutismus" zuzurechnenden Repräsentationen und einer Herrschaftspraxis, die weit improvisierter, traditionaler und kompromisshafter war, als es jene Vorstellungswelt suggerierte. Man sollte ferner die Diskrepanz zwischen Repräsentationen und Herrschaftspraxis nicht allein damit zu erklären suchen, dass Erstere wegen verschiedener Widerstände nicht vollständig in die Praxis umgesetzt werden konnten. Denn die absolutistischen Repräsentationen waren kein Masterplan für die Umgestaltung Frankreichs (wie hätte man auch höfische Balletts, bei denen Ludwig XIV. als Apollo auftrat, in die Praxis umsetzen sollen), sondern eine eigene, relativ autonome Vorstellungswelt, in der Ansprüche symbolisch verdeutlicht wurden. Sie standen zur Herrschaftspraxis in einem von Fall zu Fall unterschiedlichen Spannungsverhältnis; sie idealisierten und überhöhten sie; sie dienten aber auch nicht selten dazu, gerade die Schwächen der monarchischen Herrschaft zu bemänteln. Sie sind freilich auch dann nicht falsch, unwahr oder für den Historiker unbrauchbar. Vielmehr erscheint es kaum möglich, die Herrschaftspraxis ohne die auf sie bezogenen symbolischen Repräsentationen zu verstehen. Sowenig also das Forschungskonzept des Absolutismus ausreicht, die französische Geschichte des 17. Jahrhunderts zu charakterisieren, so schwer dürfte es sein, dieses Zeitalter ohne seine absolutistischen Repräsentationen zu verstehen.

Auswahlbibliographie

Überblicke, Wörterbücher und Sammelbände

Babel, Rainer: Deutschland und Frankreich im Zeichen der habsburgischen Universalmonarchie, 1500–1648, Darmstadt 2005. *Anregender Versuch, die nationale Perspektivierung der frühneuzeitlichen Geschichte zu durchbrechen. Der Schwerpunkt liegt auf der politischen Geschichte*

Beik, William: A Social and Cultural History of Early Modern France. Cambridge/New York/Melbourne 2009. *Fundierte Darstellung auf aktuellem Stand*

Bély, Lucien: La France moderne, 2. Aufl., Paris 2004. *Überblicksdarstellung für den Studiengebrauch mit Akzent auf der politischen Geschichte*

Bély, Lucien (Hrsg.): Dictionnaire de l'Ancien Régime. Royaume de France, XVIe-XVIIIe siècle, Paris 1996. *Nachschlagewerk mit Einzelbeiträgen renommierter Spezialisten*

Bercé, Yves-Marie: La naissance dramatique de l'absolutisme, 1598–1661, Paris 1992. *Knapp, primär ereignisgeschichtlich*

Bluche, François (Hrsg.): Dictionnaire du Grand Siècle, Paris 1990. *Ähnlich aufgebaut wie das von Bély herausgegebene Werk*

Bluche, François: Im Schatten des Sonnenkönigs. Alltagsleben im Zeitalter Ludwigs XIV. von Frankreich, Freiburg 1986 [franz. 1984]. *Versuch einer breit angelegten Mentalitätsgeschichte*

Braun, Guido: Von der politischen zur kulturellen Hegemonie Frankreichs 1648–1789, Darmstadt 2008. *Schließt an den Band von Babel an*

Chaline, Olivier: Le règne de Louis XIV, Paris 2005. *Solide und detailfreudige Gesamtdarstellung*

Collins, James B.: The State in Early Modern France, Cambridge 1995. *Chronologisch angelegte Darstellung der Entwicklung staatlicher Strukturen im frühneuzeitlichen Frankreich*

Cornette, Joël: Les années cardinales. Chronique de la France, 1599–1652, Paris 2000

Cornette, Joël: Chronique du règne de Louis XIV, Paris 1997. *Knappe ereignisgeschichtliche Überblicke*

Cornette, Joël: Histoire de la France. L'affirmation de l'Etat absolu, 1519–1651, 4. Aufl., Paris 2003

Cornette, Joël: Histoire de la France. Absolutisme et lumières 1652–1783, 4. Aufl., Paris 2005. *Bände für den Studiengebrauch*

Descimon, Robert/Jouhaud, Christian: La France du premier XVIIe siècle (1594–1661), Paris 1996. *Intelligente und anspruchsvolle Darstellung der ersten Jahrhunderthälfte*

Goubert, Pierre: Ludwig XIV und zwanzig Millionen Franzosen, Berlin 1977 [franz. 1966]. *Lässt die Persönlichkeit des Königs zugunsten des Schicksals seiner namenlosen Untertanen in den Hintergrund treten*

Hinrichs, Ernst: Renaissance, Religionskriege und Begründung der absoluten Monarchie (1498–1661); Absolute Monarchie und Ancien Régime (1661–1789), in: ders. (Hrsg.): Kleine Geschichte Frankreichs, Stuttgart 1994, 125–253. *Übersichtlicher, kompetenter Überblick*

Le Roy Ladurie, Emmanuel: L'Ancien Régime, I: L'absolutisme en vraie grandeur; II: L'absolutisme bien tempéré, Paris 1991. *Bemerkenswert „klassische" Darstellung von einem Hauptvertreter der ‚Annales'-Schule*

Mager, Wolfgang: Frankreich vom Ancien Régime zur Moderne. Wirtschafts-, Gesellschafts- und politische Institutionengeschichte, 1630-1830, Stuttgart 1980. *Bis heute das maßgebliche deutschsprachige Werk zur Strukturgeschichte Frankreichs im 17. und 18. Jahrhundert*

Malettke, Klaus: Die Bourbonen, I: Von Heinrich IV. bis Ludwig XIV. (1589–1715), Stuttgart 2008. *Detail- und faktenreiche Darstellung mit Schwerpunkt auf Dynastie, Verwaltung und Politik*

Meyer, Jean: Frankreich im Zeitalter des Absolutismus 1515–1789, Stuttgart 1990 [franz. 1985]

Mieck, Ilja: Die Entstehung des modernen Frankreich 1450–1610. Strukturen, Institutionen, Entwicklungen, Stuttgart u. a. 1982. *Gesamtdarstellung mit strukturgeschichtlichem Akzent*

Pillorget, René und Suzanne: France baroque, France classique, 1589–1715, 2 Bde., Paris 1995. *Überblicksdarstellung und Wörterbuch*

Ranke, Leopold v.: Französische Geschichte, vornehmich im 16. und 17. Jahrhundert, hrsg. von Willy Andreas, 2 Bde., Essen 1996 [1868]. *Bis heute lesenswert*

Sieburg, Heinz-Otto, Geschichte Frankreichs, 5. Aufl., Stuttgart 2005. *Solide Gesamtdarstellung der französischen Geschichte, in der Anlage schon etwas angejahrt*

Schmale, Wolfgang: Geschichte Frankreichs. Stuttgart 2000. *Originelle Gesamtdarstellung*

Voltaire: Le Siècle de Louis XIV, in: René Pomeau (Hrsg.): Voltaire. Œuvres historiques, Paris 1957, 603–1274. *Die erste Gesamtdarstellung der Epoche (1751)*

Voss, Jürgen: Geschichte Frankreichs, Bd. 2: Von der frühneuzeitlichen Monarchie zur Ersten Republik. 1500–1800, München 1980. *Als knapper Überblick weiterhin nützlich*

Biographische Studien

Babelon, Jean-Pierre: Henri IV, Paris 1982

Barbiche, Bernard/de Dainville-Barbiche, Ségolène: Sully. L'homme et ses fidèles, Paris 1997

Bergin, Joseph: Cardinal Richelieu: Power and Pursuit of Wealth, New Haven/London 1985
Bergin, Joseph: The Rise of Richelieu, Manchester 1997
Bluche, François: Louis XIV, Paris 1986
Burckhardt, Carl Jacob, Richelieu, zuerst 1935–1967, Ausgabe in einem Bd., 2. Aufl., München 1988
Chevallier, Pierre: Louis XIII. Roi cornélien, Paris 1979
Dethan, Georges: Gaston d'Orléans. Conspirateur et prince charmant, Paris 1959
Dubost, François: Marie de Médicis, la reine dévoilée, Paris 2009
Dulong, Claude: Anne d'Autriche, Paris 1980
Grell, Chantal (Hrsg.): Anne d'Autriche. Infante d'Espagne et reine de France, Paris 2009
Hartmann, Peter Claus (Hrsg.): Französische Könige und Kaiser der Neuzeit. Von Ludwig XII. bis Napoleon III. 1498–1870, München 1994
Kettering, Sharon: Power and Reputation at the Court of Louis XIII. The Career of Charles d'Albert, duc de Luynes (1578–1621), Manchester 2008
Laurain-Portemer, Madeleine: Études mazarines, Paris 1981
Laurain-Portemer, Madeleine: Une tête à gouverner quatre empires. Études mazarines (II), Paris 1997
Malettke, Klaus: Ludwig XIV. von Frankreich. Leben, Politik und Leistung, Göttingen/Zürich 1994
Mousnier, Roland: L'homme rouge ou la vie du cardinal de Richelieu (1585–1642), Paris 1992
Petitfils, Jean-Christian: Louis XIV, Paris 1995
Petitfils, Jean-Christian: Fouquet, Paris 1998
Treasure, Geoffrey: Mazarin. The Crisis of Absolutism in France, London 1995
Virol, Michèle: Vauban. De la gloire du roi au service de l'État, Paris 2003

Ergänzende Hinweise zum ersten Kapitel

Zu den Abschnitten 1–4

Bayard, Françoise: Le monde des financiers au XVIIe siècle, Paris 1988
Beik, William: Absolutism and Society in Seventeenth-Century France. State Power and Provincial Aristocracy in Languedoc, Cambridge 1985
Benedict, Philip (Hrsg.): Cities and Social Change in Early Modern France, London 1989
Bergin, Joseph: Crown, Church and Episcopate under Louis XIV, New Haven/London 2004
Billacois, François: Le duel dans la société française des XVIe – XVIIe siècles. Essai de psychosociologie historique, Paris 1986
Blet, Pierre: Le clergé du Grand Siècle en ses assemblées, 1615–1715, Paris 1995
Braudel, Fernand/Labrousse, Ernest (Hrsg.): Histoire économique et sociale de la France, I: 1450–1660, 2 Teilbde., Paris 1977; II: 1661–1789, Paris 1970
Constant, Jean-Marie: La société française aux XVIe, XVIIe et XVIIIe siècles, Paris 1994
Cosandey, Fanny (Hrsg.): Dire et vivre l'ordre social en France sous l'Ancien Régime, Paris 2005
Dessert, Daniel: Argent, pouvoir et société au Grand Siècle, Paris 1984
Dubost, François: La France italienne. XVIe–XVIIe siècle. Préface de Daniel Roche, Paris 1997
Dupâquier, Jacques (Hrsg.): Histoire de la population française, Bd. 2: De la Renaissance à 1789, Paris 1988
Fontaine, Laurence: Königliche Macht und lokale Herrschaftspraxis in den Bergen der Dauphiné des 17. Jahrhunderts, in: Stefan Brakensiek/Heide Wunder (Hrsg.): Ergebene Diener ihrer Herren? Herrschaftsvermittlung im alten Europa, Köln/Weimar/Wien 2005, 185–202
Gallet, Jean: Seigneurs et paysans en France 1600–1793, Rennes 1999
Hoffman, Philip T.: Growth in a Traditional Society. The French Countryside, 1450–1815, Princeton NJ 1996
Jackson, Richard A.: Peers of France and Princes of the Blood, in: French Historical Studies 7, 1971, 27–46
Jones, Colin: Hospitals and Social Welfare in Early Modern France, New York 1989
Jouanna, Arlette: Le devoir de révolte. La noblesse française et la gestation de l'Etat moderne, 1559–1661, Paris 1989
Kettering, Sharon: Patrons, Brokers and Clients in Seventeenth-Century France, Oxford 1986
Kettering, Sharon: French Society, 1589–1715, London 2001
Labatut, Jean-Pierre: Les ducs et pairs de France au XVIIe siècle. Étude sociale, Paris 1972
Le Roy Ladurie, Emmanuel: Die Bauern des Languedoc, Stuttgart 1983 [franz. 1968]
Lougee, Carolyn: Le Paradis des femmes. Women, Salons and Social Stratification in Seventeenth-Century France, Princeton NJ 1976
Loyseau, Charles: Traité des ordres et simples dignitez, 3. Aufl., Paris 1620
Michaud, Claude: L'église et l'argent sous l'Ancien Régime. Les receveurs généraux du clergé de France aux XVIe et XVIIe siècles, Paris 1991
Motley, Mark Ewald: Becoming a French Aristocrat. The Education of the Court Nobility, 1580–1715, Princeton NJ 1990
Muchembled, Robert: Kultur des Volkes – Kultur der Eliten, Stuttgart 1982 [franz. 1978]
Philipps, Henry: Church and Culture in Seventeenth-Century France, Cambridge 1997
Schalk, Ellery: From Valor to Pedigree. Ideas of Nobility in the Sixteenth and Seventeenth Centuries, Princeton NJ 1986

Zu Abschnitt 5

Bonzon, Anne/Venard, Marc: La religion dans la France moderne, XVIe–XVIIIe siècles, Paris 1998
Chartier, Roger/Julia, Dominique/Compère, Marie-Madeleine: L'éducation en France du XVIe au XVIIIe siècle, Paris 1976
Delumeau, Jean: Le catholicisme entre Luther et Voltaire, 6. Aufl., Paris 1996

Fogel, Michèle: Les cérémonies de l'information dans la France du XVIe au milieu du XVIIIe siècle, Paris 1989
Haffemayer, Stéphane: L'information dans la France du XVIIe siècle. La Gazette de Renaudot de 1647 à 1663, Paris 2002
Klaits, Joseph: Printed Propaganda under Louis XIV. Absolute Monarchy and Public Opinion, Princeton NJ 1977
Lebrun, François: Croyances et cultures dans la France d'Ancien Régime, Paris 2001
Martin, Henri-Jean/Chartier, Roger (Hrsg.): Histoire de l'édition française, Bd. 1: Le livre conquérant: du Moyen âge au milieu du XVIIe siècle, Paris 1983
Tallon, Alain: La Compagnie du Saint-Sacrément, Paris 1990

Zu Abschnitt 6

Barbiche, Bernard: Les Institutions de la monarchie française à l'époque moderne, 2. Aufl., Paris 2001
Bell, David A.: Lawyers and Citizens. The Making of a Political Elite in Old Regime France, Oxford 1994
Bonney, Richard J.: The King's Debts. Finance and Politics in France 1589–1661, Oxford 1981
Bluche, François: L'Ancien Régime. Institutions et société, Paris 1993
Collins, James B.: The Fiscal Limits of Absolutism. Direct taxation in Early Seventeenth Century France, Berkeley/Los Angeles 1988
Cosandey, Fanny: La reine de France. Symbole et pouvoir, Paris 2000
Hamscher, Albert N.: The Parlement of Paris after the Fronde 1653–1673, Pittsburgh PA 1976
Harding, Robert R.: Anatomy of a Power Elite. The Provincial Governors of Early Modern France, New Haven/London 1978
Hinrichs, Ernst: Absolute Monarchie und Bürokratie. Bemerkungen zu ihrer Unvereinbarkeit im französischen Ancien Régime, in: ders.: Ancien Régime und Revolution. Studien zur Verfassungsgeschichte Frankreichs zwischen 1589 und 1789, Frankfurt a.M. 1989, 81–98
Hurt, John J.: Louis XIV and the Parlements. The Assertion of Royal Authority, Manchester/New York 2002
Major, James Russell: From Renaissance Monarchy to Absolute Monarchy: French Kings, Nobles & Estates, Baltimore/London 1994
Marion, Marcel: Dictionnaire des institutions de la France aux XVIIe et XVIIIe siècles, Paris 1923, ND Paris 1968
Mousnier, Roland: La vénalité des offices sous Henri IV et Louis XIII, 2. Aufl., Paris 1971
Mousnier, Roland: Les institutions de la France sous la monarchie absolue, 2 Bde., Paris 1974–1980
Potter, Mark: Corps and Clienteles: Public Finance and Political Change in France, 1688–1715, Aldershot/ Burlington VT 2003
Richet, Denis: La France moderne: l'esprit des institutions, Paris 1973
Sarmant, Thierry/Stoll, Mathieu: Régner et gouverner. Louis XIV et ses ministres, Paris 2010
Smedly-Weill, Anette: Les intendants de Louis XIV, Paris 1995

Ergänzende Hinweise zum zweiten Kapitel

Babel, Rainer (Hrsg.): Frankreich im europäischen Staatensystem der frühen Neuzeit, Sigmaringen 1995
Bély, Lucien: Espions et ambassadeurs au temps de Louis XIV, Paris 1990
Bély, Lucien: Les relations internationales en Europe XVIIe-XVIIIe siècles, Paris 1992
Burkhardt, Johannes: Die Friedlosigkeit der Frühen Neuzeit. Grundlegung einer Theorie der Bellizität in Europa, in: Zeitschrift für Historische Forschung 24, 1997, 509–574
Cornette, Joël: Le roi de guerre. Essai sur la souveraineté dans la France du Grand Siècle, Paris 1993
Duchhardt, Heinz: Krieg und Frieden im Zeitalter Ludwigs XIV., Düsseldorf 1987
Duchhardt, Heinz (Hrsg.): Rahmenbedingungen und Handlungsspielräume europäischer Außenpolitik im Zeitalter Ludwigs XIV., Berlin 1991
Duchhardt, Heinz: Balance of Power und Pentarchie. Internationale Beziehungen 1700–1785, Paderborn u. a. 1997
Externbrink, Sven: Le cœur du monde. Frankreich und die norditalienischen Staaten (Mantua, Parma, Savoyen) im Zeitalter Richelieus 1624–1635, Münster 1999
Kunisch, Johannes: La Guerre – c'est moi! Zum Problem der Staatenkonflikte im Zeitalter des Absolutismus, in: ders.: Fürst – Gesellschaft – Krieg. Studien zur bellizistischen Disposition des absoluten Fürstenstaates, Köln/Weimar/Wien 1992, 1–41
Lynn, John A.: Recalculating French Army Growth during the Grand Siècle, 1610-1716, in: French Historical Studies 18, 1994, 881–906
Lynn, John A.: The wars of Louis XIV 1667–1714, London/New York 1999
Malettke, Klaus: Ludwig XIV. und Deutschland, in: ders./ Christoph Kampmann (Hrsg.): Französisch-deutsche Beziehungen in der neueren Geschichte. Festschrift für Jean Laurent Meyer zum 80. Geburtstag, Berlin 2007, 97–107
Meyer, Jean/Jean Tarrade/Annie Rey-Goldzeiguer: Histoire de la France coloniale, Paris 1991
Rowlands, Guy: The Dynastic State and the Army under Louis XIV. Royal Service and Private Interest 1661–1701, Cambridge 2002
Schilling, Heinz: Konfessionalisierung und Staatsinteressen. Internationale Beziehungen 1559–1660, Paderborn u. a. 2007
Sonnino, Paul: Louis XIV and the origins of the Dutch War, Cambridge 1988
Stiglic, Anja: ‚Les effets du soleil'. Die Inszenierung und Instrumentalisierung des Nimwegener Friedens von 1678/79, in: Ronald G. Asch u. a. (Hrsg.): Die frühneuzeitliche Monarchie und ihr Erbe. Festschrift für Heinz Duchhardt zum 60. Geburtstag, Münster u. a. 2003, 197–218

Ergänzende Hinweise zum dritten Kapitel

Zu Abschnitt 1 (1598–1630)

Cassan, Michel: La Grande Peur de 1610. Les Français et l'assassinat d'Henri IV, Champ Vallon 2010
Garrisson, Janine: L'Edit de Nantes et sa révocation, Paris 1985
Greengrass, Mark: France in the Age of Henri IV. The Struggle for Stability, 2. Aufl., London/New York 1995
Hayden, J. Michael, France and the Estates General of 1614, Cambridge 1974
Malettke, Klaus: Hugenotten und monarchischer Absolutismus in Frankreich, in: Francia 15, 1987, 299–319
Mechoulan, Henri (Hrsg.): L'Etat baroque. Regards sur la pensée politique de la France du premier XVIIe siècle, Paris 1985
Mousnier, Roland: Ein Königsmord in Frankreich. Die Ermordung Heinrichs IV., Berlin 1974 [franz. 1964]
Parker, David: La Rochelle and the French Monarchy. Conflict and Order in Seventeenth-Century France, London 1980
Rapley, Elizabeth: The Dévotes. Women and Church in Seventeenth-Century France, Montréal 1993

Zu Abschnitt 2 (1630–1661)

Béguin, Katia: Les Princes de Condé. Rebelles, courtisans et mécènes dans la France du Grand siècle, Champ Vallon 1999
Beik, William H.: Urban Protest in Seventeenth-Century France. The Culture of Retribution, Cambridge 1997
Benedict, Philip: The Huguenot Population of France, 1600–1685. The Demographic Fate and Customs of a Religious Minority, Philadelphia 1991
Bergin, Joseph/Brockliss, Laurence (Hrsg.): Richelieu and his age, Oxford 1992
Bonney, Richard J.: Society and government in France under Richelieu and Mazarin 1624–1661, Houndsmill u. a. 1988.
Carrier, Hubert: La presse de la Fronde (1648–1653). Les mazarinades, Bd. I: La conquête de l'opinion; Bd. II: Les hommes du livre, Genf 1989/91
Dulong, Claude: La fortune de Mazarin, Paris 1990
Jouhaud, Christian: Mazarinades. La Fronde des mots, Paris 1985
Kossman, Ernst H.: La Fronde, Leiden 1954
Méthivier, Hubert: La Fronde, Paris 1984
Parrott, David: Richelieu's Army. War, Governance, and Society in France, 1624–1642, Cambridge 2001
Pernot, Michel: La Fronde, Paris 1994
Pillorget, René: Les mouvements insurrectionnels de Provence entre 1596 et 1715, Paris 1975
Ranum, Orest A.: The Fronde. A French Revolution 1648–1652, New York 1993
Sturdy, David J.: Richelieu and Mazarin. A study in statesmanship, Basingstoke u. a. 2004
Zanger, Abby E.: Scenes from the Marriage of Louis XIV: Nuptial Fictions and the Making of Absolutist Power, Stanford 1997

Zu Abschnitt 3 (1661–1685)

Brix, Michael: „Der barocke Garten". Magie und Ursprung. André Le Nôtre in Vaux-le-Vicomte, Stuttgart 2004
Bourgeon, Jean-Louis: Les Colbert avant Colbert, 2. Aufl., Paris 2002
Burke, Peter: Ludwig XIV. Die Inszenierung des Sonnenkönigs, Berlin 1993 [amerik. 1992]
Dessert, Daniel: Le royaume de Monsieur Colbert, Paris 2007
Duindam, Jeroen: Norbert Elias and the Early Modern Court, Amsterdam 1995
Duindam, Jeroen: Norbert Elias und der frühneuzeitliche Hof. Versuch einer Kritik und Weiterführung, in: Historische Anthropologie 6, 1998, 370–387
Elias, Norbert: Die höfische Gesellschaft. Untersuchungen zur Soziologie des Königtums und der höfischen Aristokratie. Mit einer Einleitung: Soziologie und Geschichtswissenschaft, Darmstadt/Neuwied 1969
Erben, Dietrich: „Paris und Rom". Die staatlich gelenkten Kunstbeziehungen unter Ludwig XIV., Berlin 2004
Gaehtgens, Thomas W./Nicole Hochner (Hrsg.): L'image du roi de François Ier à Louis XIV, Paris 2006
Hinrichs, Ernst: Merkantilismus in Europa. Konzepte, Ziele, Praxis, in: ders. (Hrsg.): Absolutismus, Frankfurt a. M. 1986, 344–360
Horowski, Leonhard: Machtstrukturen und Karrieremechanismen am Hof von Frankreich 1661–1789, Ostfildern 2010
Janczukiewicz, Jérôme: La prise du pouvoir par Louis XIV. La construction du mythe, in: XVIIe siècle 57, 2005, 243–263
Krause, Katharina: Versailles als Monument Ludwigs XIV., in: dies./Christoph Kampmann/Eva B. Krems (Hrsg.): Bourbon – Habsburg – Oranien. Konkurrierende Modelle im dynastischen Europa um 1700, Köln 2008, 85–95
Marin, Louis: Le portrait du roi, Paris 1981
Martin, Michel: Les monuments équestres de Louis XIV, Paris 1992
Opitz, Claudia (Hrsg.): Höfische Gesellschaft und Zivilisationsprozeß. Norbert Elias' Werk in kulturwissenschaftlicher Perspektive, Köln 2005
Sabatier, Gérard: Versailles ou la figure du roi, Paris 1999
Sarmant, Thierry: Les demeures du soleil. Louis XIV, Louvois et la surintendance des bâtiments du roi, Champ Vallon 2003
Solnon, Jean-François: La Cour de France, Paris 1987

Zu Abschnitt 4 (1685–1715)

Bernard, Anna: Die Revokation des Edikts von Nantes und die Protestanten in Südostfrankreich (Provence und Dauphiné) 1685–1730, München 2003
Doyle, William: Jansenism. Catholic Resistance to Authority from the Reformation to the French Revolution, New York 2000
Engels, Jens Ivo: Königsbilder. Sprechen, Singen und Schreiben über den französischen König in der ersten Hälfte des achtzehnten Jahrhunderts, Bonn 2000

Gembruch, Werner: Reformforderungen in Frankreich um die Wende vom 17. zum 18. Jahrhundert. Ein Beitrag zur Geschichte der Opposition gegen System und Politik Ludwigs XIV., in: Historische Zeitschrift 209, 1969, 265–317

Kettering, Sharon: Brokering at the Court of Louis XIV, in: The Historical Journal 36, 1993, 69–87

Labrousse, Élisabeth: La Révocation de l'Édit de Nantes, Paris 1985

Le Roy Ladurie, Emmanuel/Fitou, Jean-François: Saint-Simon ou le système de la cour, Paris 1997

Lienhard, Marc: Zwischen Gott und König: Situation und Verhalten der französischen Protestanten nach der Aufhebung des Edikts von Nantes, Heidelberg 1986

Mettam, Roger: Power and Faction in Louis XIV's France, Oxford 1988

Michel, Marie-José: Le jansénisme et Paris, Paris 2000

Pénicaut, Emmanuel: Faveur et pouvoir au tournant du Grand Siècle. Michel Chamillart, ministre et secrétaire d'État de la guerre de Louis XIV, Paris 2004

Tellier, Luc-Normand: Face aux Colbert. Les Le Tellier, Vauban, Turgot ... et l'avènement du libéralisme, Québec 1987

Ergänzende Hinweise zur Zusammenfassung

Asch, Ronald G./Duchhardt, Heinz (Hrsg.): Der Absolutismus – ein Mythos? Strukturwandel monarchischer Herrschaft in West- und Mitteleuropa (ca. 1550–1700), Köln/Wien 1996

Béguin, Katia: Louis XIV et l'aristocratie: coup de majesté ou retour à la tradition?, in: Histoire, économie et société 19, 2000, 497–512

Beik, William: The Absolutism of Louis XIV as Social Collaboration, in: Past & Present 188, 2005, 195–224

Cosandey, Fanny/Descimon, Robert: L'absolutisme en France. Histoire et historiographie, Paris 2002

Freist, Dagmar: Absolutismus, Darmstadt 2008

Henshall, Nicholas: The Myth of Absolutism. Change and Continuity in Early Modern European Monarchy, London/New York 1992

Hinrichs, Ernst: Fürsten und Mächte. Zum Problem des europäischen Absolutismus, Göttingen 2000

Kunisch, Johannes: Absolutismus. Europäische Geschichte vom Westfälischen Frieden bis zur Krise des Ancien Régime, 2. Aufl., Göttingen 1999

Parker, David, The Making of French Absolutism, London 1983

Parker, David: Class and State in Ancien Régime France. The Road to Modernity?, London 1996

Schilling, Lothar (Hrsg.): Absolutismus – ein unersetzliches Forschungskonzept? Eine deutsch-französische Bilanz. L'absolutisme – un concept irremplaçable? Une mise au point franco-allemande, München 2008

Personenregister